W I Z A R D

The Layman's Guide To
Trading Stocks
by Dave S. Landry

裁量トレーダーの心得

初心者編

システムトレードを捨てた
コンピューター博士の株式順張り戦略

デーブ・ランドリー[著]
長尾慎太郎[監修]
山口雅裕[訳]

Pan Rolling

The Layman's Guide To Trading Stocks
Copyright © 2010 by David S. Landry
All rights reserved.

免責事項

トレーディングでは大きな利益を得られるだけでなく、大きな損失を被る可能性もあります。市場で投資するに当たっては、諸リスクを意識し、それらを受け入れる用意が必要です。失ってはならない資金でトレーディングを行ってはなりません。本書は、株、先物、あるいはオプションなどの売買の勧誘も提案もしていません。本書で述べられたことと同様の利益や損失が生じる可能性が高いという主張はなされていません。いかなるトレーディングシステムまたは売買ルールによる過去の運用成績も、必ずしも将来の結果を示唆するわけではありません。

CFTC（商品先物取引委員会）規則4.41

仮想上の、またはシミュレーションによる運用成績の結果には一定の限界があります。実際の運用成績の記録と異なり、シミュレーションによる結果は実際のトレーディングを表しません。また、トレードは実際に執行されていないため、その結果は流動性の不足のような市場の影響を十分に取り除いていないか、過度に取り除いている可能性があります。さらに、トレーディングプログラムによるシミュレーションは一般に、あとから見て考えられて設計したという前提があります。いかなる場合でも、示されたことと同様の利益や損失を生じる可能性が高いという表明をするものではありません。

失うことができない資金でけっしてリスクを取ってはいけません。

本書で示された情報は教育的な目的に限られています。

本書のチャートは、特記のないかぎり、「テレチャート・プラティナム（Telechart Platinum）」で作成しています。

日本語版への序文

　最初に、本書を翻訳出版していただいたパンローリング社に感謝したい。彼らがいなければ、あなたが今、手にしている本は明らかに存在しないだろう。
　私の著書はこれまで６カ国語に翻訳されているので、私は世界中のトレーダーとメールをやりとりする機会に恵まれてきた。そのため、私はトレーディングと教育ビジネスをますます多くのマーケットに広げていった。そして、私は２つのことを学んだ。第一に、マーケットはマーケットだということ。そしてもっと重要なことだが、第二に、人は人だということだ。
　マーケットは人の感情で動いている。恐れと強欲がマーケットを動かしているのだ。間違いない。どの大陸のマーケットであれ、そのことに違いはない。人の本性に変わりはないのだ。都合の良いことに、チャートを使えば、マーケットの心理を読む助けになる。
　それでも、自分自身の感情をコントロールできないかぎり、残念ながらけっして成功できないだろう。トレーディングの心理に、人による違いはない。私はアジア、オーストラリア、ヨーロッパの人々や、その他の国や大陸の人々が米国の多くの人々と同じ過ちを犯すのに気がついている。彼らは天井や底を拾おうとする。仕掛けは早すぎ、手仕舞いは遅すぎる。含み益が少し出ると手仕舞うのに、含み損が大きくなると損切りをしようとしない。利益を得る機会がないときにトレーディングを行う。このように、感情に基づく過ちはいくらでも挙げられる。チャート上のパターンはパターンであり、マーケットはマーケットだ。どこであっても、それらに変わりはない。だが、感情をコントロールできないかぎり、成功はないのだ。
　トレーディングは簡単ではないが、多くの人はそれを難しく考えよ

うとしすぎであり、実際にはそこまで難しいものではない。物事を単純にしておこう。利益を得るためには、チャートを読んでトレンドをとらえさえすればよいということをけっして忘れてはならない。私が本書で示していることは、すぐに金持ちになる方法ではなく、あらゆるマーケットで長期にわたって実行可能な手法である。

　本書の翻訳が進められているときに、日本は惨事に襲われた。パンローリング社がこの状況にもかかわらず、本書を出版してくださったことに、私は感謝している。これは容易なことではなかったはずだ。残念ながら、日本での私の仕事仲間のなかにはそれほど幸運でなかった人々もおられた。私は東北地方の地震と津波の犠牲者のことを考え、ご冥福をお祈りする。とても比較にはならないが、ハリケーンカトリーナの被災者として、私も自然災害を乗り越えるということがどういうものかを実感している。この災害で私は２種類の人を目にしてきた。何もせずに被災者のままでいる人と、生き延びるために仕事に行き、ひどい状況にもかかわらず成功した人だ。救援活動を行った人々や友人の友人たちの話から、日本人は後者であると確信している。この逆境にもかかわらず、どうにかして日本人は生き残ることができるだろう。そして、それを目の当たりにした世界中の人々も奮起するだろう。

　さあ、それではトレーディングの方法を学ぶことにしよう。

2011年11月

デーブ・ランドリー

監修者まえがき

　本書はデーブ・ランドリーによる"The Layman's Guide To Trading Stocks"の邦訳であり、トレードをこれから始めようとする投資家やトレーダー向けの「裁量によるトレンドフォロー手法」の入門書である。
　さて、トレンドフォロー手法といえば、商品先物市場を中心に1980年代から使われ始め、その後広く知られるようになったトレード手法である。その歴史や詳細は、『規律とトレンドフォロー売買法』や『タートルズの秘密』（ともにパンローリング刊）など、ほかに詳しい解説書が出ているので、ここで改めて述べることは控えるが、この手法の優れた点の一つは、実践するにあたって特別な技術や知識、設備といったものを必要としないところにある。ランドリーも自分の専門の一つがコンピューターサイエンスであるにもかかわらずメカニカルなトレード手法を捨て、単純な指標を用いて裁量によるトレンドフォローを行うことがベストであると喝破している。
　また、この手法は初心者でも無理なく実行できるトレード手法の一つである。一般に個人投資家が無理なく実行できるトレード手法はそれほど多くはなく、そのなかでも主なものは、①中長期の時間枠を使ったトレンドフォロー手法、②短期の時間枠のミーンリバージョン（平均回帰）を利用したトレード、③特異なイベントによる急落アノマリーを利用した突っ込み買い——の三種である。これらのうち広義の逆張りを利用した後者の２つのトレード手法はマーケットの変化の定常性を前提としている。つまり「将来は過去と同じである」という世界観に基づいているのだ。これは長い目で見れば正しいモノの見方であり、通常であればマーケットにおいても有効な考え方である。しかし、2008年以降の世界情勢を鑑みれば、これからしばらくの期間はマーケットの定常性を当てにしてトレードしないほうがよいのではな

いか。むしろこの不確実性の時代にあっては、「将来は過去と違うことが起こる」と仮定としてマーケットに臨むべきだと私は考える。

そして、そうした環境下においてはトレードの基本的なスタンスはトレンドフォローでなければならない。なぜなら、ランドリーも書いているように、思いがけないイベントによるマーケットの大きな変動は、それまでのトレンドの方向に発生するからである。私たちは未来を見通す力を持たない以上、ポジションは必ずトレンドの方向に建てなければならない。初心者ならばなおさらである。これからトレードを始めるにあたってトレンドフォロー手法を学ぼうと考える人にとっては、ランドリーが誠実かつ思いやりを持って表した本書の内容が最善であり、すべてである。未来はだれにも予言することはできないが、それでも私たちはここに優れたガイドを手にしたことになる。大変ありがたいことである。

翻訳にあたっては以下の方々に心から感謝の意を表したい。翻訳者の山口雅裕氏は読みやすい翻訳を実現してくださった。そして阿部達郎氏にはいつもながら丁寧な編集・校正を行っていただいた。また本書が発行される機会を得たのはパンローリング社社長の後藤康徳氏のおかげである。

2011年12月

長尾慎太郎

マーシーに、強気相場でも弱気相場でも……。

日本語版への序文　　　　　　　　　　　　1
監修者まえがき　　　　　　　　　　　　3
序文　　　　　　　　　　　　　　　　　11
謝辞　　　　　　　　　　　　　　　　　15

第1部　最初の一歩

第1章　ウォール街に対する考え方を変える　　19

ウォール街の神話1――相場は長期的には常に上昇する／ウォール街の神話2――専門家は相場がどこに向かっているか正確に知っている／ウォール街の神話3――良いファンダメンタルズは良い投資に役立つ／ウォール街の神話4――安値で買って、高値で売れ／ウォール街の神話5――高配当株を買え／ウォール街の神話6――利食って、破産する者はない／ウォール街の神話7――相場の上げ下げには理由がある／ウォール街の神話8――それは含み損にすぎない／ウォール街の神話9――テクニカル分析は迷信だ／ウォール街の神話10――市場がなくなることはない／ウォール街の神話11――いつでも、どこかに上昇銘柄がある／ウォール街の神話12――空売りが諸悪の根源だ／ウォール街の真実1――株価は上昇よりも下落のほうが速い／ウォール街の真実2――市場では感情によってトレーディングが行われている／ウォール街の真実3――耳寄り情報でトレーディングを行うな／ウォール街の真実4――けっしてナンピンをしてはならない／ウォール街の真実5――聖杯など存在しない／ウォール街の真実6――頭が良いほど、上達にはより時間がかかる／ウォール街の真実7――あなたは前もって準備をしなければならない／ウォール街の真実8――専門家や「情報通の投資家」でさえ、間違うことがある／そんなに簡単なら、なぜだれもがそうしないのか？

第2章　テクニカル分析で市場心理を読む　　41

バーチャートを理解する／例――キノコ栽培の企業／ポータベラ社のニュース／エンパイア・リソーシズの上昇と下落／まとめ

第3章　短期でも長期でも利益を出すトレーディング　　63

トレーディングとは何か？／空売りの技術／トレンドに沿ったトレーディング／トレンドの認識／トレンドはフレンド／トレンドに必要な条件／高値と安値の切り上げ／持続力／足のパターン／移動平均線／傾き／デイラ

イト／複数の移動平均線を使う／トレンドは明白でなければならない／相場——なぜボートは浮かぶのか？／セクター——同類／押し・戻り入門／押しや戻りの例／特定の押し・戻りのパターン／トレンドノックアウト／まとめ／パターンを当てはめる／持続的トレンド中での押しや戻り／まとめ／パターンを当てはめる／移動平均線への別れのキス／まとめ／パターンを当てはめる／第3章のまとめ／小テスト（カンニングをしないこと！）

第4章　押しや戻りでの仕掛け——詳細　　109
まとめ——トレンドのある相場での押しや戻り／強いトレンド／押しの期間／押しの深さ／仕掛け／損切りのストップ／一部を利食う／トレイリングストップ／まとめ

第5章　損益管理　　123
損失の管理——トレーディングが不公平なわけ／1～2％ルール／損切りのストップを置く技術／このストップはきつすぎる／このストップは緩すぎる／このストップがぴったり／時には上手な攻撃が最大の防御になる／利益の管理——トレイリングストップを使い、稼いだ資金でトレードする／まとめ

第6章　トレーダーの心理　　137
トレーディングの心理／つもり売買で失敗した人など見たことがない／トレーディング心理の3要素／資金管理／トレード手法／理論的には理論と実践は同じだが、現実ではそれらは同じではない／思い浮かべる／心理面のチェックリスト

第7章　ご注文はどうされますか？　　171
ブローカー／注文の執行／トレード計画を立てる／計画に従ってトレードをする／事後分析

第1部のまとめ　　181
案内係の話に戻る

第2部 次の段階に進む

第8章 宝探し──次のメジャートレンドを見つける　187

出来高／価格／ボラティリティ／トレンドの確認／関連株とセクターによる確認／毎晩の分析／ボトムアップ方式によるトップダウン分析／トレード可能な銘柄のデータベースを作る／押し・戻りのスキャンの実行／IPOの分析／ランドリー100の分析／セクター分析／レラティブストレングスを用いたセクターの分析／ETFの分析／相場分析は単純にしておく／大局の分析とは森を見ること／まとめ

第9章 新しいトレンドに早く乗る──トレンドの転換点での仕掛け　209

最初の急上昇や急落／まとめ／パターンを当てはめる／デイライト形成後の最初のキス／まとめ／パターンを当てはめる／ボウタイのパターン／まとめ／パターンを当てはめる

第10章 さらに知っておくべきこと　235

小さいことに気を取られるとムダ骨を折ることになる／細かいことは気にしない方法／まとめ

第11章 高度なトレーディングと資金管理　245

高度なテクニック／資金管理とポジション管理を改善する／まとめ

第12章 まとめると　261

事後分析／まとめ

第13章 締めくくり　275

序文

　2008年の初めごろ、ある親友がむやみに大金を失うのを見て、私はこの本を書く気になった。最初のうちは、ウォール街について普通の人が抱いている考え方を変えることだけを目的に書いていた。私の目標は、投資家が世間一般の考えに従うという、よくある落とし穴に陥ったり、人の本性からくる非生産的な衝動に駆られたりしないようにすることだった。

　年を経るにつれ、友人や知人が「長期で持つから」と言って「良い会社」の株を買ったり、「市場は過小評価されている」からとか、有名な評論家が「市場は底入れした」と言っていたからという理由で買い増ししたりするのを私は見てきた。さらに悪いことに、彼らは「長期的に見れば相場は常に上昇してきた」と、専門家たちが言っていたというだけで、それに従っていた。

　史上最大級の弱気相場で、ますます多くの人が資金を失っていくのを見るにつけ、私はますます多くの情報を付け加えなければならないと感じた。私が心に描いていた本の基本的な構想は、すぐに膨れ上がっていった。平均的な人が市場で生き残るためにはもっとトレーダーのように考えられるようになる必要があると、私は気づき始めた。

　私は非常に基礎的な初心者向けの本を書き始めたのだが、２年間たつうちにトレーディングの完全な案内書になった。私がこう書いたために、難解な本ではないかと疑ったのなら、心配は無用だ。私の手法は非常に単純である。

　すぐに分かることだが、あなたが自分のことを「長期的な投資家」と見ている場合でも、トレーダーのように考えるとうまくいく。あなたが自分のプライドを捨てて、自分が何をすべきかについて、相場が語ることだけに耳を傾ける気があれば、トレーディングや投資は難し

くないのだ。

本書の使い方

　ここで取り上げることにした情報量は多いため、内容を２つに分けた。第１部では、読者の方にトレーディングに関する知識がほとんどか、あるいはまったくないと仮定している。読者の方には、世間一般の考えは間違っていること、チャートが道案内になること、トレンドが味方になること、お金を儲けるためにはまず損をしてはならないことを理解していただいて第一歩を踏み出してほしい。読者の方には自分自身が最大の敵だということを知ってほしい。あなたが経験豊富なトレーダーだったとしても、この第１部は役に立つだろう。困ったことになっているときにやるべき最善の行為は、基本に立ち返ることだ。
　第２部は次の段階に進みたい人向けだ。この第２部には、トレンドに早く乗るために役立つパターンや素晴らしい株を探し出す方法、そして、過ちを避け、相場の逆行によって被る痛手を最小限にしながら、勝ちトレードに乗り続けることによって市場に打ち勝つための上級者向けの裁量テクニックについて書いている。

アマチュアトレーダーに啓発されて

　2008年１月に教会に入るときに、私は次のような会話をした。

案内係　ねえ、デーブ、アップルをどう思う？
私　高値水準から下げ始めて、下降トレンドが続いているね。株式市場全体もまずい状態だ。弱気相場の初期の段階かもね。
案内係　いずれ、また上がるさ。

彼は株を買う前に私に相談を持ちかけたことは一度もなかった。だから、私が何を言っても聞く耳を持たないだろうと気づいていた。私はただ微笑んで、席に着いた。

　数日後、私はうろたえた様子の電子メールを受け取った。アップルが暴落し続けていたのだ。案内係の友人はそのときに500株持っていて、70ポイント以上、下げていると知らせてきた。これは３万5000ドル以上の損失になる。私は彼を気の毒に思った。彼が非常に単純なことさえしていれば、この損失を避けられたのだから、なおさらだった。私はこの「アマチュアトレーダー」を助けるために何ができるだろうかと考え始めた。

　損切りのストップを置いてリスクを無理のない範囲に抑えながら、トレンドに従いさえすれば、大きな損失を減らすのに役立つ。そのうえ、アマチュアでも利益が得られるようになるだろう。

　それから２年が過ぎて、人々がまだ同じ間違いをしているのを見かける。私がここで提供するものは、成功するための青写真と私が考えている別の方法だ。これは単純な手法である。しかし、これに飛びつく前に、読者はまずウォール街についての考え方を変え、おそらく持っている知識のいくつかを捨て去る必要がある。また、自分自身についても少し学ぶ必要がある。

謝辞

　これまでの著書でも書いてきたことだが、市場では観察と経験を通して、多くの人が同じ結論に達する。独自の発見を考えついたと思っても、何年も前にほかの人たちが同じ結論に達していたとあとで分かる、ということは珍しくない。私は影響を受けた人すべての功績を記すように努めた。似た結論に達したのに、言及されていないという人がおられたら申し訳ないが、それは単なる見落としにすぎない。

　もともと、トレーディングに関する非常に基礎的な薄い本を書き始めたのだが、2年のうちに総合的な案内書になった。この企画が予想を超える分量になったため、ますます多くの人がかかわるようになった。非常に多くの人がかかわったので、見落としがあると思う。それは単なる見落としであり、ここで謝っておきたい。

　両親に。いろいろありがとう。

　生涯の友人であるマイク・アダムズに。

　私のクライアントや、私の記事を読んでいる人や、ネット配信を見ている人に。あなた方のおかげで、私はより良いトレーダーになろうと奮起させられた。

　私に何の信用もなかった若いころに、私のリサーチを信頼してくれたローレンス・コナーズに。チャートの読み方を私に教えてくれたジェフ・クーパーに。

　長年にわたって私を助け、励ましてくれたジョー・コロナ、リンダ・ブラッドフォード・ラシュキ、デリック・ホッブス、チャールズ・カーク、グレッグ・モリスを含むトレーダー仲間に。

　内容や編集で直接私を手伝ってくれ、特に「舞台裏の」あらゆる作業をしてくれたデーブ・メクレンバーグに。

本書をまとめ始めたころ、私の考え方がどう受け取られるかを確認するために、「モルモット」役を頼んだ。これらの人々は親切にも、考えが首尾一貫しないところが多い下書きを読み通して、私に意見をしてくれた。彼らにはケン・スティルナー、ゲイリー・マーシュ、ジョン・クロウが含まれる。私はトレーダー仲間のマイケル・ハートに特に感謝したい。彼は内容に関して意見を述べてくれただけでなく、初めのころの草稿を無料で編集もしてくれた。この点に関しては、トレーダーでありテクニカルライターでもある立場から意見を述べてくれたマックス・ノーベルにも感謝したい。

　そして、私の英国の友人であるアダム・ロジャーズに。「英語」を話す人に初期の草稿を批評してもらって、良かった。

　人生で本当に大切なものを教えてくれた私の娘、スージーとイザベルに。

　親切にも見返りなしにゲラについての意見を述べ、編集をしてくれたランディ・シュナイダーに。

　特に最初のほうの章とトレーダーの心理について、執筆に何時間も費やしてくれたジュリー・ピーターソン・マンツに。彼女は共著者になるには数時間足りなかっただけだ。

　この本を出版することに同意し、その過程で私に我慢してくれたエードリアン・マンに。

　優れたレイアウトと表紙のデザインをしてくれた、カリフォルニア州アゴーラヒルズにあるスキャッター・デザイン社のショーン・カッツに。

　本書でテレチャート・プラチナムのチャートを使うことを許可してくれたウォーデン・ブラザーズに。

　そして最後に重要なこととして、本書を書くように奮起させてくれたアマチュアトレーダーの方々に。

第 *1* 部

最初の一歩
SECTION 1　First Steps

第1章
ウォール街に対する考え方を変える
Changing the Way You Think About Wall Street

　あなたはウォール街に対する考え方を変える必要がある。億万長者やインサイダー、テレビに登場する投資に関する第一人者たちや「業界のプロたち」よりも、あなたのほうが良い判断を下すことができる。
　これから数ページで、私はウォール街の神話をたたき壊して、真実に光を当てるつもりだ。なぜ常識とされていることを忘れるべきかを示し、トレーディングについてあなたが知っていると思っていることを見直す。あなたが自分自身についての考え方も変えようという気があれば、これから私が示す考え方に変えることは難しくない。

ウォール街の神話1──相場は長期的には常に上昇する

　相場は「長期的には常に上昇する」と、至る所で説かれているようだ。あなたは、投資対象を分散化した投資信託かインデックスファンドを買って待っていさえすればよい、と言われる。だが問題は、長期的に見ても相場は必ずしも上昇するとは限らないということだ。もっとも、これは「長期的」という言葉が何を意味しているか次第ではある。
　例えば、1929年の相場の天井で株を買ったとしよう。あなたが90％の損失に耐えられたとして、損益ゼロの状態に戻るだけで四半世紀を

図1.1 ダウ平均

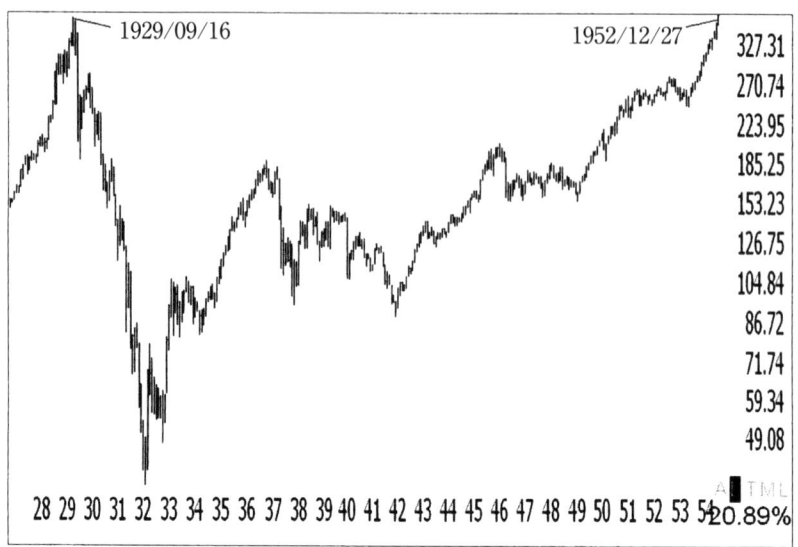

要した（**図1.1**）。

　あるいは、1960年代中ごろに株を買ったとしよう。17年後の1983年に相場がその水準を上抜けるまで、あなたのリターンはほぼゼロだった（**図1.2**）。

　私がこの章を書き始めたとき、「昔は昔、今は今」という心理が読者にあるかもしれないと心配していた。ベンチマークのS&P500が2000年に付けた天井を損益分岐点としても、そこからそれほど下げてはいなかったからだ。私はバイ・アンド・ホールドに反対する強い根拠を挙げなければならないと思っていた。バイ・アンド・ホールドの支持者たちにとっては残念なことだったが、相場が私の主張を弁護してくれた。2007年末に始まった弱気相場は、1929年以降で最悪のものになるだろう。2009年3月までに、S&P500は過去13年来の安値水準

図1.2　ダウ平均

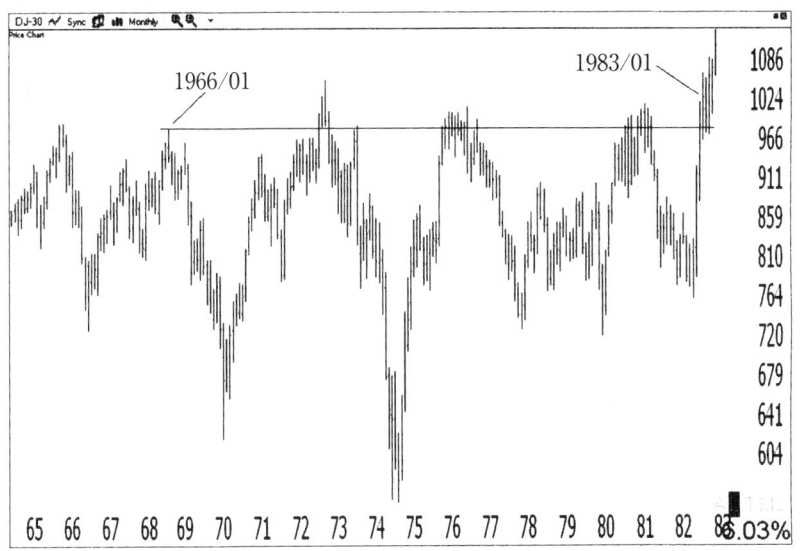

まで下げた。これらの安値から損益分岐点に戻るだけでも、200％以上も上昇しなければならないのだ。

　私は複数のカクテルパーティーで、相場は25年以上、上昇しない可能性があると話して、面と向かって笑われたことがある。そのため、熱い議論が交わされ、社交の場は気まずい雰囲気になった。そのとき以来、デール・カーネギーと妻のマーシーからの忠告に耳を傾けている。私はただうなずいて、飲み物を楽しめばよいのだ、と。私の言うことを信じる必要はない。ただチャートを見て自分で確かめる間、私にブラック・アンド・タンを一杯、手渡してほしいものだ！

ウォール街の神話２──専門家は相場がどこに向かっているか正確に知っている

「相場に関する第一人者たち」が絶対の確信を持って話すのには本当に驚く。人々が株を買った理由で、私がよく聞かされるのは、テレビでだれかが、株価は底入れしたと自信たっぷりに言ったからというものだ。

ちょっと考えてみよう。株価が底入れしたと確実に知るためには、世界中のあらゆることを知っていなければならない。あなたはその企業のCEO（最高経営責任者）が心臓発作で死にそうではないと知っていなければならない。もしそのことを知っているのなら、次のCEOのほうがもっと優秀だと知っていなければならない。彼は売春スキャンダルに巻き込まれたり、帳簿をごまかしたり、会社の金を使い込んだりしないと知っておく必要がある。私を信じてほしい。「そういうこと」はちょくちょく起きるのだ。あなたは大株主のヘッジファンドが株を持ち続けるだけでなく、さらに買い増すと知っていなければならない。もっと小さな株主──端株所有者から投資信託を持っている小柄の老婦人まで──のだれもが持ち分を売らないと知っていなければならない。テロ攻撃はもう起きないと知っておく必要がある。経済は堅調であり続けると知っておく必要がある。政府の介入や、現在のところ会社にとって有利な法律が改正されないと知っていなければならない。このようなリストは限りなく続けることができる。要するに、絶対確実な予測をするためには、すべてを知っておく必要があるということだ。

ウォール街の神話3──良いファンダメンタルズは良い投資に役立つ

　これまでに、次のような経験をしたことがあるだろうか？　あなたはある株を持っている。その会社が素晴らしい決算を発表したので、あなたは興奮する。だが、株価は急落し、あなたはゾッとしながら見守るという経験だ。いったい、何が起きたのだろうか。明らかに、ウォール街はさらに良い決算を期待していたので、発表された決算を悪いとみたのだ。実際の業績はトレーディングにとって重要ではない。もちろん、会社は最終的には利益を出さなければならない。さもなければ、資金が尽きて、事業から撤退せざるを得ないだろう。しかし、「最終的に」まで長い時間がかかることもある。良いファンダメンタルズに対する希望が残っているかぎり、株価は何カ月も何年も上昇トレンドを続けることがある。実際に優良株のなかには、少なくとも株価が絶好調のときに、ファンダメンタルズが最悪のものもある。

　逆に、ファンダメンタルズは素晴らしいのに、長期にわたって下降トレンドを続ける株もあり得る。ある時点で、そういう株は割安と見られ、上昇トレンドを始めるかもしれない。だが、その保証はない。

　一方で、経済が悪化することも、製品が陳腐化することもあるし、競争相手が現れることもある。あるいは、弱気相場が訪れることもある。繰り返すが、ファンダメンタルズはトレーディングにとって重要ではない。ファンダメンタルズがどう認識されているかが重要なのだ。

　アマチュアトレーダーの案内係が買っていたアップル・コンピュータの株の話に戻ろう。2008年1月22日にアップルはCEOのスティーブ・ジョブズが次のように語ったと報告した。すなわち、「アップルは過去最高の売上高と利益を上げ、これまでで最も良い四半期になったことを報告できて、感激している」と言ったという。だが、株価はそれから数週間にわたって暴落した（**図1.3**）。

図1.3　アップル・コンピュータ

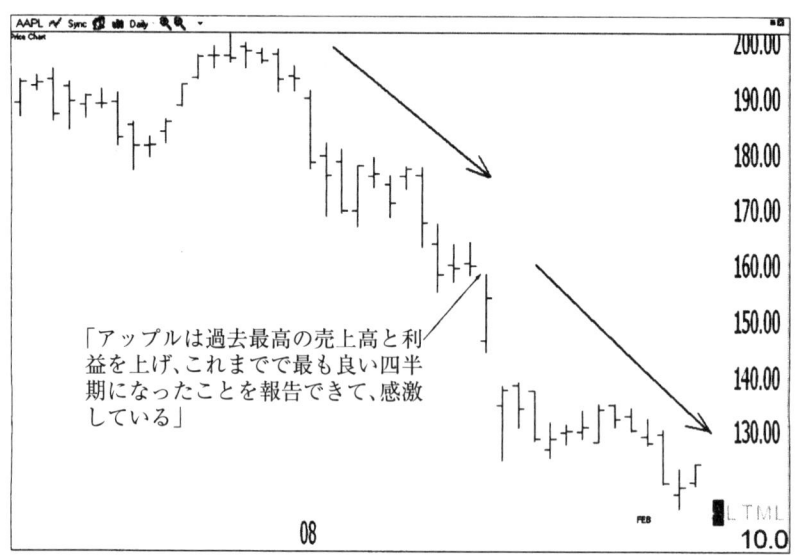

ウォール街の神話４──安値で買って、高値で売れ

　私たちは皆、「安値で買って、高値で売れ」という、ウォール街で昔から言われている格言を知っている。問題は、どれくらいが「安値」なのか、だれにも分からないということだ。また、ある株が安値水準で取引されているとすれば、おそらく、その株は下降トレンドが続いていただろうし、その後も下げ続けるだろう。

　2008年に「安値」と思えた何千もの株が、2009年には大幅に下落した。一例を挙げよう。2008年４月28日に、億万長者のカーク・カーコリアンは彼の投資会社であるトラシンダ社を通じて、フォード・モーター社の株式を8.50ドルで2000万株、公開買い付けした。この価格はカーコリアン氏にとって「安値」と思えたに違いない。結局のところ、1

図1.4 フォード

株当たり39ドル近くあった最高値に比べれば、ずっと安かったからだ。

8.50ドルの株価は、フォード株が80％近く割り引かれていることを意味していた。それなのに、同社株はそれからほんの数カ月後には、1株当たり2ドルをわずかに上回る株価で取引されていた。そして、カーコリアン氏の損失は1億2500万ドル近くに達した。さらに悪いことに、2008年10月21日に、トラシンダ社は彼らの持ち株を売却すると発表した。この行為によって、株価はさらに下落した（**図1.4**）。

安値で買おうという試みは敗者の戦略だ。すぐに分かるが、高値で買って、さらに高値で売るほうがずっとよい。

図1.5　グラマシー・キャピタル

ウォール街の神話5──高配当株を買え

　2008年7月17日に、私は近所の人から電話をもらった。「もしもし、デーブかい。ビルだけど、今、テッドのところで牛の囲いを作るのを手伝ってるんだ。とにかく、彼はグラマシー・キャピタルについて君がどう思うか知りたがっているんだ」。私はチャート（**図1.5**）を取り出した。すると、その株がずっと前から下げていて、過去1年で75％も下げているのが分かった。さらに、比較的最近でも、その下降トレンドが続いているのが分かった。そこで、私は下降トレンドだから手を出さないようにテッドに伝えてくれ、とビルに言った。電話の向こうで、テッドが彼に反論しているのが聞こえた。

　何らかの理由で、私の友人が意見を求めてくるとき、彼らは真実を

欲しがってはいない。彼らはすでに何をするか決めているのだ。あるいはもっと悪いことに、アップルを買っていた案内係と同じく、非常に大きなポジションをすでに持っているのだ。それで、私が何を言ってもどうせ無視されるならと、ズケズケ言うことにした。「ビル、それはクソ株だと言ってやれ」（彼らのいるところからでさえ、クサいのが分かるだろう、と）。すると、テッドが電話に出て、彼の言い分を話し始めた。彼は12％の配当利回りを引き合いに出した。私は利回りがそこまで高いのには理由があるのだ、と彼に説明した。チャートはウソをつかない。その株はきつい下降トレンドにあり、明らかに問題を抱えている。何かがおかしいのだ。連中はおそらくその配当を払い続けることはできないだろう。たとえ、払い続けられたとしても、下降トレンドが続く可能性は高い。「配当で稼げる分よりも株の損失のほうが大きくなるぞ」と、私は言った。すると彼はほかのファンダメンタルズを引き合いに出して、その株が割安だと説き伏せようとし続けた。

　その株は暴落し続けて、それから数カ月で95％以上も下落した。たとえその株が同じ配当を払い続けることができたとしても、その水準から損益分岐点に戻るだけでも、15年以上の配当が必要だ。

ウォール街の神話６──利食って、破産する者はない

　「利食って、破産する者はない」。何たるバカな話だ！　実際にはこれで多くの人が破産しているのだ。彼らは小さな利食いをたくさんする。だが、一度か二度の大きな損失で、それらの利益を全部吹き飛ばしてしまう。「小鳥のように食べて、象のようなフンをするな」という古い格言が先物業界にある。これは要するに、小さな利益をたくさん取って、大きな損失でそれらを吹き飛ばすようなマネをするな、と

いうことだ。
　リスクを抑えながら、長期的な利益を取ることができる資金管理とポジション管理の計画を作ろう。詳しくはあとで述べる。今は、利益を取っても破産することがあるという事実を受け入れよう。

ウォール街の神話７──相場の上げ下げには理由がある

　相場が上げたり下げたりした理由を、マスコミが毎日、はっきりと明確に報道するのには驚かされる。彼らは、株価が上げ下げする直接的な理由が常にあると思っている。この理屈に従えば、あなたは何と何がどう関係しているかを学びさえすればよいことになる。問題は、何の関係もないことが多いということだ。月曜日には、「石油価格が上昇したので」株価は下落した。火曜日には、石油価格は反落するが、株価はそれにもかかわらず下げ続ける。すると、メディアは素早く別の理由を思いつく。水曜日になると、石油価格は急騰するが、それでも株価は大幅上昇する。再びメディアはこれを説明するほかの理由を探し出し、石油価格の上昇にもかかわらず株価が上昇したという事実は無視する。木曜日には、石油がわずかに上昇し、株価は暴落する。するとメディアは、石油の上昇が原因だとする推理に戻る。
　たいてい、株価の変動には理由がない。人々は感情に基づいてトレーディングを行っている。それだけのことだ。問題となっている状況に関連があると思い込まないようにしよう。

ウォール街の神話８──それは含み損にすぎない

　含み損などというものはない。損失は損失だ。多くの人は、手仕舞って「それを受け入れ」たときに、株の損失が確定するにすぎないと

思っている。しかし、私は保証するが、損失は損失だ。株で大損したら、手仕舞わなければならない。たしかに、株価が元に戻る可能性はある。だが、そうならない可能性もあるのだ。さらに悪いことに、株価が下げているなら、それはトレンドである可能性が高いということだ。そのため、さらに下げる可能性が十分にある。

　ポジションを取っていようといまいと、口座残高は口座残高だ。あなたは債権者に口座を見せて、これらの株価は元に戻るので、実際にはさらに10万ドルの価値がある。これは「含み損」にすぎない、と説明するわけにはいかないのだ。損失は損失だ。あなたがビル・クリントンでないかぎり、現実は変えられない。

ウォール街の神話９──テクニカル分析は迷信だ

　最も基本的なテクニカル分析は、相場の予測に役立てるためにチャートを使うことだ。チャートはあらゆるビジネスで使われている。私は、非常に多くの人が株式投資でチャートを使いたがらない理由が分からない。

　それぞれの日足に、不思議なところは何もない。それは単に、株がその日にどうトレードされたかを、市場参加者の売買に基づいて映し出しているだけだ。大手機関がトレードをすれば、それはチャートの一部になる。内情をよく知るインサイダーがトレードをすれば、それもチャートを動かす。そのため、チャートは大手機関からアマチュアトレーダーまで、全市場参加者の売買を反映する。これらの参加者が次に何をするかは分からないかもしれない。だが、彼らがいったい何をしたかは、はっきりと分かる。そのためチャートのパターンは、彼らやほかの参加者が次に何をしそうかという心理を映し出すのだ。

ウォール街の神話10――市場がなくなることはない

　悪いニュースで新聞は売れるかもしれないが、テレビの株式市場解説者の職は得られない。人は金融関連ニュースを見たときに、株価が下げているという話は聞きたがらない。最悪の状況は過ぎ去った。「あなたの持ち株は値を戻す」ので、それらを手放さないほうがよい、とだれかが話すのを聞きたがる。私はこの上昇方向へのバイアスを個人的に目撃したことがある。私が書いた弱気な記事のタイトルがあまり否定的に受け取られるかもしれないからと言われて、編集者に一度ならず書き換えられたことがあるのだ。時には、強気にさえ書き換えられたこともある。金融関連ニュースを見ても問題ない。ただし、市場の動きが明らかに良くないときには特に多いのだが、それらのニュースには上昇方向へのバイアスがあることは覚えておこう。

ウォール街の神話11――いつでも、どこかに上昇銘柄がある

　「いつでも、どこかに上昇銘柄がある」という神話がある。これは、しっかりと目を凝らせば、相場の状況にかかわらず買うべき株が見つかるということを示唆している。この神話は2008年に崩れた。年初から2008年11月20日に安値を付けるまでに、S&P500は評価額のほぼ50％を失った。この同じ期間に、モーニングスター・インダストリー・グループが追跡する全セクターの指数が下落した。これらのセクターの大半（64％）は、実際には市場平均よりもはるかに下落していた。さらに、最も下げ幅が小さかったセクターはその年の初めごろに、大きな下落を経験していた。時折、限られた分野、普通は商品関連株が市場と逆行して、トレードをできることもあるのは事実だ。しかし、

図1.6 S&P500

必ずしも「いつでも、どこかに上昇銘柄がある」わけではない。

ウォール街の神話12──空売りが諸悪の根源だ

　相場は上げるときもあれば、下げるときもある。あなたが市場で長く生き残るつもりなら、どちら側でもトレーディングをする意欲が必要だ。
　良いことは何であれ、違法なことか、太ることか、不道徳なことだと、だれかが言ったことがある。相場が下げているときに、空売りするのは良いことだ。そして、それは違法でも道徳的に間違ってもいない。また、たしかに太ることもない。うまくいけば、あなたの財布が膨らむだけだ。相場が下げていると、売り方がよく非難される。しか

31

し、彼らの買い戻し（カバーとも呼ばれる）によって流動性が生まれ、大暴落を弱めるのに役立っていることはめったに語られない。実際、SEC（証券取引委員会）は2008年に空売りの規制を試みたが、逆効果だった。それによって、株価は下げ足を速めた（図1.6）。市場で空売りが減ると、買う人はだれも残っていなかった。すると、市場はそれ自体の重みで崩壊した。

多くの人は買う前に売るということは受け入れられない。それは、とにかく自然に反するように思えるのだ。つまり、自分のものではないのになぜ売れるのか、というわけだ。実際には、空売りは現実の世界で常に起きている。例えば、セールスマンが手元にない物をあなたに売るとしよう。彼は、その製品を今は持っていない。しかし、あなたが払う金額よりも安い値段で、彼がその製品を手に入れることができれば、彼は利益を得るのだ。

株を空売りするのもこれに似ている。株価が下げ基調だと考えるならば、あなたが損を出したときに買い戻すための証拠金を入れて、証券会社に株を空売りするようにと指示する。彼らはこれを実行するために、ほかの口座から株を借りてそれを市場で売る。あなたは今、株を空売りしている。そして、売った価格よりも安値で買い戻せるかぎり、利益を得る。この詳しい仕組みを気にする必要はない。いったんあなたの口座で空売りをすることが承認されたら、あなたはただ「買い」のボタンではなく、「空売り」のボタンを押すだけだ。株を借りることができなければ、あなたは証券会社からその旨の通知を受けて、注文はキャンセルされることになる。

ウォール街の真実1──株価は上昇よりも下落のほうが速い

ウォール街の格言には真実を突いたものがいくつかある。たしかに、

上昇よりも下落のほうが速い。何かを破壊するよりも、築き上げるほうが長い時間がかかる。株も例外ではない。だから、損失が多少出たら、進んで手仕舞わなければならない。少しの損失がすぐに大きな損失になることもあるからだ。

　良い知らせもある。特に、弱気市場で株を空売りすれば、この傾向を自分のために利用できるのだ。株を空売りする気があれば、次の弱気市場で生き残れるだけでなく、おそらく利益も得られるだろう。

ウォール街の真実２──市場では感情によってトレーディングが行われている

　株は感情によってトレードされている。現実に基づいてトレードされているわけではない。株は現実をどう認識するかに基づいてトレードされているのだ。そして、現実をどう認識するかは人間の感情次第で変わる。大手機関からアマチュアトレーダーまで、株の売買は恐れと強欲、つまり感情に基づいてなされているのだ。

　そこで、どうやってその感情を読めばよいのだろうか？　ただ、チャートを見さえすればよいのだ。

ウォール街の真実３──耳寄り情報でトレーディングを行うな

　私が「同業者」なので、人々は私に耳寄り情報を伝えなければという気になるらしい。たいてい、私は交流の場で脇に呼ばれ、そこでだれかがひそひそ声で話す。その声は近くに立っている人にも（そして、それほど近くにいない人にも）どうにか聞こえる程度の大きさだ。個人的な経験では、「耳寄り情報」の99％は結局、誤りと分かる。そして、本当の場合でも、主張されるほど素晴らしかったことは一度もな

図1.7　シェニエ・エナジー

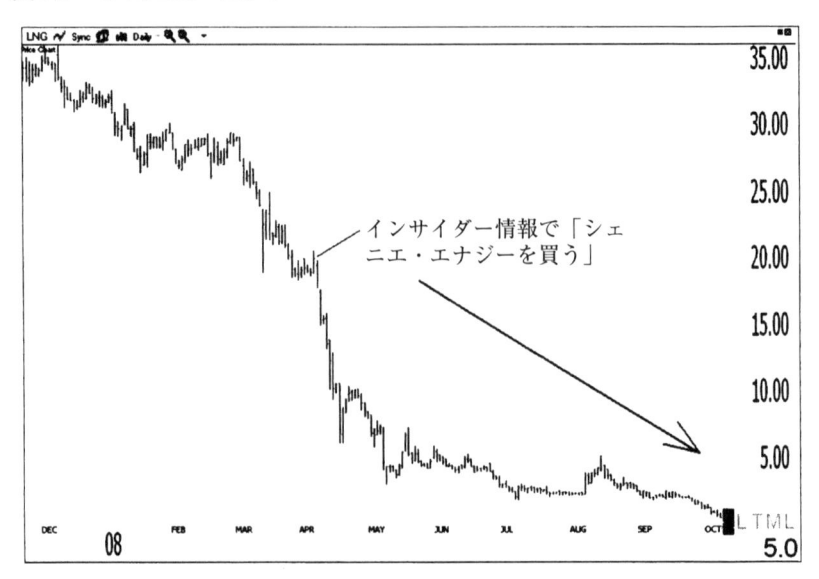

(チャート図：2008年DECから翌年OCTまでのLNG株価の推移。約35.00から5.00へ下落。APR付近に「インサイダー情報で『シェニエ・エナジーを買う』」との注記と矢印)

　い。例えば、かつて私はある企業がテイクオーバー（買収）されるという耳寄り情報を受けたことがある。そしてたしかに、次の取引日にそうなった。しかし、支払われる1株当たりの株価は前日の株価よりも数ドル安かった。これは「テイクアンダー」と呼ばれるものだ。

　次の例は2008年にあった、私のお気に入りだ。私はシェニエ・エナジーが買収されるという耳寄り情報を製油業者から受け取った。そして、何らかの理由でそれが実現しなくとも、彼らには未公表の巨大な埋蔵量の原油があるため、その会社は株価の何倍もの価値があるだろうと言われた。その株はその後、90％以上も下落した（**図1.7**）。

　結論として、耳寄り情報は避けることだ。たいてい、それらは間違っている。たとえ正しくとも、その報酬は言われるほど素晴らしくないことが多い。さらに、それが本当にインサイダー情報だったならば

違法だ。私の言葉を信用する必要はない。インサイダー取引で有罪になったマーサ・スチュワートに尋ねればよい。

ウォール街の真実４──けっしてナンピンをしてはならない

　理論的には、株が下げるたびに倍賭けしさえすればよい。そうすれば、株が値を戻すとすぐに、あなたはお金を取り戻すうえに、いくらか利益も得られるだろう。これは、その会社が倒産せずに、株が値を戻し、その間にあなたの資金が底をつかなければの話だ。ここには、大きな「もしも」が３つもある。2008年には多くの有名な上場企業が破産した。このなかには1850年に設立された証券会社と1889年に設立された銀行も含まれる。

　人生やビジネスで成功している人々は、「損を取り戻そうとして金をつぎ込んで」も、深みにはまることはなかった。だが相場では、その同じ人々でも、それで失敗することがある。

ウォール街の真実５──聖杯など存在しない

　トレードシステムの販売業者のあらゆる売り込みにもかかわらず、聖杯は存在しない。システムはどれも損失を生む傾向がある。どのシステムでも損失は免れない。

　今、あなたはおそらく、「ちょっと待って。まさか、この本でシステムを売り込むつもりじゃないだろうな？」と疑っているだろう。だが、そうではない。私はマーケットでの常識的な方法を示そうとしているのだ。私は損失が出ないという保証はしない。実際には、損失がときどき出るということが、私の保証できることだ。私が提案するのは、トレンドに沿ったトレードをしてリスクを抑えれば、損失を減ら

して長期的な成功への態勢を整えられるということだ。

ウォール街の真実６──頭が良いほど、上達にはより時間がかかる

「上手なトレーディングと知性との間に大した関係を見たことはない……。並外れて知的な人々の多くは実にひどいトレーダーだ。並の知性で十分なのだ」──ウィリアム・エックハート
「おまえはトレンドに従っている愚か者にすぎない」──匿名

　あなたがこの本を読んでいるのなら、平均以上の知性の持ち主だ。どうして、それが分かるのかって？　まず、大きな利益を得られそうな分野には最も優秀な人々が引き付けられる。第二の理由はお世辞ではない。相場のこととなると、多くの人は本を読まない。彼らは自分の勉強をテレビの金融番組に頼る。残念ながら、前に述べた確固とした上昇バイアスと、ニュースとファンダメンタルズとの間の変わらぬ「論理的」な関係は、非常に高くつく教訓となるかもしれない。話がそれたので、元に戻そう。私が言いたいのは、あなたはトレーディングの勉強のためにテレビを見る人間ではないので、平均以上の知性を持っているのは確実だということだ。
　あなたが天狗になる前に、悪い知らせを伝えておこう。あなたは頭が良いので、相場で成功するまで時間がかかるだろう。裏庭で偶然に石油を掘り当てないかぎり、あなたが人生で収めた成功はすべて理屈に見合ったものだろう。だが、トレーディングでは理屈など何の意味もないことが多い。あなたが取り組むのは市場参加者の恐れと強欲だ。市場では、理屈ではなく、人間の感情によってトレーディングが行われている。理由を理解しようとしてもムダに終わるのだ。

図1.8　米国原油ファンド

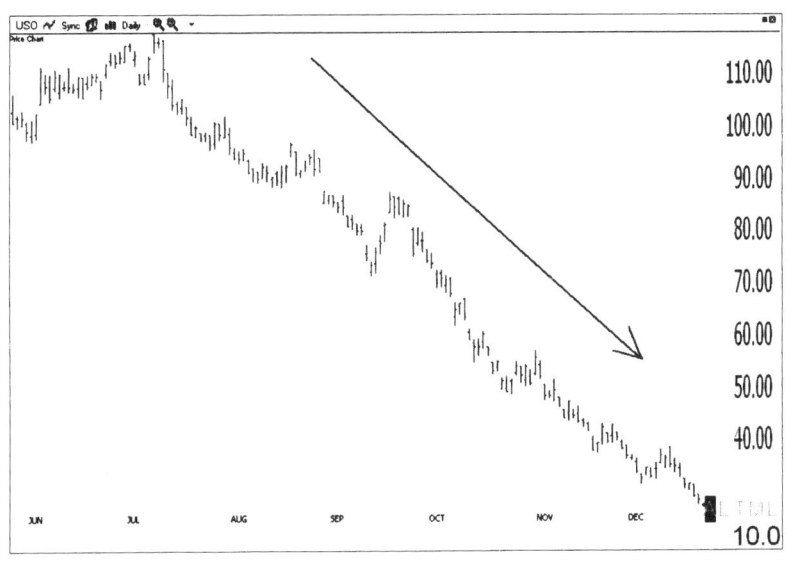

ウォール街の真実7──あなたは前もって準備をしなければならない

　私のトレーディング手法では、１日中コンピューターの画面を見つめている必要はない。それどころか、そうしないように勧める。だが、準備作業は必要だ。これは株価指数やセクターや銘柄を調べるという意味だ。

　良いミュージシャンになりたければ、自分の楽器の練習をしなければならない。チャートをうまく読みたければ、多くのチャートを見なければならない。だから、あなたは準備作業をしなければならない。準備作業には「作業」という言葉が入っているが、心配には及ばない。実を言うと、それはとても楽しいのだ。私にとっては、それは宝探し

のようなものだ。

ウォール街の真実8──専門家や「情報通の投資家」でさえ、間違うことがある

　以前に、私は「情報に通じた製油業者」でも間違うことがあるという話をした。あなたが史上最も有名な製油業者だったら、どうだろうか？　T・ブーン・ピケンズは石油価格が2008年に上昇するほうに賭けて、10億ドル以上を失った（**図1.8**）。

　史上最も有名な製油業者でさえ石油で儲けることができないのなら、どうしてアマチュアトレーダーにそれができるのだろうか？　単純だ。自分の信じるものではなく、見えるものを信じるようになることだ。チャートに矢印を描けば、トレンドに逆らわないようになるだろう。あなたの代わりに相場に判断させれば、正しいときには相場に入っていられて、間違えたときには相場から退場させられるだろう。最も重要なことだが、相場で自分の意志を無理やり通すという感情的な落とし穴を避けられるだろう。

そんなに簡単なら、なぜだれもがそうしないのか？

　これは良い質問だ。人は割安株が好きなようだ。ある株が50ドルで良く見えるなら、40ドルになると「お買い得」になる。30ドルまで下げたら、さらに良い取引だ。この安値拾いのために、人はトレンドに逆らうのだ。たとえ株価が明らかに下降トレンドでもあきらめないだけでなく、さらにナンピンする。そのせいで、損失が膨れ上がってしまうのだ。

　市場に知恵で勝とうとするのは人の本性だ。相場にトレンドがあるときに私がトレンドフォローを教えた人は皆、ほとんどすぐに成功し

た。彼らはトレーディングが簡単だと思いがちだ。そこで強欲が頭をもたげ始める。彼らはさらに成功するために、市場に知恵で勝とうとし始める。彼らはトレンドが始まる前に仕掛け始める。底や天井で仕掛けて、トレンドが終わるずっと前に手仕舞おうと試みる。そして、避け難い損失が続くと、トレンドフォローはもはやうまくいかないと思い込む。彼らはほかのシステムを試し始める。時として、彼らは何とか立て直し、新しい手法が相場にぴったり合って、「真っ芯」でとらえることがある。しかし、たいていの場合、これは長続きしない。そして、彼らはさらに別の手法を探し始める。やがて年柄年中、相場から「ずれる」ようになる。

　私はトレーディングが簡単だとはけっして示唆していない。しかし、熱心に勉強して常識を働かせれば、成功できると信じている。

第2章
テクニカル分析で市場心理を読む
Reading The Mind Of The Market Using Technical Analysis

　この本を書き始めたころ、なぜ株をバイ・アンド・ホールドしないで、トレードすべきなのかを示すのは難しいのではないかと心配していた。だが、2008年の値動きがそのことの証明になったと思う。平均的な投資信託は相場とともに下落した。残念なことに、これによって多くの人は年金口座に預けている金額の半分を失った。伝統的なウォール街の知恵は間違っている。長期的に、市場で生き残るためには、トレーダーのように考えられるようになる必要があるのだ。

バーチャートを理解する

　あなたが市場を知恵で打ち負かそうとする気がなければ、トレーダーのように考えるのは難しくない。市場では、感情に左右されながらトレーディングが行われている。少なくとも市場の動きが素晴らしい時期には、ファンダメンタルズは重要ではない。市場の本当の感情を読む唯一の方法はテクニカル分析を使うことだ。

　テクニカル分析とは、「価格のチャートを使うこと」のもったいぶった言い方だ。その最も純粋な形では、チャートのみが使われる。長年の探求を経て、私は自分をテクニカル分析の純粋主義者だと考えている。私は注目すべきことはただひとつ、価格だけだということを学

図2.1　価格足チャート

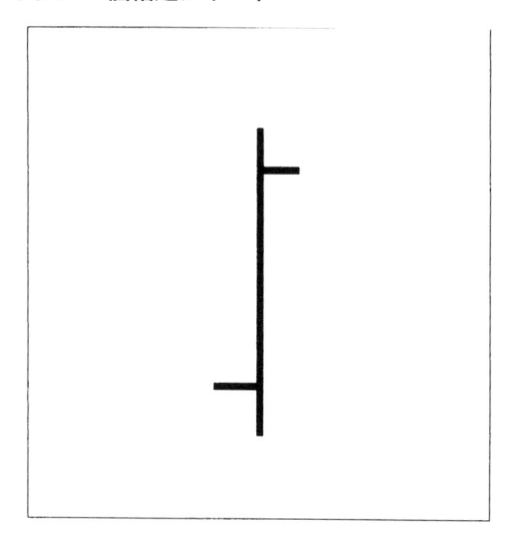

んだ。実際、私は移動平均線をたまに使う以外、まったくオシレーターなどの指標を使わない。

　価格チャートは大手機関からアマチュアトレーダーまで、すべての参加者の売買を映し出している。あなたは市場参加者が次に何をするかを正確には分からないかもしれない。だが、彼らがいったい何をしたかは、はっきりと分かる。そのことから、次に何が起きそうかについて、良い考えが浮かぶ。**図2.1**の単純なチャートを理解できれば、あなたはトレーディングができるようになる。

　あなたはPER（株価収益率）、配当、キャッシュフロー、手元資金、ROA（総資産利益率）、あるいはその他の会社の決算に関して、何も心配する必要はない。会社が何をしているかさえ気にする必要もない。あなたが気にする必要のないことをリストにすれば、それは延々と続くだろう。たしかに、ある株のトレーディングを行うときに、そのセクター全体でもトレンドができていることは大切だ。だが、それだけだ。あなたが**図2.1**を理解できるようになれば、相場で成功できるよ

図2.2　バーチャートの基本

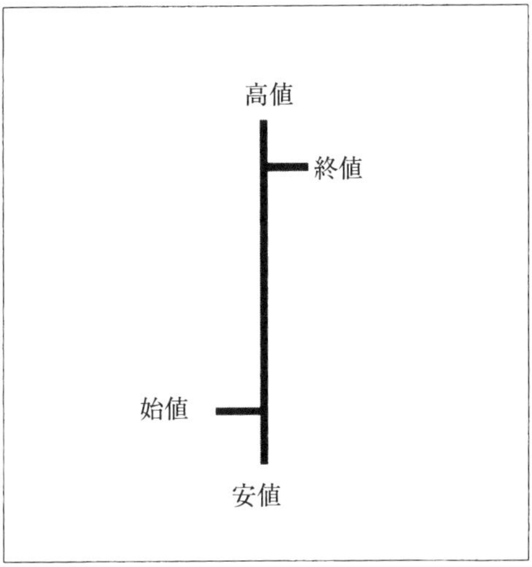

うになるだろう。

価格チャートが何を示しているかを見ることにしよう。説明の都合上、チャート上のすべての足は１日を表す。**図2.2**の価格チャートは４つのことを表している。それは始値、高値、安値、終値だ。

始値は、その株の取引が始まったときの価格だ。それは前日の終値と同じ価格になることもあるが、必ずしもそうはならない。

高値は立ち会い時間中に記録された最も高い価格だ。売り手が株を売りたがらなければ、買い手は買い気配値を上げるしかない。買い手がもっと支払う気があればあるほど、株は高くなる。

安値は立ち会い時間中に記録された最も安い価格だ。売り手が株を手仕舞いしたがっているのに、買い手に買う気がなければ、株価は下がる。売り手が手仕舞いを望めば望むほど、株は安値で取引される。売り手は買い手を見つけられるまで、売り気配値を下げるしかないからだ。

終値は、株がその日の取引を終えたときの価格だ。火曜日の終値が

図2.3　日中のレンジ

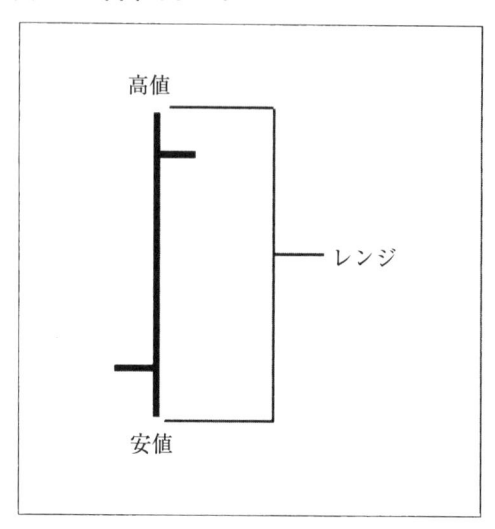

月曜日の終値よりも高ければ、その株の買いの勢いが売りの勢いを上回ったということだ。逆に、火曜日の終値が月曜日の終値よりも安ければ、その株の売りの勢いが買いの勢いを上回ったということだ。すぐに説明するが、株が日中のレンジのどこで引けるかも有益な情報になる。

　レンジ（**図2.3**）とは、その日の高値から安値までの値幅のことである。

　レンジが狭いほど、その日の価格についてトレーダーたちの意見が一致していたということだ。このときには、**図2.4**に示されているように、値動きの狭い短小線ができる。反対にレンジが広いほど、価格についてトレーダーたちの意見が一致しなかったということだ。このときには、**図2.5**に示されているように、値動きの広い長大線ができる。値動きの大きさは株によって異なる。そのため、レンジは相対的なものだということを頭に入れておく必要がある。ある株では長大線であっても、それよりもずっと値動きの大きな株では必ずしも長大線

図2.4　値動きの小さな日

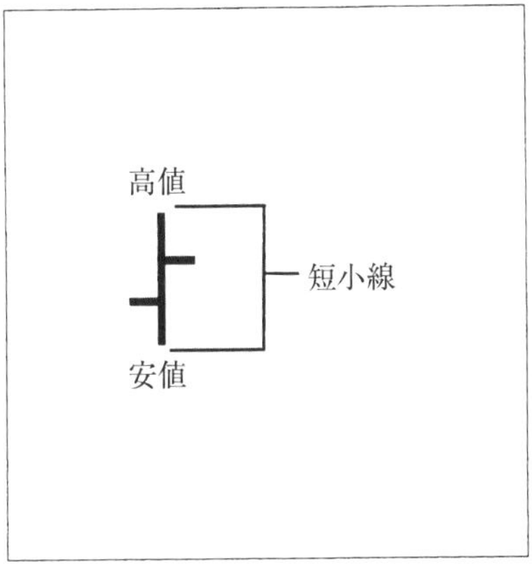

図2.5　値動きの大きな日

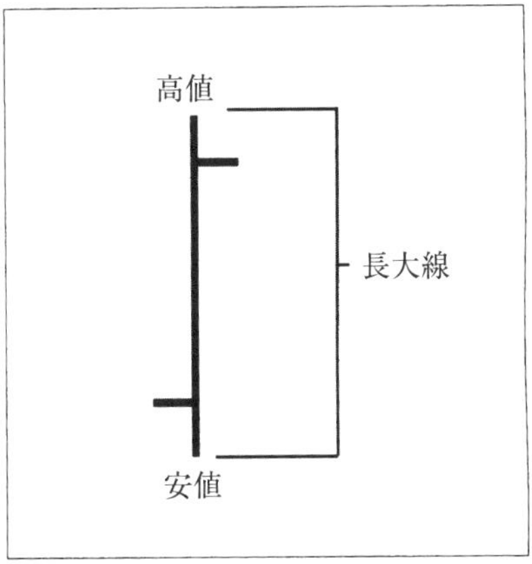

とはみなされない。ある銘柄のボラティリティは一定ではない。ある銘柄の値動きは激しくなっては、落ち着きを取り戻す。1年前には値幅の大きな足をよく持つ銘柄と考えられていたものでも、最近の取引では普通の足しか持たない銘柄であるとみなされることもよくある。

終値がその日のレンジの一番上かその近くで引けたときには、高値引け（**図2.6**）という。これは日中に買いが進んだということであり、もっと重要なことは大引けにかけて買いが進んだということだ。大引けにかけての買いは、トレーダーがポジションを翌日に持ち越す気があったことを示している。

反対に、終値がその日のレンジの一番下かその近くで引けたときには、安値引け（**図2.7**）という。これは日中に売りが進んだということであり、もっと重要なことは大引けにかけて売りが進んだということだ。これはトレーダーがポジションを翌日に持ち越す気がなかったことを示す。

それでは、始値と前日の終値との関係を見ることにしよう。始値は

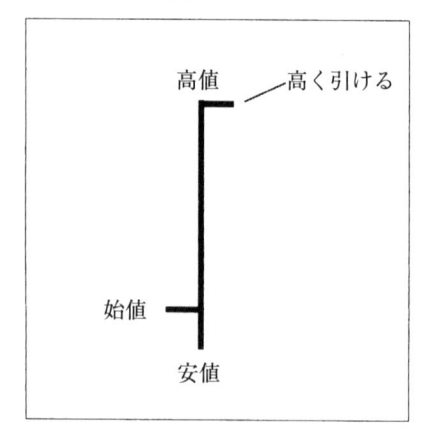

図2.6 高値引け　　　図2.7 安値引け

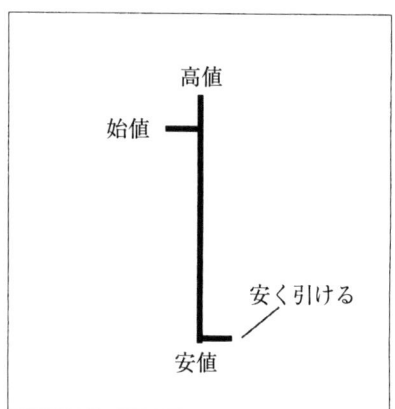

前日の終値と同じこともあるが、必ずしもそうなるわけではない。一晩中、ニュースは報道されているので、飛びつき買いや狼狽売りを誘うこともある。トレーダーが大急ぎで株を評価し直すので、寄り付きはこれらのニュースを反映した価格になる。心配性のトレーダーたちは価格に関係なく、条件反射的に売買することが多い。感情に左右されたトレーディングが、まさにその日の高値や安値になることがある。私たちはこれをうまく利用することができる。

　寄り付きには3つのことが考えられる。①前日の終値よりも高く寄り付く、②前日の終値よりも安く寄り付く、③前日の終値と同じ価格で寄り付く――である。

　前日の終値よりは高いが、前日の高値を超えない場合、ラップアップと呼ばれる。その場合は、前日のレンジ内か、高値と重なって寄り付いている（**図2.8**）。

　前日の高値よりも高く寄り付けば、ギャップアップと呼ばれる（**図2.9**）。

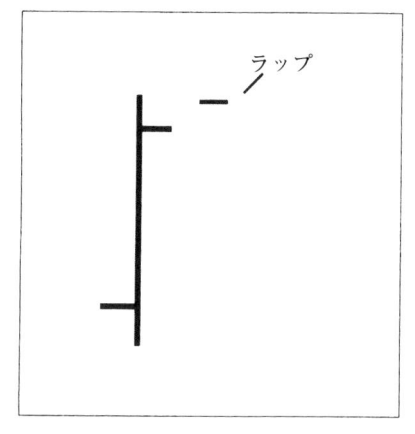

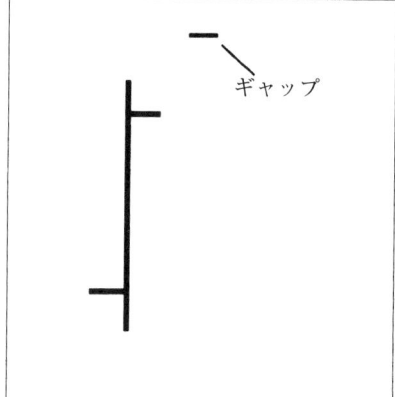

図2.8　ラップアップでの寄り付き　　**図2.9　ギャップアップでの寄り付き**

　ラップアップやギャップアップは、たまっていた買いがその日に入ってきたことを示す。逆に、ラップダウン（ラップアップの反対）やギャップダウン（ギャップアップの反対）は、たまっていた売りが入ってきたことを示す。このラップやギャップの大きさは重要だ。ラップやギャップが大きければ、トレーダーたちが感情に突き動かされているということを示している。トレーダーたちは価格の高安に関係なく、仕掛けたいか手仕舞いたいと思っている。

　次は、寄り付きと大引けとの関係を見ることにしよう。

　終値が始値よりも高かったときは（**図2.10**）、日中の買いの勢いが強かったということだ。これは価格が始値からあまり下げないで、長大線を形成し、高値引けした場合に特に当てはまる。

　逆に、終値が始値よりも安かったときは（**図2.11**）、日中の売りの勢いが強かったということだ。これは価格が始値からあまり上げないで、長大線を形成し、安値引けした場合に特に当てはまる。

　次に、始値と終値が大体同じとしよう（**図2.12**）。これは、その株

図2.10　買いの日　　　図2.11　売りの日

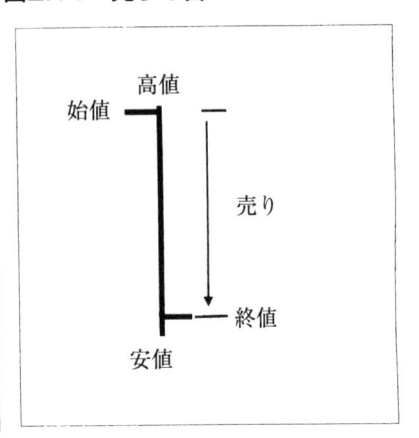

をいくらぐらいに評価すべきかについて、大引けまでに買い手と売り手の意見がほぼ一致したということを示す。

　まとめると（**図2.13**）、始値はその株が取引を始めたところで、終値は取引を終えたところだ。買い（つまり需要、あるいは高い買い気配値）がその日の高値を生み出し、売り（つまり供給、あるいは安い売気配値）が安値を生み出す。

例──キノコ栽培の企業

　ポータベラ・マッシュルームはポータベラというキノコの架空の栽培業者だ。彼らはこのおいしいキノコの人気に目を付けて出資し、株を公開しようと決めた。非上場企業が上場して株を公開することはIPO（新規株式公開）と呼ばれる。

　上場初日の月曜日に、この株は10ドルで寄り付いた後、すぐに上げた。この企業に対して最初のうちはその期待感から、市場に興奮状態

図2.12 需要（買い）と供給（売り）がほぼ同じ日

図2.13 通常の足

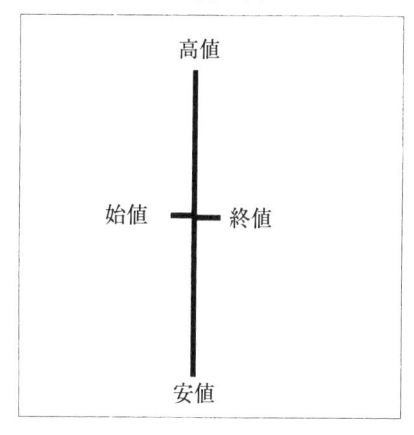

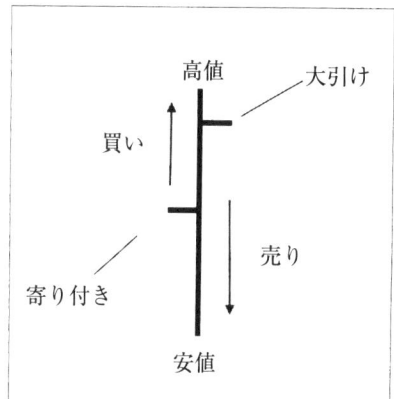

があったからだ。始値を一度も下回らなかったので、始値と安値は同じだ。株価は10.50ドルの高値を付けるが、少し下げて、10.25ドルで引けた。1本の足では、トレーディングの判断を下すのに十分な情報は得られない。だが、この銘柄が上場初日に一般にどう受け止められたかは、1本の足を見るだけでよく分かる（**図2.14**）。

　火曜日には、前日の終値よりは高いが、高値よりは安く寄り付いて、ラップアップができた。これはこの会社の株に対する買いがある程度あることを示す。トレーダーたちは前日の終値よりも高値でこの株を買おうと、一晩のうちに決めたのだ。さらに今度も、始値が安値と同じ点に注意しよう。この株がその日も始値以上の価格を維持したということは、ここが割安な水準だと認められたことを示す。この銘柄が高値で引けた点にも注意しよう。これは終値までずっと買い進まれたか、少なくとも大引け近くで売りがなかったことを示す（**図2.15**）。

　水曜日には前日の高値よりも高く寄り付いて、上にギャップを空けた。これは、トレーダーが再びこの株を買う気があったことを示して

図2.14　上場初日

ポータベラ・マッシュルーム

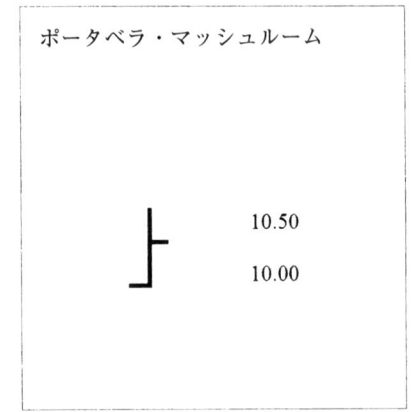

10.50
10.00

図2.15　上場2日目

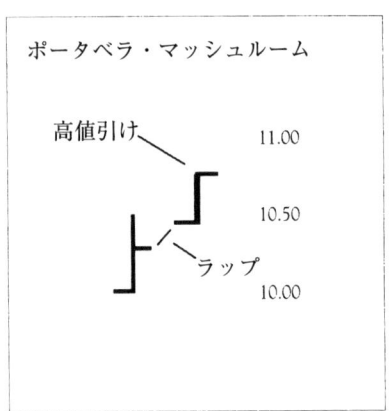

ポータベラ・マッシュルーム

高値引け　11.00

10.50
ラップ
10.00

いる。始値から少し下げたが、すぐに買い手が現れた。その後、日中を通じて上昇し、レンジはこれまでで最も大きくなった。そして12ドルの高値を付けて、引けにかけて少し下げただけだった。高値で引けなかったということは、大引け近くで少し売りがあったことを示す。だが、何とか高値近くで引けた。これはトレーダーが再びこの株を翌日に持ち越す気があったことを示している（図2.16）。

　4日目の木曜日に、この株は上に大きくギャップを空けて寄り付く。この値動きは価格に関係なく、トレーダーたちがこの株を欲しがったことを示す。だが、このギャップを空けて寄り付いた価格がその日の高値になる。この値動きは、以前から株を所有していた人々に売る気があったことを示す。株は大引けにかけて大幅に売り込まれ、終値がその日の安値となった。また、前日の終値よりも安く引けた。この値動きは、この株がすでに面倒なことに陥っている証拠かもしれないことを示している。始値で買った人は現在、含み損を抱えている。前日の高値近くで買った人も現在、損失に直面している。安値引けは、ト

図2.16　上場3日目

ポータベラ・マッシュルーム

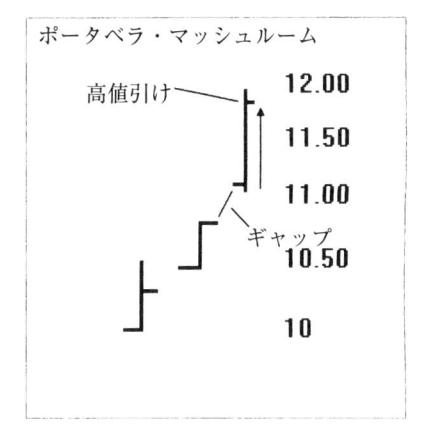

図2.17　上場4日目

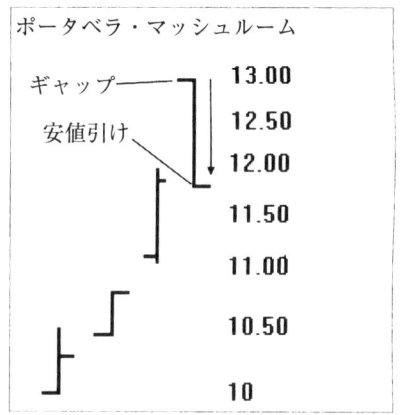

ポータベラ・マッシュルーム

レーダーたちが手仕舞いたがっていたことを示す。彼らはこの株を翌日に持ち越したがらなかったことを示す（図2.17）。

　売りは金曜日も続く。この銘柄が下にギャップを空けた点にも注意しよう。この値動きはトレーダーたちが価格に関係なく手仕舞いたがっていることを示している。この株は始値を上回ることさえできなかった。そして大きく売り込まれ、安値で引けた。この安値引けはトレーダーが株を持ち越さなかったことを示す。また、ポータベラが月曜日の終値をわずかに上回る価格で引けた点にも注意しよう。この株を買ったほとんどすべての人が現在、損失に直面している（図2.18）。

　上場6日目の翌週月曜日に、この株はわずか上にラップアップを作り、最初のうちは上昇する。この値動きは割安株狙いのトレーダーがポータベラを買う気があることを示している。しかし、株はすぐに高値を付けた後、売り進まれ、安値で引けた。そして、前週の月曜日に取引を開始したところよりも下で引ける。今や、この日の安値で株を買った人を除いて、すべての人が含み損を抱えている（図2.19）。

51

図2.18　上場5日目

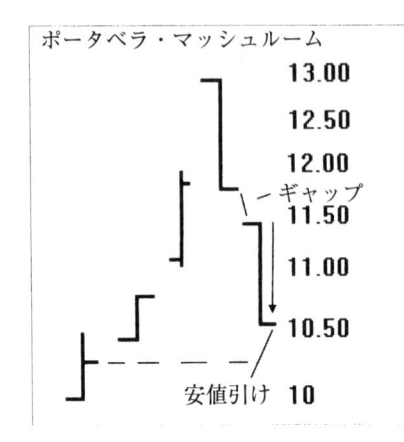

ポータベラ・マッシュルーム
13.00
12.50
12.00
ギャップ
11.50
11.00
10.50
安値引け　10

図2.19　上場6日目

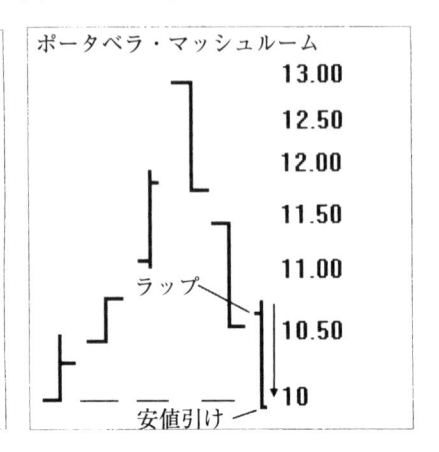

ポータベラ・マッシュルーム
13.00
12.50
12.00
11.50
11.00
ラップ
10.50
安値引け　10

　初めのころの多幸感は消えうせ、ポータベラは横ばいを始める（A）。つまるところ、それは食品会社にすぎないというわけだ。たしかにポータベラはとてもおいしいキノコだが、どれくらい将来性が見込めるだろうか？　この株は10ドルの安値と10.50ドルの高値のレンジで取引されている。このレンジの下限は割安水準、または支持線と認識されている。レンジの上限近くでは、トレーダーはポータベラを高いと考え、売る気になる。これは抵抗線と呼ばれる（**図2.20**）。

　ここで、1週間を早送りしてみよう。価格は横ばいを続け（B）、レンジの下限近く（10.00ドル）で支持線を、レンジの上限近く（10.50ドル）で抵抗線を見つけているのが分かる。支持線と抵抗線の間を行き来しながら株価が横ばいしているとき、これをレンジ相場、またはボックス圏と呼ぶ。株がレンジ内で長く取引されればされるほど、トレーダーは株価について意見が一致してくる（**図2.21**）。

　株価がそのレンジから下にブレイクし始める。前の取引レンジは今や、いわゆる上値抵抗帯になる。このレンジ相場で株を買った人は今、

図2.20　支持線と抵抗線

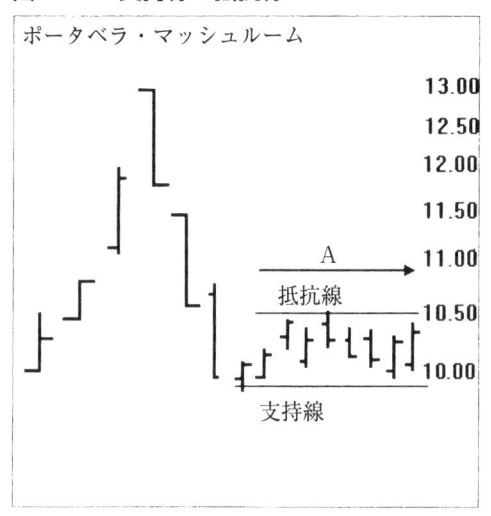

図2.21　レンジ相場

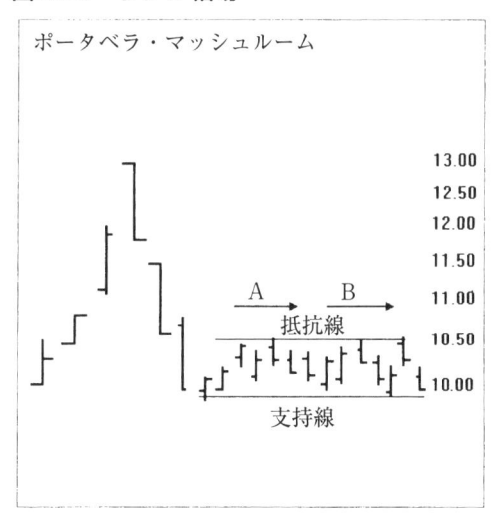

　だれもが含み損を抱えていて、おそらく損益ゼロのところで手仕舞おうと考えている。人はそういう動きをするものだ。したがって、上値抵抗帯（オーバーヘッドサプライとも呼ばれる）があるときに株を買

図2.22　上の抵抗線

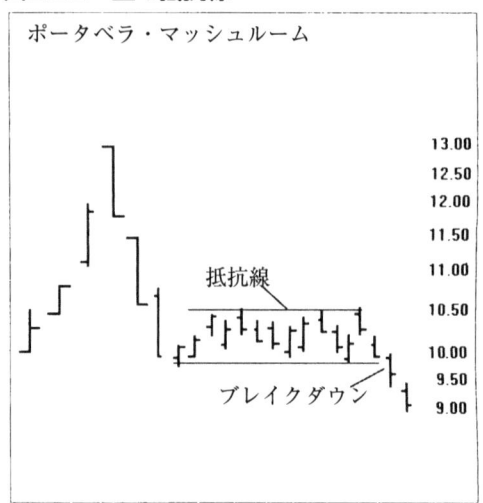

図2.23　支持線が抵抗線に

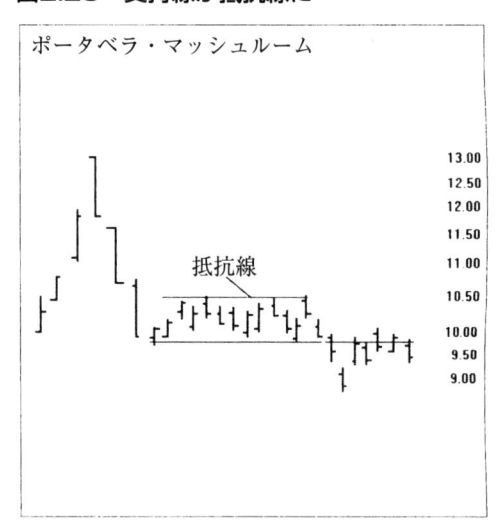

わないことが重要だ。さもないと、あなたの利益は限られたものになるかもしれない（**図2.22**）。

　ポータベラは8.75ドルの水準まで下げたあと、上値抵抗帯まで上昇

図2.24　ダブルボトム

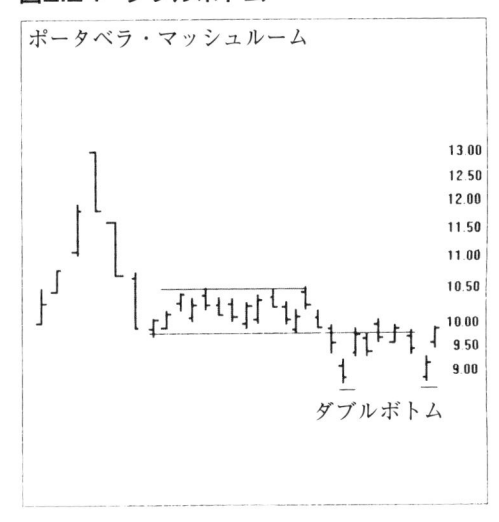

図2.25　ブレイクアウト

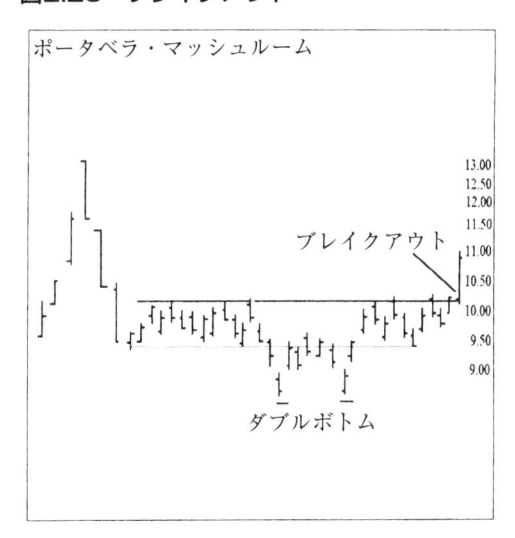

する。だが、この抵抗帯は簡単には抜けない。おそらく、このレンジ内で前に買った人は、損益ゼロになれば手仕舞おうと考えているだろう（図2.23）。

ポータベラは再び売り込まれるが、8.75ドル水準からまた反発する。底狙いの人は割安株を買おうとしている。しかし、単に株が安いからというだけで、さらに安くならないという保証はない。前の安値付近で実際に反発したということは、この水準が支持線である可能性はある。２つの安値がほぼ同じ水準で、特にその間にある程度の上昇があるとき、ダブルボトムと呼ばれる形を作る（図2.24）。私はこのパターンでトレーディングを行うべきだと勧めているわけではない。それよりも、株がこうした典型的なテクニカルパターンから上昇する可能性が見えるまで待ってから、仕掛けどころを探すほうがずっとよいと思っている。今のところは、天井や底を拾おうとすべきではないということを知っておけばよい。

　ポータベラは前の取引レンジに戻り、その範囲内で上げ下げを繰り返し始めた。その後、この株は上にブレイクアウトする（図2.25）。株がレンジを上にブレイクアウトしたときは、その株の買い時のように見えるかもしれない。だが、ブレイクアウトはたいてい失敗することを心に留めておこう。たしかに、ブレイクアウトでうまくトレードをする人もいる。しかし、彼らは失敗する可能性が高いなかで、うまくやる方法を学んでいるのだ。私はトレンドに沿ってトレードをするので、その後も値動きが続くと確認できるまで待ち、最初の調整が起こったあとで仕掛けたいと思っている。これは、その調整後に上昇する兆しが見えたときの話である。要するに、私は押し目買いをするのだ。

ポータベラ社のニュース

　私はこれからポータベラ社に関する架空のニュースを流す。私はテクニカル（つまり、チャート上の値動き）のほうがしばしばニュースに先行することを示す。さらに、株価はニュースを完全に無視することもあるし、ニュースに逆らって動くことさえあることも示すつもり

だ。アップルの件でアマチュアトレーダーの案内係に何が起きたかを覚えているだろうか？

「ニュース」と「株が上げ下げする理由」との間に、直接的な関係が見られないことは多い。株は現実に基づいて取引されるわけではない。現実をどう認識するかに基づいて、取引されるのだ。利益を得るためには、自分の望む方向に株価が動きさえすればよい。繰り返して言おう。トレードで利益を出すためには、株価があなたに有利な方向に動きさえすればよいのだ。なぜ動くのかは重要ではない。ニュースで言われたことを気にする必要はない。繰り返すが、あなたはその株の価格を調べさえすればよいのだ。

現実をどう認識するかによって価格が動いているため、テクニカル分析は素晴らしい道具になる。価格はしばしば、ニュースが「出る」よりもずっと前に上げたり下げたりする。たしかに、メディアは株がなぜ動いたかを説明しようとする。しかし、優れたトレーダーはそのときにはとっくに立ち去っていることが多い。さらに、株はニュースがなくとも動くことがある。実際、ニュースがないのに動く株で、最良のトレードができることもある。もっと良いことに、持ち株がニュースと逆方向に動くこともある。人々は常に理由を探す。だが、トレーディングでは何もないことは珍しくない。投資家は相場に理屈を当てはめようとして、値動きの逆方向に身を置くことが多い。改めて言うが、自分の有利な方向に価格が動きさえすればよいのだ。理由は重要ではない！　問題となっている状況に関連があると思い込まないようにしよう。

さて、ポータベラ社の話に戻ろう。ブレイクアウトの数日後に、アジアで始まったあるダイエット法がアメリカで流行しだしたという記事が出た。おそらく、ポータベラ社のキノコを1ポンド食べるたびに、脂肪が2ポンド落ちるというニュースだ。

ポータベラ社は上昇し続けたが、やがて失速して前の高値水準で下

図2.26　ダブルトップ

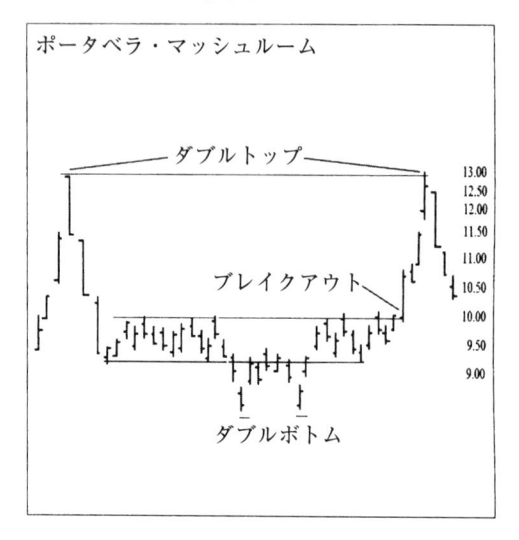

```
ポータベラ・マッシュルーム
         ダブルトップ           13.00
                              12.50
                              12.00
                              11.50
                              11.00
                              10.50
      ブレイクアウト              10.00
                              9.50
                              9.00
         ダブルボトム
```

落に転じた。その高値で買った人は今や、損益ゼロに戻ったら手仕舞おうと考えている。この形はダブルトップと呼ばれている。この株はその後、かなり大幅に売り込まれる。上昇トレンドは始まったのと同じくらい素早く終わった（**図2.26**）。

　私はこれらのパターンで直ちにトレーディングを行うべきだと言っているのではない。むしろ、それらのパターンを、あとで述べるセットアップや考え方と組み合わせることによって、株を買ったり空売りしたりするための根拠作りに使うほうがよい。

　数日後に、現在はやりのダイエットは宣伝されているほど効果がない、という記事が出る。再び、この株の値動きはニュースに先んじていた。

　その後、ポータベラ社は前のレンジの上限で支持線を見つけた（A）。そして、数日間、横ばいしたあとに、再び上昇し始める（B）。今回は、どうにか新高値を付けて引けた。この株を買って持ち続けている人はだれでも今、含み益がある（**図2.27**）。

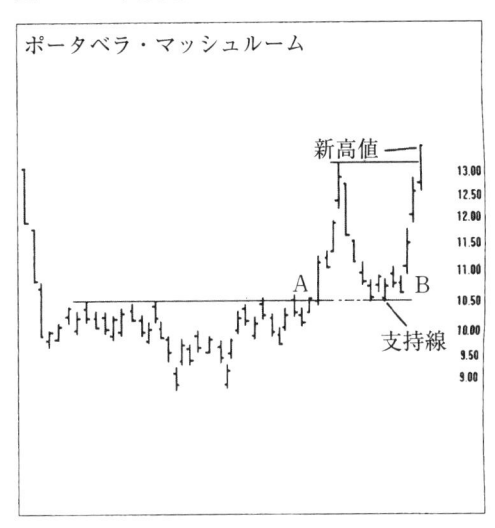

図2.27 支持線と新高値

```
ポータベラ・マッシュルーム
                                    新高値    13.00
                                             12.50
                                             12.00
                                             11.50
                                             11.00
                            A         B      10.50
                                             10.00
                                   支持線     9.50
                                              9.00
```

　新高値を付けたすぐあとに、このキノコからエタノールが製造できるという記事が発表された。エネルギー価格の急騰で、この株は活気のない食品会社というよりは、代替エネルギーの企業としてトレードされ始める。テクニカル分析を使う大きな利点は、こうした企業像の変化を早くとらえるのに役立つということだ。

　買いの勢いが強いので、この株はギャップを空けて上昇し、長大線を作って高値引けした（**図2.28**）。これらの「トレンドに必要な条件」から、トレンドの性質についての手掛かりが得られる。まず、この株は押す（A）。これは、トレンドが十分長く続いたと考える人の利食いによって起きることがある。また、私たちがすぐにキノコで車を走らせることができるとは信じられないとして、熱心に空売りした人たちのせいで起きることもある。押し目（A）から、この株は上昇（B）を始める。一般に、トレンドを作ったあとに押しや戻りがあり、再び前のトレンドの方向に動きだすことが多い。

　エネルギー価格が急騰し続けたため、ポータベラ社も急騰する。同

図2.28　最後の高値

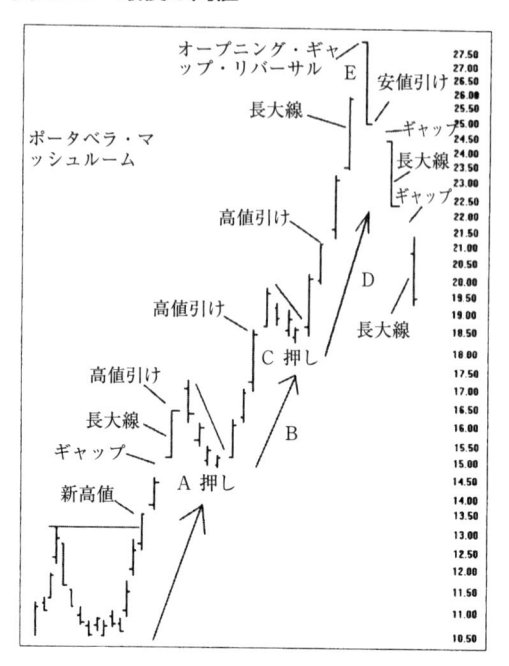

社のキノコはかつて考えられたほど優れたエタノールの原料ではないという記事が出たが、おかまいなしだ。エタノールは評判ほどのものではないという記事が発表される。株は再び押し（C）、その後はニュースを無視し続ける。それから、ニュースにもかかわらず上げ足を速める（D）。

トレーダーが十分に買えないので、株はギャップを空けて大幅に上昇する（E）。だが、良いことにもいつか終わりが来る。ここが結局、まさにその日の高値となった。おそらく、そこがその株自体の高値にもなるだろう。寄り付きでのギャップ後に素早く反転し、オープニング・ギャップ・リバーサルと呼ばれる形を作る。

「新参者」は相場の反対側で窮地に陥る。株は安値引けして、前日の終値を割った。その後、株は急落し続け、今では上昇時と同じ特徴

が出ている。ただし、そのトレンドの方向は逆の下向きだ。

　トレンドに沿ってトレードするなら、いつトレンドが終わりそうかを素早く見極めなければならない。あなたは適切な資金管理とポジション管理を使って、相場にこの判断を任せることができる。相場は上げ下げするものだと認める気があるなら、下降トレンドが現れたときに、利益を得る新たな機会を探し始められるだろう。

エンパイア・リソーシズの上昇と下落

　さて、実在する会社のエンパイア・リソーシズのチャートを見てみよう。**図2.29**には、架空の会社ポータベラ・マッシュルームで見たのと同じチャートやトレンドの特徴が多く見られる。

まとめ

　最も純粋な形のテクニカル分析は価格のチャートだけを使って、値動きを予測する。ほかの要素はすべて無視する。価格のチャートを使えば、市場参加者がどういう動きをしたかが正確に分かる。彼らが次に何をするかは保証できない。だが、それまでの動きに基づけば、彼らが次に何を最もしそうかは、かなりよく見えてくるものだ。

図2.29　エンパイア・リソーシズ

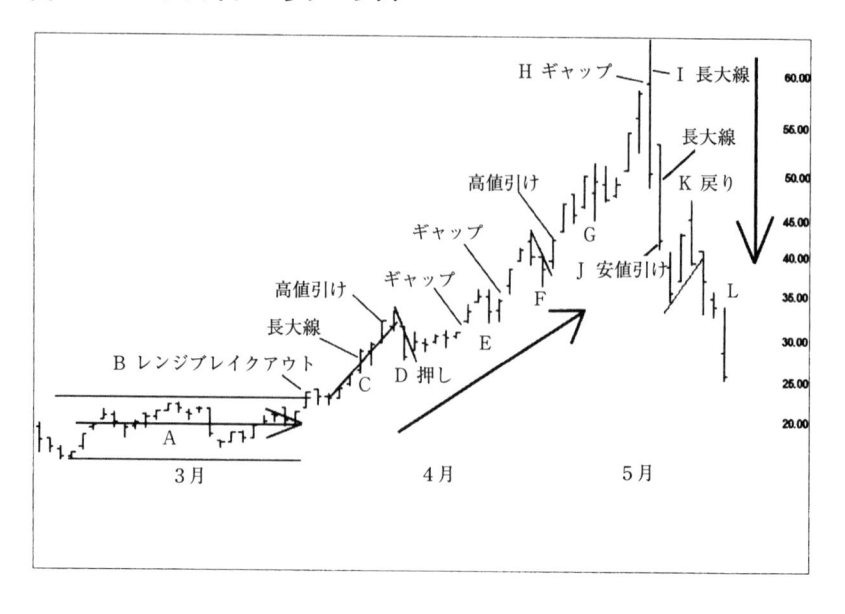

第3章
短期でも長期でも利益を出すトレーディング

Trading For Both Short And Long Term Gains

　天気予報は長期になるほど、正確に予報するのが難しくなる。曇りで雷が鳴っていれば、おそらくすぐに雨が降るだろう。だからといって、来週あるいは来月の今ごろも雨が降っているとは限らない。同じように、市場予測も確率に基づくが、短期的な動きを予測するほうが長期的な予測よりもはるかに簡単だ。さらに、市場に長くいるほど、ずぶ濡れになる可能性が高くなる。短期的なトレーディングはリスクにさらされる期間が短いので、それだけリスクも小さくなる。

　あなたはおそらく今、私が短期トレーディングの正当性を主張するつもりだな、と思っただろう。たしかに、ある程度はそうだ。だが、短期トレーディングには長所もあるが、短所もある。最大の短所は市場に短期間しかいないため、利益も限られるという点だ。大きなトレンドができるまでには、時間がかかることが多い。だから、大金は長期的な動きのなかで得られるのだ。

　長期トレーディングでは大きな利益を手にする可能性が高いが、リスクが大きすぎる。一方、短期トレーディングのほうはリスクは小さいが、十分な利益は得られない。もしこれが本当なら、トレーダーはどうすべきだろうか？　単純だ。これらはお互いに相いれないものではない。短期的な利益を目指してトレーディングをするが、相場が自分にとって有利に動いているかぎり、ポジションの一部を残しておけ

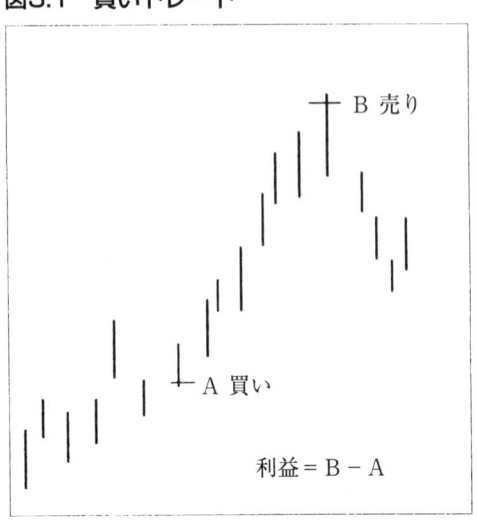

図3.1　買いトレード

```
                    B 売り
         （チャート）
    A 買い
              利益 = B − A
```

ばよいではないか？　これなら、ケーキを食べたうえに、残しておくこともできる。

　この点を考えて、私は短期的な利益も長期的な利益も得られそうな銘柄を探す。私の目標は小さな利益を素早く取りつつ、相場が私の望みどおりの方向に動き続けるかぎり、ポジションの一部を残しておくことだ。私はスイングトレーダーとみなされてきたが、自分ではタイミングと資金管理をうまく利用する長期的トレーダーとみなしたい。テレビドラマの主人公ハンナ・モンタナのように、私の手法には2つの世界の最も良い部分がある。

トレーディングとは何か？

　トレーディング手法の説明に入る前に、トレーディングとはいったい何なのかを見ておこう。簡単に言えば、トレーディングとは、ある水準Aである銘柄を買い、別の水準Bでそれを売ることだ。トレード

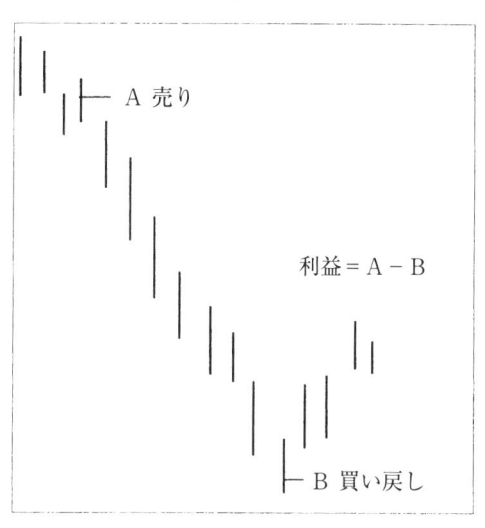

図3.2 売りトレード

```
        A 売り

                    利益＝A－B



                    B 買い戻し
```

による利益は簡単に言うと、B－Aだ（**図3.1**）。

　また、トレーディングとは、ある水準Aである銘柄を空売りし、別の水準Bでそれを買い戻すこともできる。あなたの利益は簡単に言うと、A－Bだ（**図3.2**）。

　簡単ではないか？　まあ実際には、もう少し複雑だ。だが、煎じ詰めれば、買ったときよりも高く売るか、空売りしたときよりも安く買い戻すかぎり、利益は得られるのだ。

　指標で行き詰まったり、市場を知恵で打ち負かそうとしているのに気づいたら、トレーディングが実際何なのかという単純な考えに立ち返るとよい。明らかなトレンドを探して、それに沿ってトレーディングをすべきだ。トレンドが何もなければ、何もすべきでない。

空売りの技術

　私は相場のどちら側でもトレードすることが重要だと強調しておき

たい。あとで分かるが、私のセットアップのすべてで、空売りの例を少なくとも１つは入れている。相場は上げては下げる。長期的に市場で生き残るためには、どちら側でもトレードする気がなければならない。私たちは、「相場は上げ足よりも下げ足のほうが速い」という事実をトレーディングで利用できる。

　私はどちら側にも偏らないように心がけている。空売りも、買いとまったく同じように見るようにする。こう言ったからといって、空売りが買いと同じくらい簡単なわけではない。空売りでは買いの場合よりも、もっと素早く動く必要がある。空売りでは、仕掛ける時間的な余裕があまりない場合が多い。売り持ちした途端、買い戻しによる猛烈な上昇に出合うことがある。その場合、トレーダーは手仕舞いを強いられ、その後に再び下降トレンドが始まっても指をくわえて眺めるだけということは珍しくない。さらに、舞台裏で機械的に処理されている仕組みもある。空売りをする前には、その株を借りる必要がある。株を借りられなければ、空売りはできない。どれくらい空売りできるかは、ブローカーがその株をどれくらい調達できるかによる面が大きいのだ。ブローカーについては、第７章でさらに取り上げる。

　空売りに批判的な人は、リスクが無限大だという指摘をする。株を買った場合は、株価は最悪でもゼロになるだけだから、100％以上の損失は生じない。逆に、株を空売りした場合、株価は理論的にはどこまでも上昇するので、損失は事実上、無限大になる。たしかに理論上では、損失は無限大だ。しかし、これが現実に起きるのは、あなたが無知で頑固で、明らかに判断を誤ったときには手仕舞うという資金管理計画を実行しようとしない場合だけだ。さらに、あなたはその損失をカバーするために、口座に資金を入れ続けなければならない。さもなければ、ブローカーはあなたのポジションを清算するだろう。この資金は追証と呼ばれる。

トレンドに沿ったトレーディング

「日の下に新しきものなし」——伝道の書1－9

　私の最初の著書『デーブ・ランドリー・オン・スイングトレーディング（Dave Landry On Swing Trading）』（パンローリングより近刊予定）が出版されたころ、私の批判者の１人から「トレンドフォローの愚か者」と呼ばれた。２冊目の著書『デーブ・ランドリーズ・10ベスト・スイングトレーディング・パターンズ・アンド・ストラテジーズ（Dave Landry's 10 Best Swing Trading Patterns and Strategies）』を出版したときには別の批評家に、「とんでもない金のムダ使いだ……。この本は要するに、①トレンドに沿ってトレードせよ、②トレンド再開後の上昇や下落に合わせて仕掛けよ——と言っているだけだ」と書かれた。

　さて、最初の本が出版されて10年たつが、私はいまだにトレンドフォローの愚か者だ。実際、私はその文句を書いたＴシャツとボタンを持っている。たしかに、長年の間に多少の手は加えたが、手法は基本的に変わっていない。つまり、トレンドに沿ってトレーディングを行い、押しや戻りで仕掛けるというものだ。次の数ページを読めば分かるが、私は前の２冊の著書で使ったパターンから相当に借用をしている（それらの本は少しばかり経験豊かなトレーダー向けに書いた、トレーディングの手引書だ）。基本パターンが変わっていないということは、実は良いことだ。過去10年にこれらの基本パターンが機能したように、今後10年でもおそらく機能し続けるということを意味するからだ。もっとも、パターンの使い方は市場の状況に合わせて、いくぶん変えている。

　トレンドの認識、押しや戻りでのトレンドに沿ったトレーディング、私の特定のパターンと読み進むとき、これらのパターンや考え方がど

図3.3　上昇トレンド

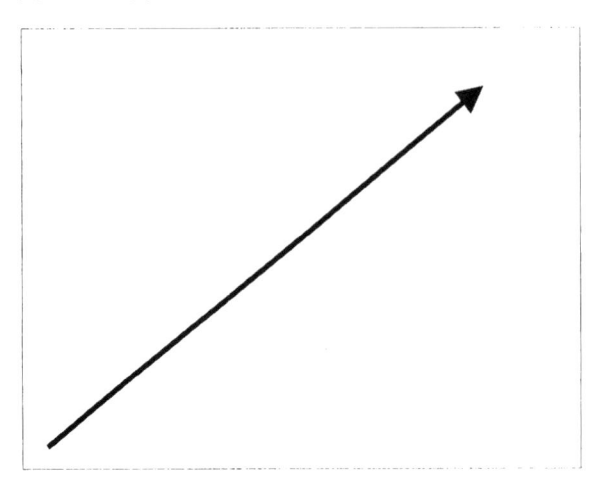

の市場でも使えるということを心に留めておいてほしい。本書は、株式市場に合わせて書いているが、これから説明することはどんな市場でも使えるのだ。これには株価指数先物やFX、商品先物、債券、株が含まれる。もちろん、トレンドを作りやすい市場はある。だからこそ、私は株を好むのだ。だが、パターンはパターンであり、市場は市場だ。人間心理はどの金融市場でも変わらない。

トレンドの認識

　リスクを抑えておくことに次いで本書で最も重要なものは次の3つの図だ。これから何時間か使って、それらが頭に染み込むまで、ひとつひとつを注意深く調べてもらいたい。その後、この章の最後にあるテストを解いてみよう。それが解ければ理解は順調に進んでいる。

図3.4 下降トレンド

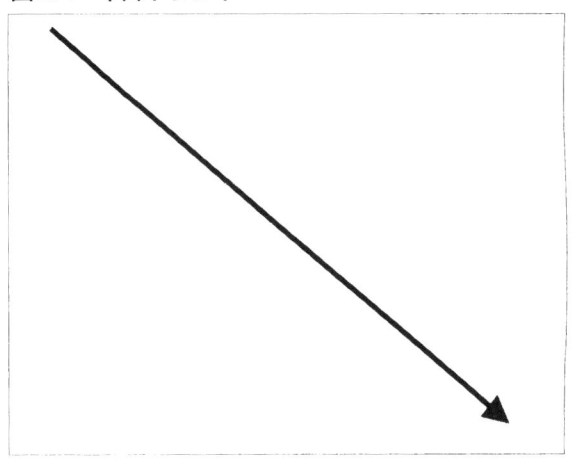

図3.5 横ばい（トレンドはない）

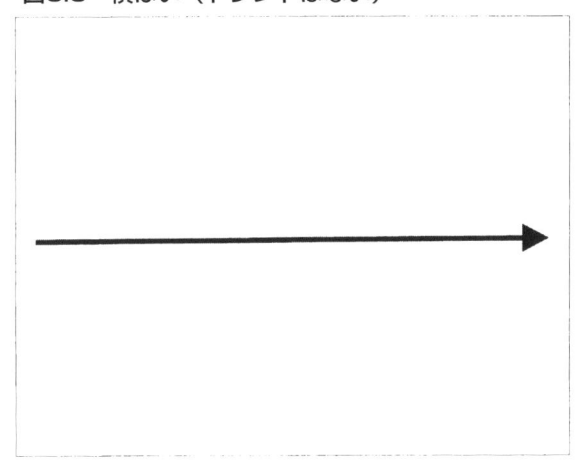

トレンドはフレンド

「この男は本気で言っているのか？」と、おそらくあなたは今、思っているだろう。保証しよう。私は本気だ。自分のことをトレンドフ

図3.6　買いトレード

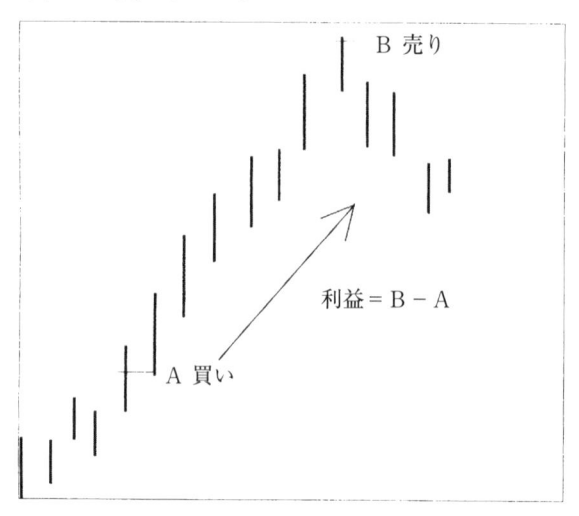

（チャート図：A 買い、B 売り、利益＝B－A）

ォロワーと考えている人のいかに多くが、実はそうでなかったと気づいて驚くだろう。彼らは明らかなトレンドに逆らう。トレンドはあなたのフレンド（味方）であり、それは明白なはずだ。あなたのドローダウンが大きくなっていると気づいたら、これらの矢印を見直してもらいたい。「私はトレンドに逆らっていなかったか？　あるいは、トレンドが何もないところでトレードの機会を見つけようとしていなかったか？」と自問してみよう。あなたは、自分が今ポジションを持っている銘柄の相場つきがどのようなものかを知る必要がある。相場の動きは、「上昇」「下降」「横ばい」の３つだけだ。相場が上げていれば買っておくべきだし、相場が下げていれば売っておくべきだ。そして、相場が横ばいなら、ポジションを持ち続けることも、新たに取ることも避けるべきだ。

　ここまでに私たちが確認したことは、単にある水準（A）で仕掛け、別の水準（B）で手仕舞うというだけのことだ。私はポイントが分かりやすいように、**図3.1**と**図3.2**の仮想チャートでは両方とも利益が

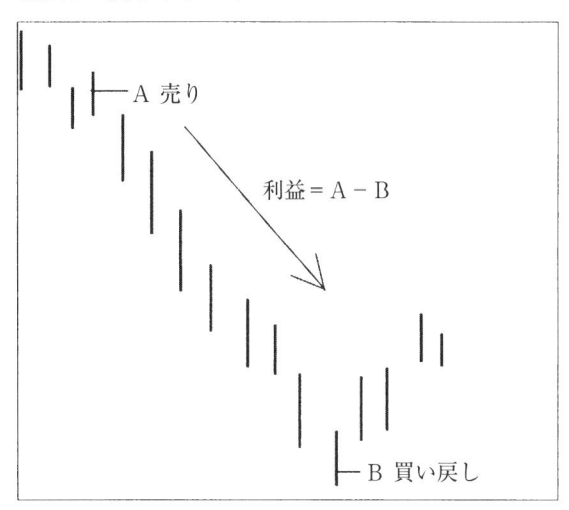

図3.7 売りトレード

```
         ├A 売り

              利益＝A－B
                  ↘


                    ├B 買い戻し
```

出るトレードを示した。もう一度、利益が出たこれら2つのトレードを見てみよう。

　図3.6と図3.7で何か変化に気づいただろうか？　私は素晴らしい矢印をチャートに加えたのだ。両方のチャートで、AからBまでの値動きがトレンドだ。したがって、自分のことをトレンドフォロワーと考えていない人でさえ、実はポジションを取っているときにはトレンドフォロワーの手法に従っているのだ。繰り返すが、少なくともポジションを取っている間はトレンドに従うしかないのだ。そうしないかぎり、利益は得られない。市場にいる間はトレンドに従うしかない以上、いつもトレンドに従ったほうがよい、というのが私の考えだ。

　矢印を引いてトレンドを判断するという私の大好きなテクニックに加えて、それを見極めるために使える単純な方法がほかにもある。

　重要なものから順番に取り上げよう。明らかなトレンドがあるかを確かめるために、まずチャートを見よう。「右側のほうが左側よりも明らかに高いか？」と自問しよう。答えがイエスなら、株価は上昇ト

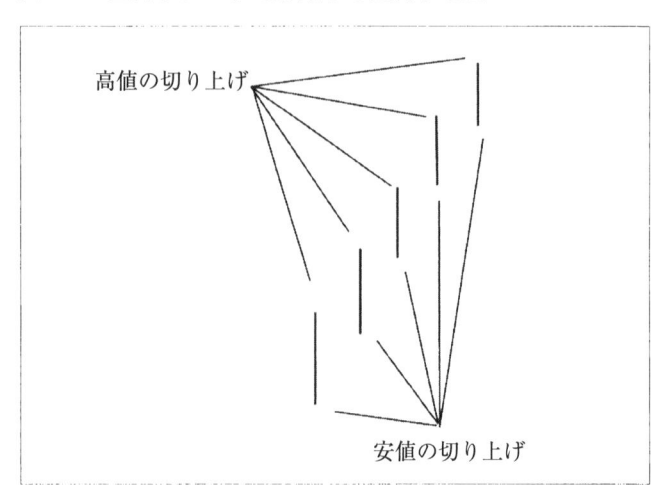

図3.8　上昇トレンドを形成する上昇する足

高値の切り上げ

安値の切り上げ

レンドだ。ノーなら、「右側のほうが左側よりも明らかに低いか？」と自問しよう。この答えがイエスなら、株価は下降トレンドだ。トレンドを見極めたら、条件を満たすためのさらなる証拠を探そう。

トレンドに必要な条件

　トレンドが形成されている相場の素晴らしいところは、手掛かりが残っているということだ。私はこれらの手掛かりを「トレンドに必要な条件」と名づけた。これに含まれるものは、持続力、レンジブレイクアウト、ギャップ、ラップ、トレンドの加速、長大線、高値と安値の切り上げ、高値引け、新高値、および一定期間に株価が何％または何ポイント動いたかだ。移動平均線の動きもトレンドの判断に役立つ。ではこれらの分析をしよう。

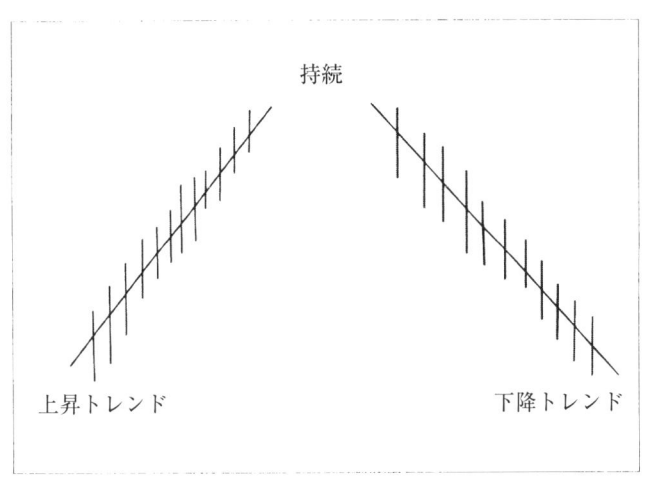

図3.9　持続的なトレンド

持続

上昇トレンド　　　　　　　　　　　　　下降トレンド

高値と安値の切り上げ

　最も単純な形の上昇トレンドでは、高値と安値が切り上げられる（図3.8）。
　株価がトレンドを作っているか確信を持てなければ、「高値と安値がほぼ切り上げられているか？」と自問してみよう。そして、もちろん、矢印を引くのを忘れないように。

持続力

　矢印を引くことに次いで、トレンドの条件を満たしているかを確認するための私のお気に入りは持続力だ。持続力とは相場が日々、動き続ける力を指す。数学志向が強い人のために言っておくと、これは線形回帰のような複雑な統計方法で測ることができる。残りの私たちはただチャートを見て、できるだけ多くの足にトレンドラインを引けば

よい（図3.9）。

足のパターン

　第2章で、足から株の需要と供給が分かることが多いということを書いた。前日の終値よりも高い終値からは、その株の需要があると分かる。高値引けをすると、トレーダーがポジションを翌日に持ち越す気があると分かる。ギャップアップとラップアップによって、たまっていた需要がその日に市場に流れ込んだことが分かる。値幅の大きな長大線で、特に始値よりもあまり下げずに高値引けするときは、日中にその株の需要があったことを示す。これらの足が組み合わさって、パターンやトレンドが生まれ始める。

　では、エンパイア・リソーシズの株でトレンドに必要な条件を見ることにしよう。図3.10では、株が数週間にわたってほぼ横ばいをしていたA点に注目しよう。ここにはトレンドがない。だから横向きの矢印になる。その後、株はそのレンジをB点でブレイクアウトする。そして、すぐにCのように高値と安値を切り上げ始める。この動きは1～2週間持続する。株はこの間に高く引け、高く引ける長大線を作り始める。そして、10ポイント以上の上昇を見せる。これはブレイクアウト水準のB点から見てほぼ50％の上昇である。この株はD点で押して、鈍い値動きを見せたあとに、E点付近から再び上げ始めて、高値も安値もほぼ切り上げる。Fで少し押したあと、G点ではさらに高値を付ける。Hで上へギャップを空けて、大幅高となる。残念ながら、これがこの株のまさに天井だったと分かる。そこから売り込まれて、安値引けし、Iで下への長大線を形成する。翌日にはラップアップが見られるも、大幅に下落して下への長大線を形成し、Jで安値引けする。そこからKまで少し戻したが、Lで再び下げ始める。この株は高値も安値も切り下げ続ける。

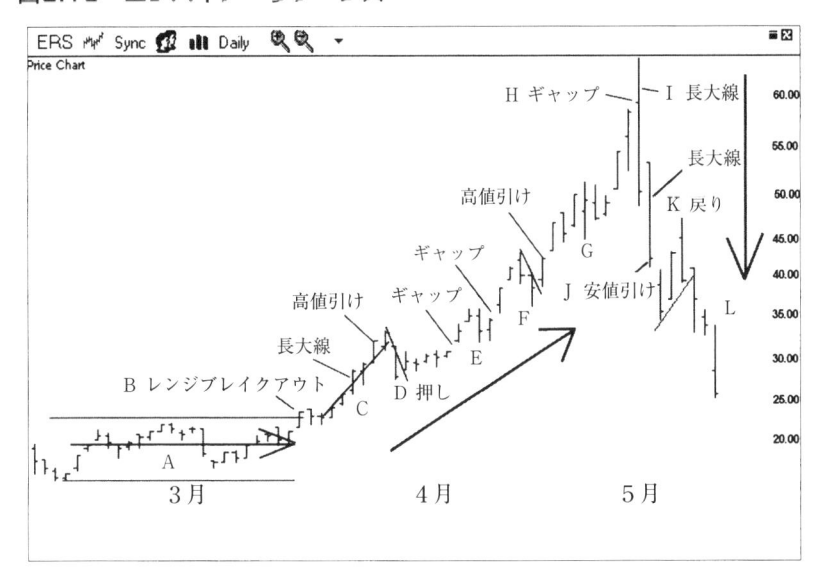

図3.10　エンパイア・リソーシズ

移動平均線

　移動平均は一定期間における終値の平均である。10日移動平均ならば、直近10日の終値の合計を10で割った値になる。翌日の終値を足すときには、最も古いデータ、この場合は10日前の終値を外す。平均は価格とともに「移動」する。そのため、移動平均という名前が付いている。最も初歩的な株価分析ソフトでも、移動平均線は組み込まれているので、計算法について心配する必要はない。

　すべての指標は価格から派生したものだということを頭に入れておこう。そのため、どの指標にも遅れが生じる。だから、私は価格そのものを見るほうを好むのだ。遅れを別にすれば、移動平均線には使い道がある。傾きとデイライト（**図3.11**）という考え方を使えば、トレンドやトレンドの緩やかな変化を知ることができる。

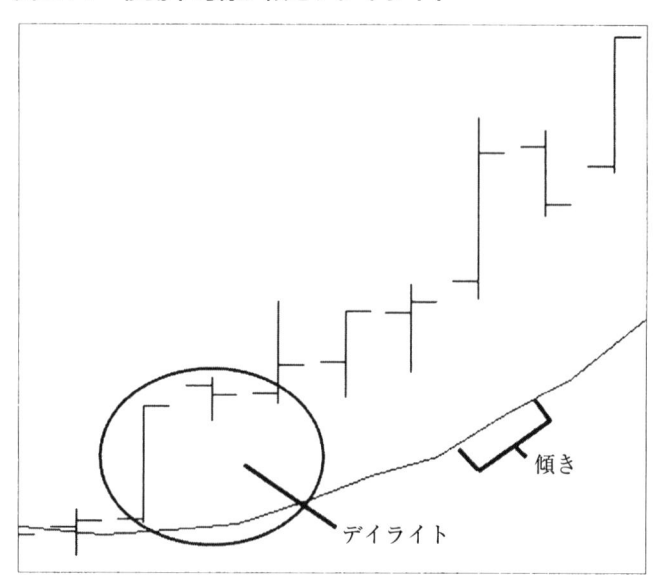

図3.11 移動平均線、傾き、デイライト

傾き

　傾きとは、単に移動平均線の傾きというだけのことだ。傾きが右上がりの移動平均線は上昇トレンドを示す。傾きが右下がりの移動平均線は下降トレンドを示す。そして水平な移動平均線は、トレンドがないことを示している。

デイライト

　上昇トレンドならば、安値が移動平均線を上回っているときにデイライト（日光）が現れる。このように移動平均線から足が離れたら、トレンドができて、加速し始めていることを示している。移動平均線が右上がりのときにこのデイライトが現れた場合は、特にこれが当て

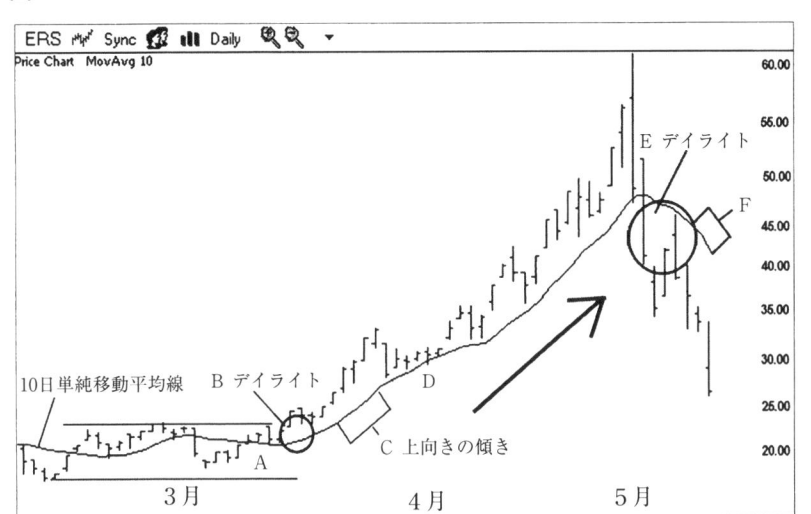

図3.12 エンパイア・リソーシズ

　はまる。
　今度は、10日単純移動平均線を用いて、エンパイア・リソーシズをもう一度見てみよう。**図3.12**で、株がレンジ相場で横ばいしていた間、Aのように移動平均線はほとんど水平だった。その後、レンジをブレイクアウトし始めると、足は移動平均線から離れて、Bのように移動平均線の上にデイライトを形成する。ここでは、安値が移動平均線を上回っている。株の上昇につれて、移動平均線の傾きもCのようにますます右上がりになっていることに注目しよう。トレンドが続いている間、それは右上がりのままだった。移動平均線に一度、D点で「キス」したときを除いて、上昇トレンド中はずっとデイライトだった。そのトレンドが終わり、別のトレンドが現れ始めると、Eのように移動平均線の下にデイライトが現れた（高値＜移動平均線）。また、Fのように移動平均線が右下がりになった点にも注意しよう。

図3.13　エンパイア・リソーシズ

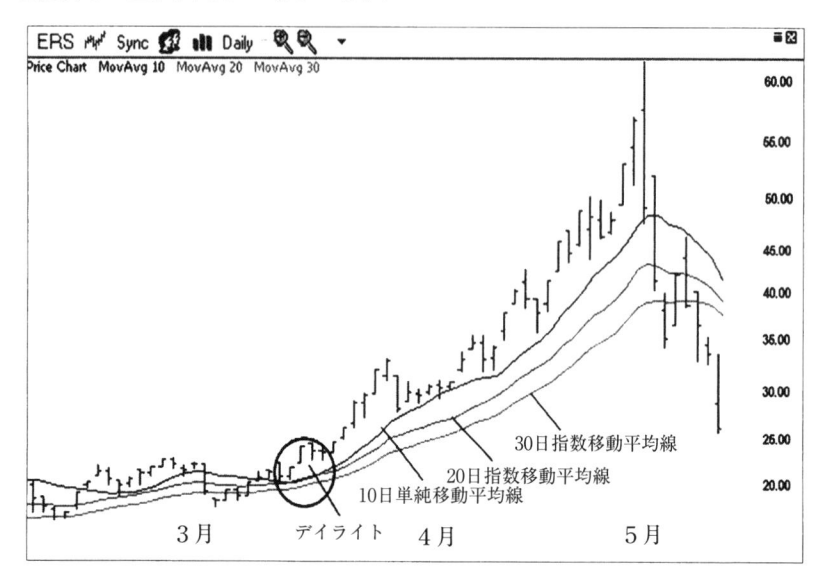

複数の移動平均線を使う

　トレンドを判定するとき、複数の移動平均線の順番が役立つことがある。上昇トレンドの場合ならば、これは短期の移動平均線のほうが長期の移動平均線よりも上にくるという意味だ。図3.13には、私の大好きな3つの移動平均線を表している。10日単純移動平均線、20日指数移動平均線、30日指数移動平均線だ。これらについては、私のボウタイ戦略について述べるときにまた説明する。今のところはただ、短期の移動平均線がより長期の移動平均線よりも上にあるとき（10日単純移動平均線＞20日指数移動平均線＞30日指数移動平均線）、上昇トレンドであると理解しておけばよい。

　ひとつ、注意をしておきたい。すでに述べたように、どの指標にも遅れがある。そのため、トレンドが突然転換すると、移動平均線は追

いつくまでに時間がかかる。エンパイア・リソーシズの株価は明らかに反転しているのに、移動平均線の上昇トレンドはまだ順番どおり（10日単純移動平均線＞20日指数移動平均線＞30日指数移動平均線）であることに注意しよう。移動平均線を使うときには、この点を頭に入れておく必要がある。まず値動きを調べ、その後に移動平均線を加えてトレンドを判断する手助けにしよう。

トレンドは明白でなければならない

　何もトレンドなどないときに、トレンドを定義しようとするトレーダーがいるのには驚かされる。トレンドは明白でなければならない。チャートで左側よりも右側のほうが高ければ上昇トレンドである。左側よりも右側のほうが低ければ下降トレンドだ。トレンド方向を指す大きな矢印を引くことができなければ、おそらくトレンドはない。私は「矢印」でトレンドを矮小化したとは思うが、トレンドは明白でなければならない！

相場――なぜボートは浮かぶのか？

　「上げ潮はすべてのボートを持ち上げる」という格言は、ウォール街の格言で真実を突いた数少ないもののひとつだ。強気相場では大半の株が上がる。逆に、弱気相場では大半の株が下がる。そのため、弱気相場で株を買おうとしたり、強気相場で空売りをしようとしたりするのは、流れに逆らって泳ぐことと同じようなものだ。たしかにそれは可能だが、勝算は少ない。
　あなたはもう、相場がどこに向かっているかを語りたがるメディアやアナリストに耳を傾けるのはやめるべきだと気づいたはずだ。あなたの描く矢印が、あなたの最良の味方なのだ。

セクター──同類

　セクターとは同一業種の銘柄に基づく指数だ。上げ潮がすべてのボートを持ち上げるように、類はたしかに友を呼ぶ。あるセクターが熱ければ、そのセクター内の大半の株は上昇する。あるセクターが熱くなければ、そのセクター内の大半の株は下落する。そのため、個別株で見えているものが同一セクターでも確認できるか、確かめることが大切だ。セクターのなかには市場全体に逆行するものがときどきあるため、特にこれは欠かせない。

押し・戻り入門

　すでに述べたが、私を批判したひとりが私の手法を**図3.14**に示した2文にまとめてくれた。

1．トレンドに沿ってトレードする
2．トレンド再開後の押しや戻りで仕掛ける

　すでに、あなたはトレンドが何なのか、よく分かったはずだ。そうでなければ、この章の最初に戻って、そこで説明した矢印を勉強してほしい。押し・戻りを簡単に言えば、確立したトレンドの調整である。押し・戻りによって休みができるので、これは健全な動きだ。これによって、小心な買い手は振るい落とされ、トレンドに逆らう売り手が引き寄せられる。トレンドが再開すると、売り手は空売りを買い戻さざるを得なくなり、振るい落とされた買い手は再び買うか、取り残されるかの選択をする。このような買いによって、株はさらに上昇する。
　今後は本書を通して、押し・戻りを詳しく分析していく。今は、私の本の批評家がまとめてくれた2文の説明を理解できたなら、相場で

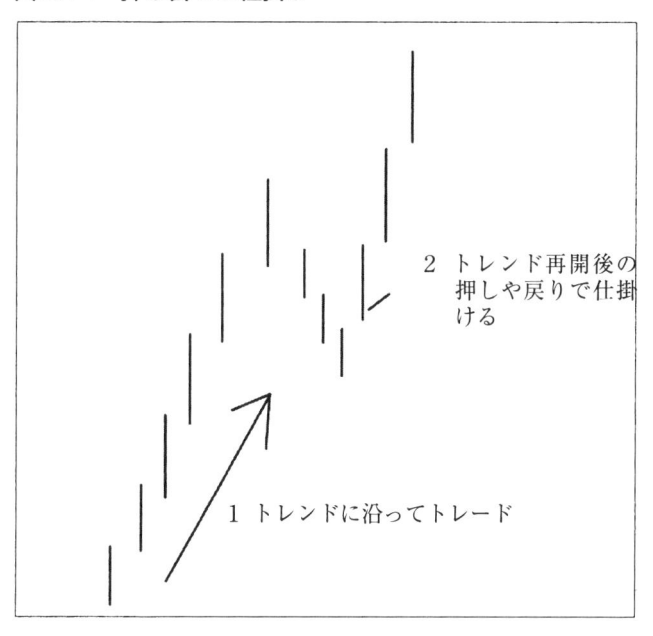

図3.14 押し目での仕掛け

2 トレンド再開後の押しや戻りで仕掛ける

1 トレンドに沿ってトレード

実際に役立つ私の手法を理解したことになる。あとは細かなことだ。

重要事項 押し・戻りの例や、私の特定の押し・戻りのパターンの説明に入る前に覚えておいてほしいことがある。これからの数ページで示すものは、押し・戻りでの教科書どおりのトレーディング方法だ。例えば、単純にするために、ほとんどの例は買いでは高値のすぐ上で、空売りでは安値のすぐ下で仕掛ける。現実には、非常に恵まれた状況でないかぎり、これらの仕掛けには少し手を加える必要がある。だから、押し・戻りが関係するパターンで実際にトレーディングを行おうと考える前に本書を読み通し、微妙だが重要な違いを理解しておくように勧める。また、しばらくそれらのパターンでつもり売買をして、それらがどう機能するか、よく感触を味わっておこう。

押しや戻りの例

図3.15　RPC

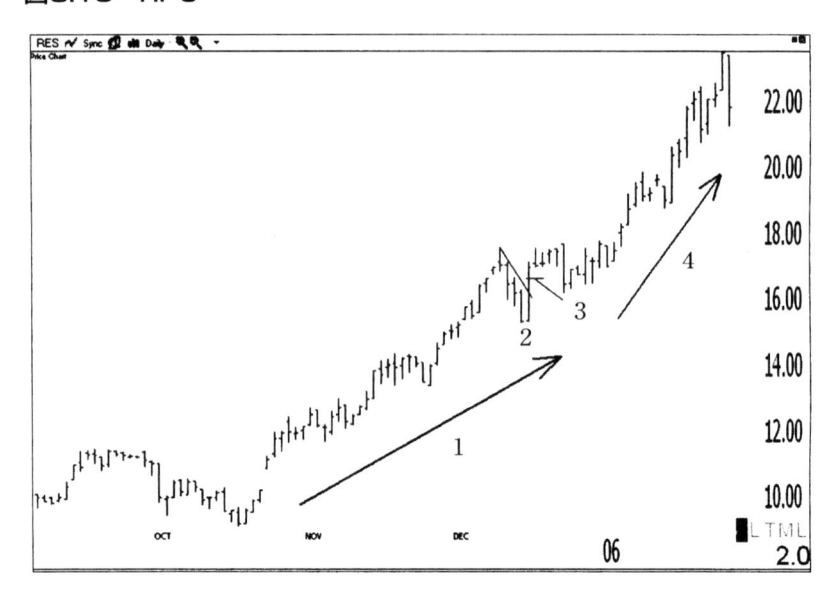

1. RPCは強い上昇トレンドを描き、約２カ月で80％を超える上昇を見せた。ここにはトレンドに必要なその他の条件、上へのギャップ、持続的で上げ足を速める値動き、そしてもちろん私のお気に入りの、大きな上向きの矢印もある。
2. 押す。
3. 上昇トレンドが再び始まったので、仕掛ける。
4. 株はその後の６週間で50％以上、上昇する。

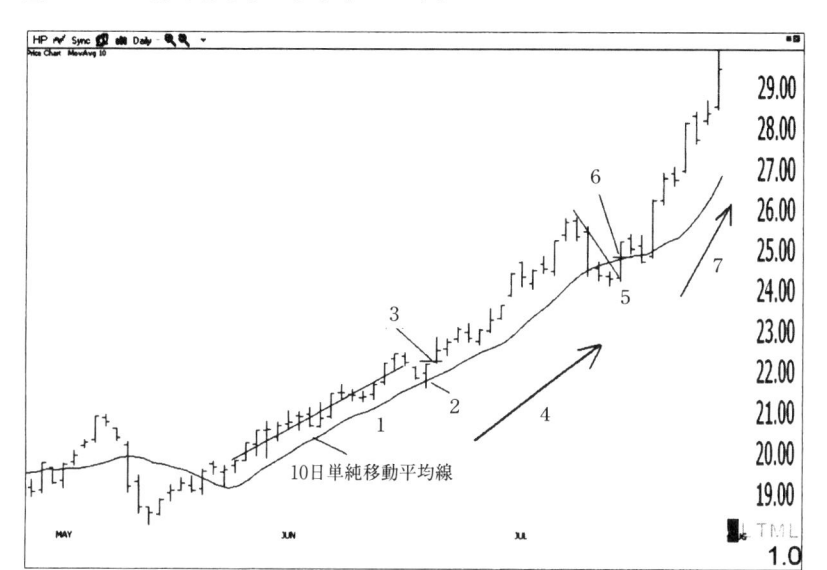

図3.16 ヘルマリック・アンド・ペイン

1. ヘルマリック・アンド・ペインが上昇トレンドを形成し始めている。それは持続的なトレンドで、来る日も来る日も上げ続ける。この株は10日単純移動平均線を上回っている。言い換えると、デイライトになっている。
2. 押して、10日単純移動平均線に触れた。これは後述する「移動平均線への別れのキス」というセットアップだ。これは持続的なトレンドへの押しなので、「持続的トレンド中での押し」（後述）だ。
3. 上昇トレンドが再び始まったときに、仕掛ける。
4. 再び上昇し始めて、2～3週間で15％以上も上昇した。
5. 押して、再び押しのセットアップとなる。これは「移動平均線への別れのキス」のセットアップである。
6. トレンドが再開したので、買う。
7. 2週間ほどで、さらに25％上昇した。

図3.17　フォスター・ウィーラー

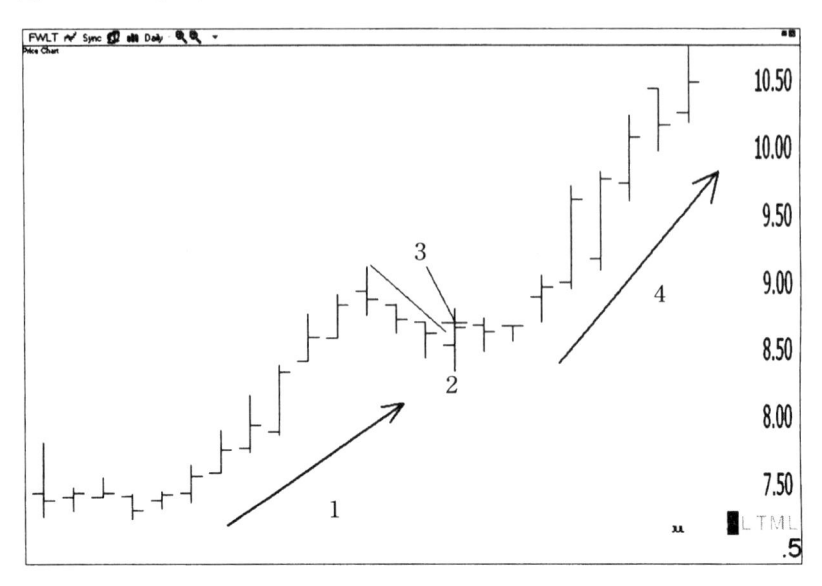

新規公開株は取引されて日が浅いので、IPO（新規株式公開）は押しのセットアップの素晴らしい候補になり得る。新規公開株が上昇トレンドを作っているときには、「悪い記憶」が残っていない。すでに株を所有している人はだれもが幸せだ。まだ持っていない人はボートに乗り遅れないために、飛び乗ろうと考えているかもしれない。

1．フォスター・ウィーラーが最初に株式を公開したときは、あまり強い興味を持たれなかった。だが、やがて上昇トレンドが始まった。
2．初めて押した。
3．上昇し始めたときに買う。
4．2週間とたたないうちに20％以上も上昇した。

図3.18 シエナ

1．シエナは下降トレンドだ。これは持続的な下降トレンドでもある点に注意しよう。
2．戻す。
3．下降トレンドが再開したので仕掛ける。注意してほしいのが、私が示した仕掛けは実際には教科書的な例よりも安いところで仕掛けているということだ。教科書どおりなら、2日前に仕掛けていただろう。上級の仕掛けと仕切りの戦略については、あとで述べる。
4．株はその後の7～8週間で買値の半値以下まで下げた。

特定の押し・戻りのパターン

「あることを説明するために、必要以上の仮定を置いてはならない」
――オッカムのかみそり
「単純さこそ究極の洗練である」――レオナルド・ダビンチ

　私は長い年月を費やして、完璧なトレード手法を探し求めた。私は懸命に頑張ればそれを見つけることができるはずだと考え、朝早く起き、夜も遅くまで調べていた。手に入る指標は何でも試した。テクニカル分析に関する無数の書物に目を通し、ありとあらゆる指標やオシレーター、MACD（移動平均収束拡散法）、ストキャスティックス、フーリエ変換、RSI（相対力指数）、サイクルについて多くの時間を費やして調べた。そのほか何でも試してみた。私はこれらの指標を慎重に調べただけでなく、指標から別の指標さえも作り出し、複雑なものをさらに複雑にした。また、私は価格の足や波動を数えるといった神秘的な方法さえ研究した。私は何かに取りつかれていた！

　長い年月をかけて、ようやく私は悟った。聖杯――あらゆる損失を避けつつ、永遠に利益を出せる方法――など存在しないのだ、と。もっと重要なことだが、単純なほうが良いということを私は学んだ。最終的な目標が価格トレンドをとらえることである以上、それに焦点を合わせるべきだと思い始めた。それで、私はそれを実行した。少しずつ、私は指標をそぎ落とし始めて、価格にもっとも焦点を合わせ、トレンドを追求していった。ついに、私は指標が何もない純然たる価格だけのチャートにまで戻ってしまった。繰り返すが、私は移動平均線をたまに使う以外、まったく指標を使わない。

　完璧ではないが、トレンドに乗るには調整（別名、押し・戻り）後に仕掛けるのが最も良いということを発見した。前に述べた一般的な押し・戻りに加えて、次の変化形は私のトレード手法で不可欠のもの

だ。それらは大半のトレードで使われる。私が補助に用いる、少しばかり上級のパターンに関心がある人は、私の以前に書いた著書を参照してほしい。

　ひとつのパターンや構造から始めよう。実際には、成功するひとつのパターンがあればよい。私の顧客にはひとつのパターンだけでトレーディングを行って、成功している人がたくさんいる。セットアップをひとつ身につけたら、新しいものを付け加え始めればよい。チャートをたくさん見よう。まずトレンドをどうやって見極めればよいかを学んだ後、これから説明するようなパターンを探そう。少し練習をすれば、最良のセットアップがあなたの目を引き始めるだろう。

トレンドノックアウト

　トレンドノックアウトは単純だが、効果的なパターンだ。特に持続的な押しや戻りがある場合は、私のお気に入りであり続けているひとつだ。

　資金か忍耐力が足りない人は、調整の兆しが最初に見えたときに、素早く相場から抜け出すだろう。トレンド方向にトレーディングをするのは良い考えだ。しかし、私が学んだことによると、自分で仕掛ける前に弱いトレーダーが相場でノックアウトされて負けるまで待つほうがずっとよい。待てば、これらのトレーダーがポジションを手仕舞うときに、道連れにされる確率が減るからだ。

　また、このノックアウトの値動きは天井や底を狙う人を引き寄せたあとで、振るい落とすことがある。トレンドノックアウトは上昇トレンドでも下降トレンドでもうまくいく。上昇トレンドの場合、ノックアウトの値動きによって、その株は高い評価に値しないと信じる熱心な売り手を引き付ける。彼らはちょっとした問題を事実と勘違いする。トレンドが再開すると、彼らは売りポジションを買い戻さざるを得な

くなる。この買いが上昇トレンドをさらに押し上げる助けになる。下降トレンドの場合は、ノックアウトの値動きによって、まだ安いうちに株を買いたがる熱心な底狙いの買い手が引き寄せられる。下降トレンドが再開すると、これらの気まぐれなトレーダーはおそらくポジションを手仕舞うだろう。こうして売りが増えることで、下落はさらに勢いを増す。

　トレンドノックアウトは、負けたトレーダーがノックアウトされたあとに現れる強いトレンドをとらえることができる。買いの場合は相場よりも上に注文を入れ、空売りの場合は下に注文を入れることによって、トレンドが再び始まったときに利益を得られるだろう。

　以下がトレンドノックアウトの買いのルールだ（**図3.19**）。

1．株は強い上昇トレンド途上にあり、理想的には持続的な上昇トレンドである。「トレンドに必要な条件」か移動平均線を使って、トレンドを測ること。矢印を引くのを忘れないように。
2．少なくとも直近２本の足の安値を下回る。理想的には、この足のレンジは広いほうがよい。つまり、急落している状態――下への長大線が形成される。新高値を付けた直後の急落で、１本の足での押しである。あるいは、新高値を付けて数日以内の急落で、押している途中でトレンドノックアウトが生じることもある。
3．ノックアウトの足の高値よりも上に買い注文を入れる。買いシグナルが出なければ、トレードをしないということも忘れないようにしよう。

図3.19 トレンドノックアウト

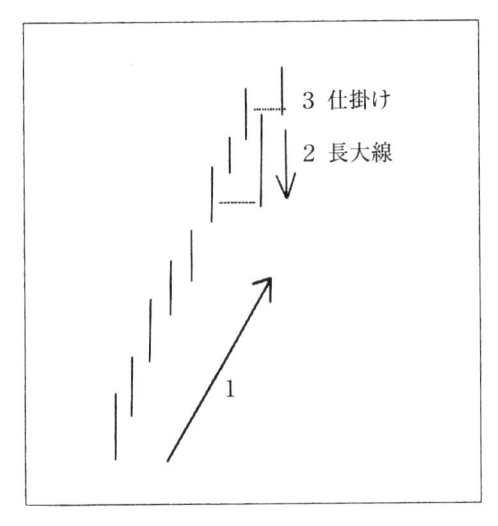

　下げが大きいほど、より多くのトレーダーが振るい落とされる。ひとつ警告をしておきたい。下落があまりにも大きいときには、トレンドが本当に終わりに近づいているかもしれない、と疑う必要がある。この場合、その銘柄は避けるべきだ。「あまりにも大きい」という表現は人によって受け取り方が変わる、ということは理解できる。だが、少し経験を積めば、実際にそれを見たときには分かるものだ。

　良い知らせもある。あなたがたとえ理解できなくても、極端な下げのあとに買いシグナルが出る可能性は非常に少ないのだ。

　トレンドノックアウトの素晴らしい点は、ほかの多くのパターンよりも教科書どおりのやり方で、トレーディングをたびたび行えるということだ。仕掛け注文はたいてい高値のすぐ上に入れ、損切りのストップはノックアウトの足のすぐ下に置く。

　それでは、トレンドノックアウトの例を見ることにしよう。

図3.20　USEC

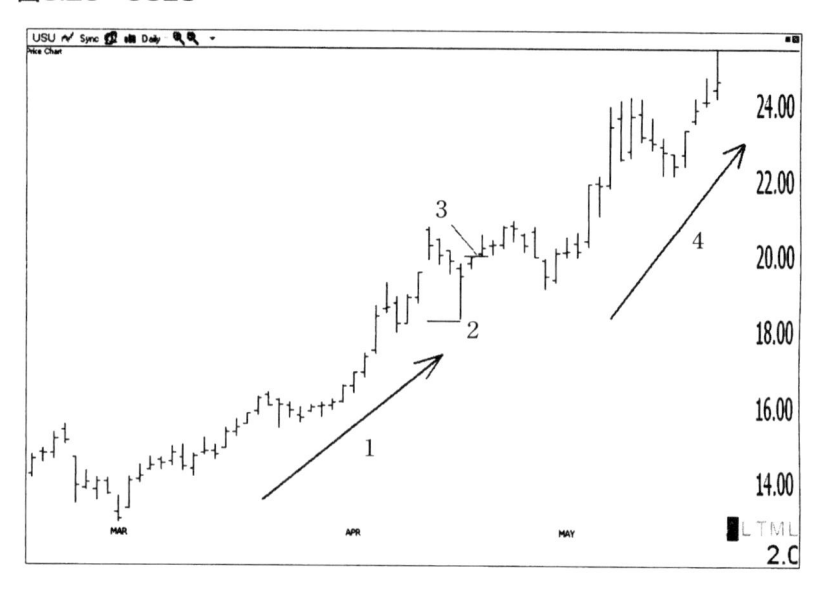

1．強い上昇トレンドで、上げ足を速めている。
2．鋭く押されて急落し、少なくとも直近2本の足の安値を下回った。実際には4日前の安値よりも安い。
3．ノックアウトの足の高値を抜いたので、買う。
4．再び上昇し始めた。

図3.21 アップル

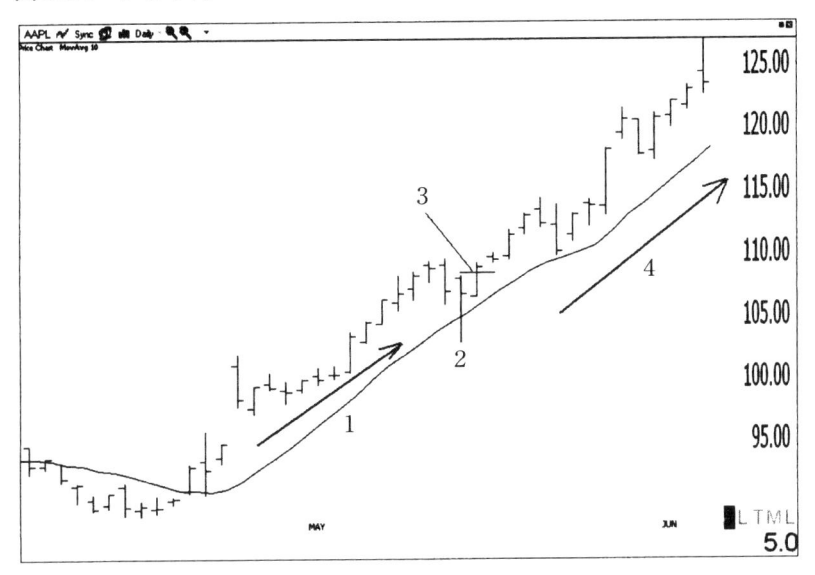

例の案内係の大好きな株が良いニュースで下げ始める前には、非常に素晴らしい上昇トレンドがあった。

1. 上昇トレンドにあり、上げ足を速めている。デイライトとその他の「トレンドに必要な条件」、例えば上へのギャップや高値引け、高値と安値の切り上げが現れている。
2. 急落し、これが「移動平均線への別れのキス」のセットアップ（あとで説明）だということを示すために、10日移動平均線を載せた。
3. ノックアウトの足の高値を抜いたので、買う。
4. アップルは再び上昇し始めた。

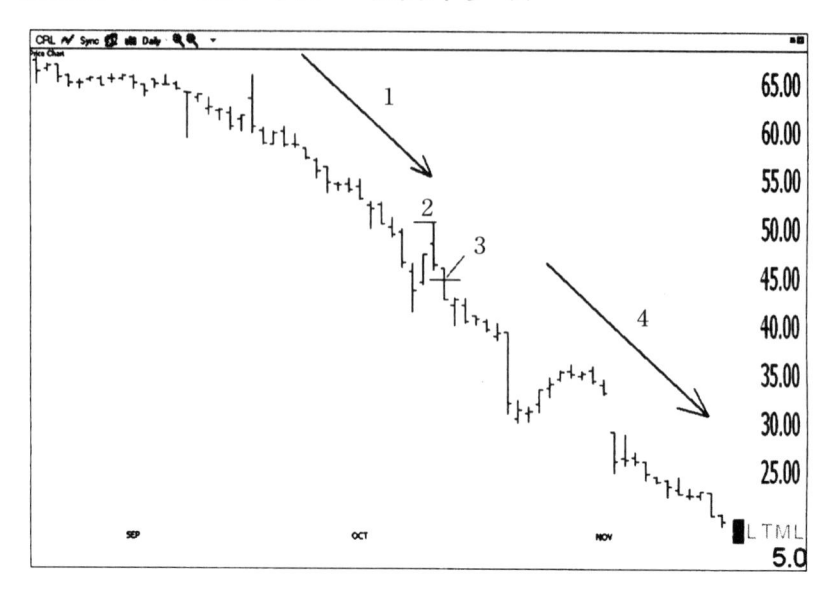

図3.22　チャールス・リバー・ラボラトリーズ

1．チャールス・リバー・ラボラトリーズは下降トレンドだ。この下降トレンドは持続的で、下げ足を速めている。
2．急に大きく戻す。2本目の戻りの足が戻りを入れる前の2本の足の高値を抜いた。
3．ノックアウトの足の安値を下回ったので、空売りをする。
4．その後6週間で売値の半値以下まで下げた。

まとめ

トレンドノックアウトは単純だが、大きな利益をもたらすことがよくある。強いトレンド途上にある株でトレンドに逆らったトレーダーが振るい落とされるときには、利益を上げるための道が開けることが多い。

パターンを当てはめる

これは非常にありふれたパターンなので、非常に慎重に選ばなければならない。強くて明白なトレンドのなかで明らかにノックアウトの値動きがある相場でのみ、トレーディングを行うようにしよう。持続的なトレンドがあるときに、このパターンは最もうまくいく。さらに、ノックアウトの値動きにはそうなるだけの理由がなければならない。

もし読者の方がある銘柄を買ったり売ったりしていて、ノックアウトの値動きが起こった場合、振るい落とされていたかどうかについて自問してみるのもよいだろう。

持続的トレンド中での押しや戻り

前に述べたように、トレンドを分析するときに、矢印を引くことに次いで私の大好きなテクニックは持続的なトレンドを探すことだ。持続力とは相場が日々、動き続ける力を指す。これは**図3.9**で示した。数学志向が強い人のために言っておくと、これは線形回帰のような複雑な統計方法で測ることができる。残りの私たちはただチャートを見て、できるだけ多くの足にトレンドラインを引けばよい。

持続的トレンド中での押しや戻りが素晴らしいのは、それが規則的であるという点だ。私は個別銘柄の動きをそれが属するセクターでも

確認するようにと強く勧めたが、セクターでもそうなっていれば、特に素晴らしいと言える。ちゃぶついた相場では、どんな株でも持続的トレンド中での押しや戻りのセットアップを見つけるのは事実上、不可能だ。強気相場で売りのセットアップを見つけるのは事実上、不可能だ。また、弱気相場で買いのセットアップを見つけるのも事実上、不可能だ。実際にこの本の執筆中に、私は2007年から2009年3月の安値まで続いた弱気相場でのチャート例を何千も調べた。だが、この期間で買いのセットアップの例はまったく見つけられなかった。

　この調整という性質はトレンドに沿ったトレードを初めて行う人にとって大いに役立つ。それによって相場で正しい側に居続けられるし、理想とはいえない状況では相場から遠ざかっていられるからだ。このため、私はトレンドに沿ったトレードを初めて行う人には、持続的トレンド中での押しや戻りのみでトレーディングをするように提案しているのだ。

　もっと経験を積んだトレーダーは、相場がちゃぶついている間、トレンドに逆らったり、トレードをしすぎたりしているのに気づくと、持続的トレンド中での押しや戻りが非常に役立つことが分かるだろう。これらの困難な時期には、このパターンだけでのトレーディングに戻るように勧める。そうすれば相場の適切な側にいることができるし、相場がちゃぶついている間は休んでいられる。事実、私は不調に陥っているトレーダーたちに何度かそういう提案をしてきた。そうする代わりに、苦労しているのに気づいたら、大金を支払って私の個人指導を受けてもよい。だが、そうしないで、自信を取り戻すまで持続的トレンド中での押しや戻りでのみトレーディングを行うこともできるのだ。

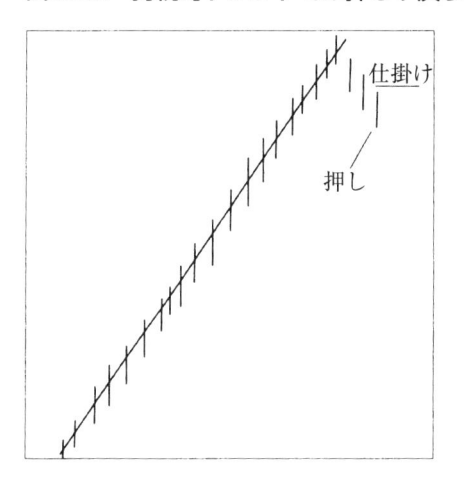

図3.23 持続的トレンドでの押しや戻り

　さて、私の「持続的トレンド中での押しや戻り」におけるルールを見ることにしよう。このセットアップはもともと私の2冊目の本『デーブ・ランドリーズ・10ベスト・スイングトレーディング・パターンズ・アンド・ストラテジーズ（Dave Landry's 10 Best Swing Trading Patterns and Strategies)』で発表されたものだ。次に述べるのは買いのルールで、空売りの場合はこの逆になる（**図3.23**）。

1. 1カ月、つまり約20本の日足がすでに一方向に動いていたほうがよい。理想的には、足の上に引いたトレンドラインができるだけ多くの足と交わるとよい。これは手書きでも、線形回帰トレンドラインを用いても可能だ。この期間中に、相場はかなり大きく動いている。
2. ルール1を満たしていたら、押しや戻りかそれに関連したパターンで仕掛けることを目指す。持続的な値動きで起きるパターンのうち、私のお気に入りのひとつはトレンドノックアウトだ。

　では、例を見てみよう。

図3.24 DTO

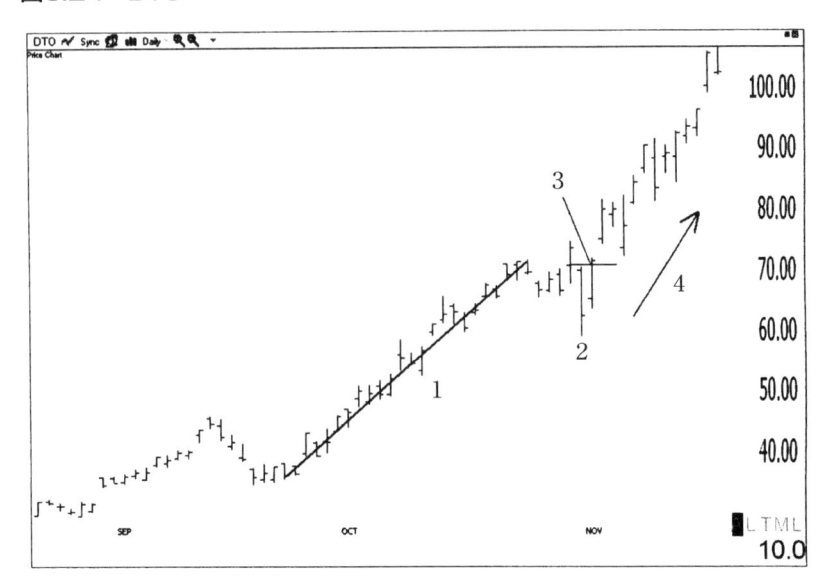

1. ベア型ETF（上場投信）のDTO（ダブル・ショート・クルード・パワーシェアーズ）は持続的な上昇トレンドである。日足の上に引いたトレンドラインが事実上すべての足を横切っている。この期間中に、DTOは30ポイント以上の上昇をして、含み益は80％以上増えた。
2. DTOが押して、トレンドノックアウトを作る。私の最初の本『デーブ・ランドリー・オン・スイングトレーディング』を読んだことがある人はこのパターンをダブルトップノックアウトと認識するかもしれない。
3. DTOの買い注文が執行される。
4. 翌月に含み益は2倍近くになった。

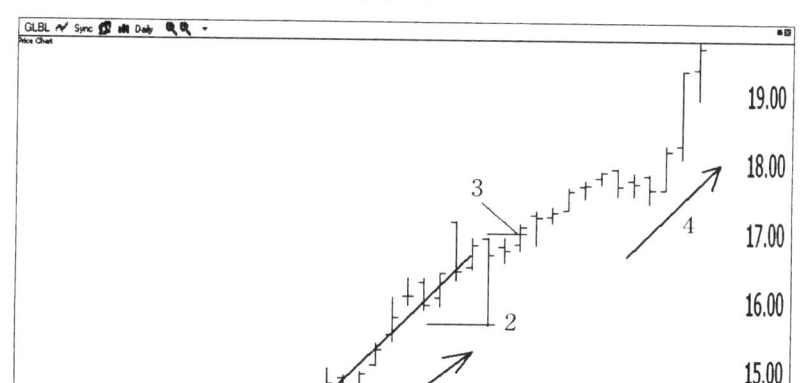

第3章 短期でも長期でも利益を出すトレーディング

図3.25　グローバル・インダストリーズ

1. グローバル・インダストリーズは持続的な上昇トレンド途上にあって、1カ月足らずで30％以上も上げている。
2. 1日だけ急落し、トレンドノックアウトを作る。
3. ノックアウトの足の高値を上抜けたので、買う。
4. トレンドが再開し、2週間で18％以上も上げた。

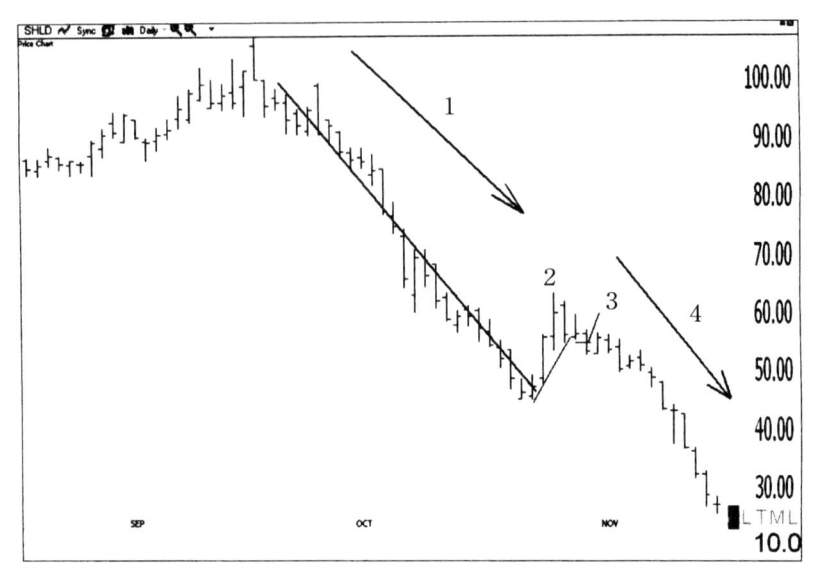

図3.26　シアーズ・ホールディング

1．シアーズ・ホールディングは持続的な下降トレンドで大きく下げている。この期間中に50ポイント以上も下げて、株価は半分になった。足の上に引いたトレンドラインは事実上すべての足を横切っている。
2．戻す。
3．売り注文が執行される。
4．持続的な下降トレンドが再開し、次の3週間で株価は半分以下になった。

まとめ

　持続的トレンド中での押しや戻りは非常に単純で、極めて効果的なパターンだ。それらは規則的である。良い時期には多くのセットアップを作り、悪い時期になるとセットアップも減る。これはセクターや市場全体にもトレンドがあることの証拠である。理想的であれば、これらのトレンドも持続的トレンドになるだろう。

　持続的トレンド中での押しや戻りが規則的に調整する性質のおかげで、トレーダーは順調でいられる。規律を無視しがちになったときでも持続的トレンド中での押しや戻りのトレードに集中するようにすれば、私たちはトレンドに逆らうのではなく、トレンドに沿ったトレードを行うことができる。最も重要なことは、このパターンに従えばトレンドのない相場で仕掛けずに済むということだ。

パターンを当てはめる

　このパターンは買いでも空売りでも同じようにうまくいく。だが、「上げ足よりも下げ足のほうが速い」ので、下降トレンドよりも上昇トレンドのほうが整然として持続的になりがちだ。セクターや相場全体が持続的トレンドを形成しているときに最も素晴らしいトレードができる。

移動平均線への別れのキス

　独自の発見をしたと思ったのに、同じことをしかもずっと昔に発見している人がいたと、あとになって知ることがよくある。「移動平均線への別れのキス」もそうしたパターンだ。1990年代中ごろ、私は多くの時間を費やしてトレンドフォローシステムを作れないか調べてい

た。この当時に試した多くのシステムで、私は移動平均線だけを使っていた。それらのシステムのひとつ、2/20EMAブレイクアウトシステムがテクニカル・アナリシス・オブ・ストックス・アンド・コモディティーズ誌の1996年12月号に掲載された。そのシステムは基本的に、移動平均線のブレイクアウトを探すものだった。私はこれをさらに微調整し、移動平均線への押しや戻りのあとで起きるトレンドをデイライトで測り始めた。同じ時期にローレンス・コナーズとリンダ・ブラッドフォード・ラシュキが『**魔術師リンダ・ラリーの短期売買入門**』（パンローリング）を出版した。驚いたことに、そこで取り上げられているパターンのひとつは、私が「デイライトプルバック」と呼んだものと非常に似ていた。そのため、彼らの功績を認めるために言っておくと、私のパターンはラシュキの「聖杯」と非常に似ている。主な違いは彼女が指標を使うのに対して、私はトレンドを測るために「デイライト」という考え方しか使わないという点だ。

　復習しておくと、デイライトとは単に価格が移動平均線から離れているというだけだ。上昇トレンドでは安値が移動平均線を上回り、下降トレンドでは高値が移動平均線を下回っている（**図3.11**を参照）。私のパターンを簡単に言えば、トレンド途上にある株をデイライトで定義し、株が「移動平均線への別れのキス」の形で押すか戻るときに、元のトレンド方向に仕掛けることを目指すものだ。それでは、デイライトの考え方と、事実上すべての相場ソフトに付いている10日単純移動平均線を用いて、これをさらに詳しく定義しよう。

　買いのルールは以下のとおり（**図3.27**）。

1. 少なくとも10日間は移動平均線から離れていなければならない（強いトレンドがある場合は、もっと日数が少なくとも問題ない）。この期間中は、安値は移動平均線を上回っていなければならない。言い換えると、少なくとも10日間のデイライトが必要だ。

2．移動平均線に向かって押すのを待つ。そのときに、安値は移動平均線を下回らなければならない。
3．直近の高値（または前の複数の高値）を上回ったところで買う。

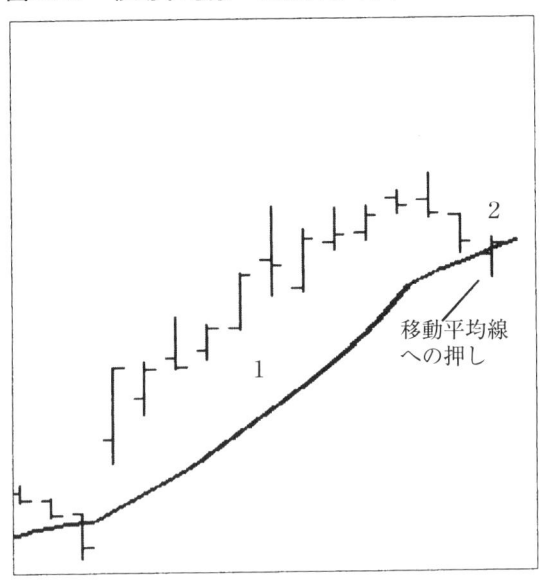

図3.27　移動平均線への別れのキス

例を見よう。

図3.28　ホリー・コーポレーション

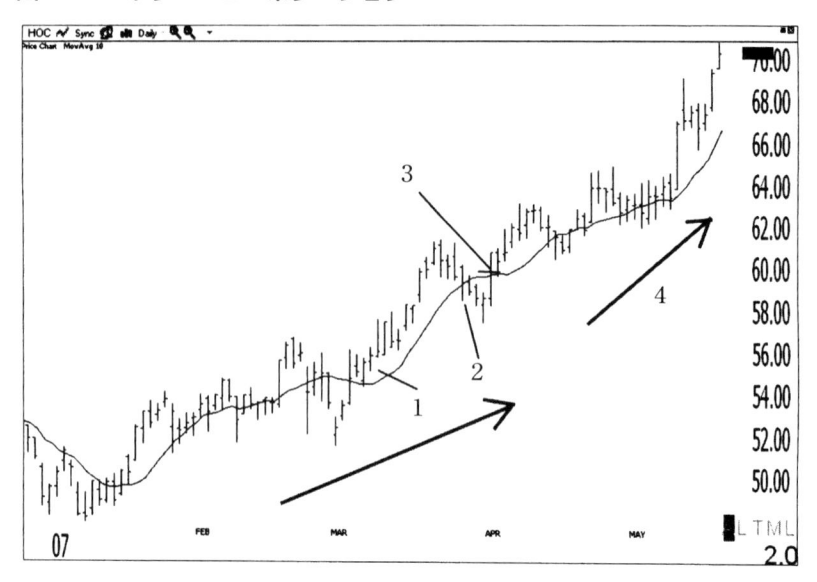

1. ホリー・コーポレーションは長期的な上昇トレンドにある。上げ足を速めるにつれて、この株は10日移動平均線から離れ始める。安値が移動平均線を上回っている「デイライト」の足が少なくとも10本（合計13本）ある点に注目しよう。
2. 移動平均線に向かって押す。
3. トレンドが再開したので買う。
4. そこから数週間で、20％以上も上昇した。

第3章 短期でも長期でも利益を出すトレーディング

図3.29 アメリカン・タワー

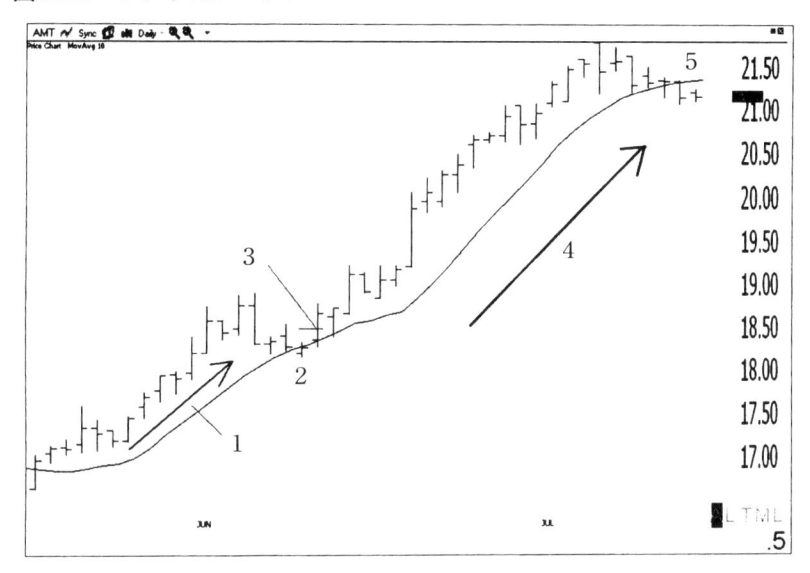

1. アメリカン・タワーのトレンドは少なくとも10本の安値（合計で16本）が10日単純移動平均線を上回っている。
2. 10日移動平均線に向かって押す。
3. トレンドが再開したので買う。私の前の2冊の本を読んだことがある人は、これがトレンド・ピボット・プルバックのことだと気づくだろう。
4. 16％以上も上げた。
5. そして、再び移動平均線にキスする。

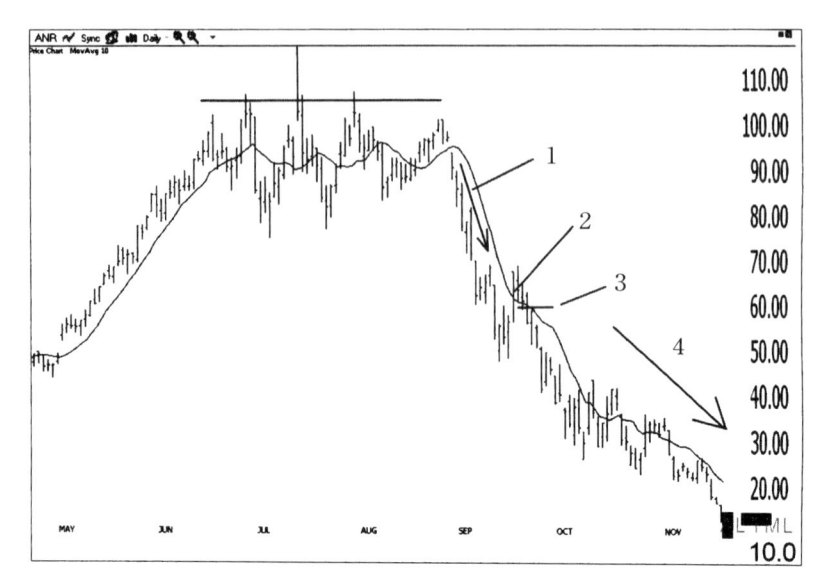

図3.30　アルファ・ナチョラル・リソーシズ

1. 10本の連続した足で分かるように、アルファ・ナチョラル・リソーシズは下降トレンドにあり、それらの足の高値は10日単純移動平均線を下回っている。この下落の前には長期的な上昇トレンド後に横ばいがあり、そこから上昇できなかった点に注目しよう。これは前の上昇トレンドが終わった可能性があるという手掛かりになる。
2. 単純移動平均線に向かって戻す。この戻りで、高値が移動平均線を上回っている点に注意しよう。
3. 下降トレンドが再開したので、売る。
4. 再び下降トレンドになり、数週間で50％以上も下げ、数カ月で70％近く下げた。

まとめ

「移動平均線への別れのキス」のパターンは単純移動平均線だけを用いて定義した押しや戻りのことだ。いったんデイライトを基準にしたトレンドができたら、移動平均線に向かう押しや戻りを探す。それはトレンド途上の押しや戻りなのか、本格的な調整なのかについて、勝手に推量しないで済むので、トレード経験があまり長くない人にとっては素晴らしいパターンになる。また、目で見てすぐに分かりやすいという点もよい。

パターンを当てはめる

このパターンは買いでも売りでも、どちらの側でも同じようにうまく機能する。だが、「上げ足よりも下げ足のほうが速い」ので、私は下降トレンドが始まったばかりのところで空売りするのが好きだ。そのため、私は転換パターン(第2部を参照)を好む。ただし、市場全体で下降トレンドが長く続いているときには、事実上すべての株が下降トレンドになっていることを頭に入れておこう。この場合、転換パターンでのセットアップもできないことが多い。

第3章のまとめ

この章で私は多くのことを説明した。だが煎じ詰めれば、それは2〜3つの単純な考えにまとめられる。最も純粋な形では、トレーディングとは単にある水準で買い(あるいは空売りし)、別の水準で売る(あるいは買い戻す)というだけのことだ。トレードで利益が得られるのは、あなたがトレンドをとらえている場合に限る。究極の目標はトレンドをとらえることなので、トレンドを探すことがトレーディングに

おける最も論理的な手法になる。

　トレンドは「トレンドに必要な条件」と移動平均線を用いて測ることができる。それは方向を示す大きな矢印を描けるほど明白でなければならない。理想的には、市場全体とその株が所属するセクターでもトレンドが確認できるほうがよい。いったんトレンドが確認できたなら、仕掛ける前に調整があるのを待つ必要がある。つまり、私たちは押しや戻りでトレーディングを行うのだ。「トレンドノックアウト」「持続的トレンド中での押しや戻り」「移動平均線への別れのキス」といった特定の押しや戻りのパターンは、押しや戻りを認識して、そこでトレーディングを行う大変素晴らしい手法である。

小テスト（カンニングをしないこと！）

　もう今では、明白なトレンドを認識できるはずだ。次のクイズで確認しよう。すべて正しければ次に進もう。間違ったら、この章を読み直そう（**答えは108ページ**）。

1．右の例は次のどれか？
　　A．上昇トレンド
　　B．下降トレンド
　　C．トレンドなし

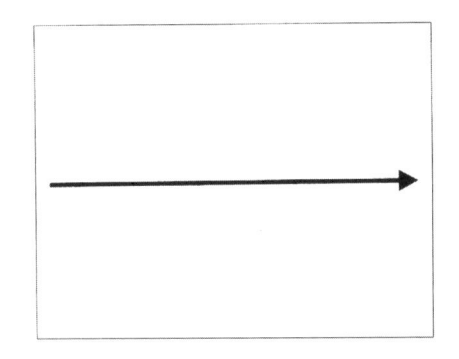

2．右の例は次のどれか？
　　A．上昇トレンド
　　B．下降トレンド
　　C．トレンドなし

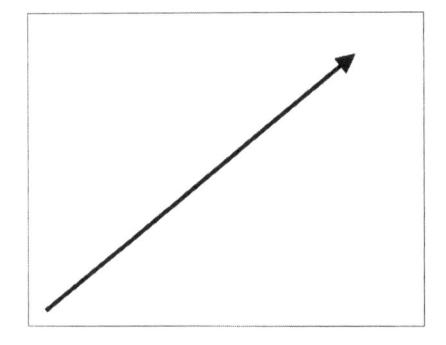

3．右の例は次のどれか？
　　A．上昇トレンド
　　B．下降トレンド
　　C．トレンドなし

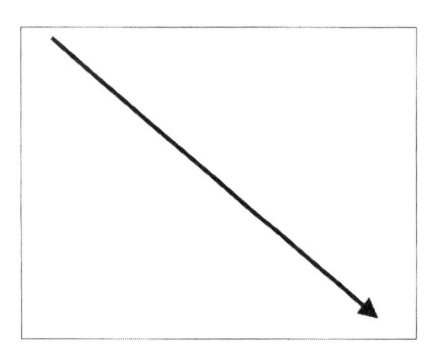

答え

1. C
2. A
3. B

第4章
押しや戻りでの仕掛け──詳細

Trading Pullbacks : The Details

あなたはもうトレンドをどうやって認識すべきか分かっただろう。トレンドを見極めたら、基本的な押しや戻りに加えて、私のもっと具体的な3つのパターンも見つけられるはずだ。トレンドとパターンを見つけるところまでは簡単だ。悪魔は細部に宿っているのだ。

まとめ──トレンドのある相場での押しや戻り

　最も真実を突いた相場の格言は、「トレンドはあなたのフレンド（味方）」だろう。そして、トレンドに沿って仕掛ける最も良い方法は押しや戻りを利用することだ。**図4.1**で分かるように、押しや戻りでトレーディングをするためには前兆──相場が強いトレンド途上（A）にあり、調整（B）を始めているところ──を見逃さないことである。トレンドが再開すると、仕掛け注文（C）は執行される。トレンドが続かない場合に備えて、損切りのストップ（D）を置く。トレンドが順行しているときに一部を利食い（E）、残したポジションの動きに合わせてトレイリングストップを引き上げていく（F）。簡単に言えば、これが私のトレーディング手法のすべてである。
　ではこれらの分析をしよう。

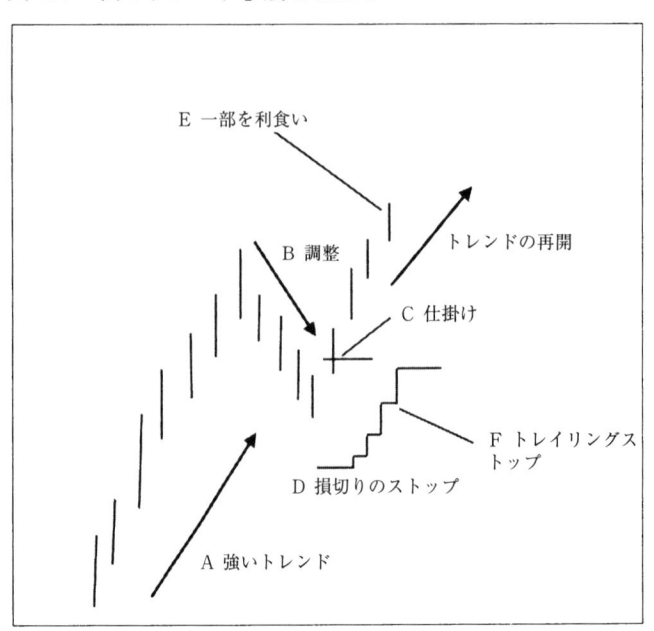

図4.1　私のトレード手法のまとめ

```
                E 一部を利食い
                     ↑
          B 調整      ↗  トレンドの再開
             ↘
                  C 仕掛け

                      F トレイリングス
                         トップ
                  D 損切りのストップ

        ↗
       A 強いトレンド
```

強いトレンド

　相場にはしっかりしたトレンドがなければならない。押しはトレンドが明らかに転換しつつある相場でも起きることがある（第2部で説明）。トレンドを測るには、トレンドに必要な条件、移動平均線、あるいは私の大好きなテクニック——チャートを見て、値動き方向に矢印を引くだけ——を使えばよい。

押しの期間

　強いトレンドを持つ優良株が調整後にトレンドを再開する場合、その調整は普通それほど長く続かない。そのため、例外はときどきあるが、8日以上も押す株について私は普通、無視する。この時点で、そ

図4.2　押しの期間

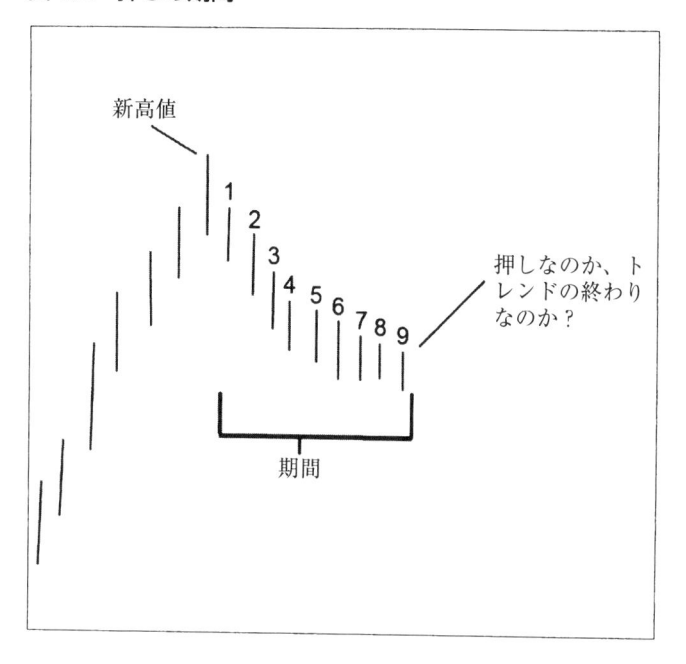

（図中ラベル：新高値、1〜9、期間、押しなのか、トレンドの終わりなのか？）

れまでのトレンドは勢いを弱めているだけなのか、それとも終わりつつあるのかを判断しなければならない（**図4.2**）。

押しの深さ

　調整がどれほど大きくなるか（**図4.3**）は株のボラティリティ、相場状況、そのときのマーケットを牽引するセクターが何かによって異なる。値動きの大きな株なら、深く押しても上昇トレンドを続けることがある。長期にわたる整然とした強気相場では、押しは浅いことが多い。逆に弱気相場では、下降トレンドからの戻りが非常に急激になることがある。

図4.3 押しの深さ

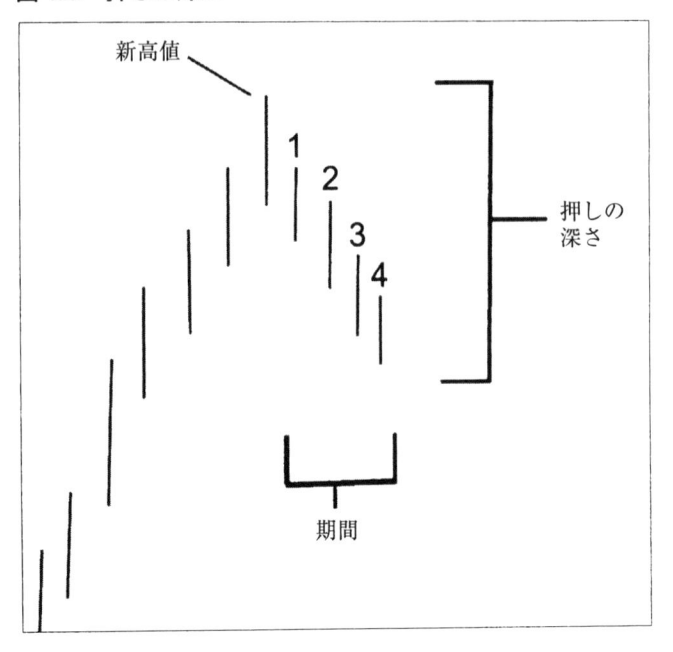

仕掛け

　仕掛ける機会が現れるまで待てば、相場が予想した方向に動いているか確かめられる。仕掛け注文が執行されなければ、そのトレードは避けるべきだ。機会を確認できるまで待つというこのテクニックを使えば、負けるトレードをしなくて済む。ポジションを取る前に、株は意図した方向に動いていなければならない。これは株を買うときには、その株が前の高値を上回っているという意味だ。これは相場が長期的な勢いを取り戻したかどうかの確認に役立つ（**図4.4**）。

　私は最初の著書で、仕掛ける水準は押した直近の足の高値よりも上でなければならないと述べた。その本を書いた当時は、20世紀最大の強気相場だった。その当時の株はたいてい素早くトレンドを再開させ

図4.4 押しでの仕掛け

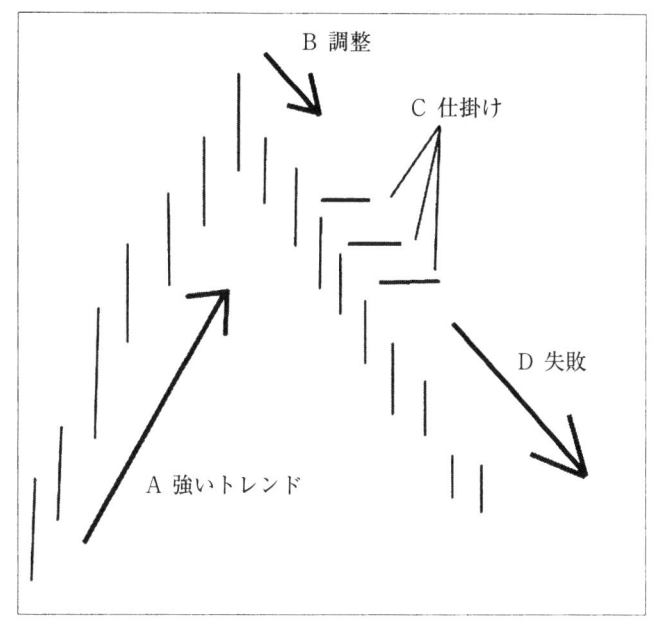

たので、**図4.5**のように、教科書どおりに高値のすぐ上で仕掛けるか（A）、それよりもさらに早く仕掛けてもよかった。電車が駅を出発する前に乗らなければならなかったのだ。今日では、株が前日の高値を上に抜けてもダマシになって、その後に大きく売り込まれることが多い。これはマーケットメーカーや抜け目のないトレーダーが、前日の高値のすぐ上で仕掛けようと考えているトレーダーを巻き込んで利用しようともくろみ、株価をそこまで押し上げるせいかもしれない。あるいは、凄まじい強気相場が終わるとよくあるように、相場のちゃぶつきが大きくなっているだけかもしれない。こうしたことを踏まえて、私は仕掛けを大まかにしていった。私はよく前日の高値のずっと上や、複数の高値の上に注文を入れる。つまり、私は仕掛けにある程度の余裕（B）を持たせたいのだ。

図4.5　仕掛けの幅

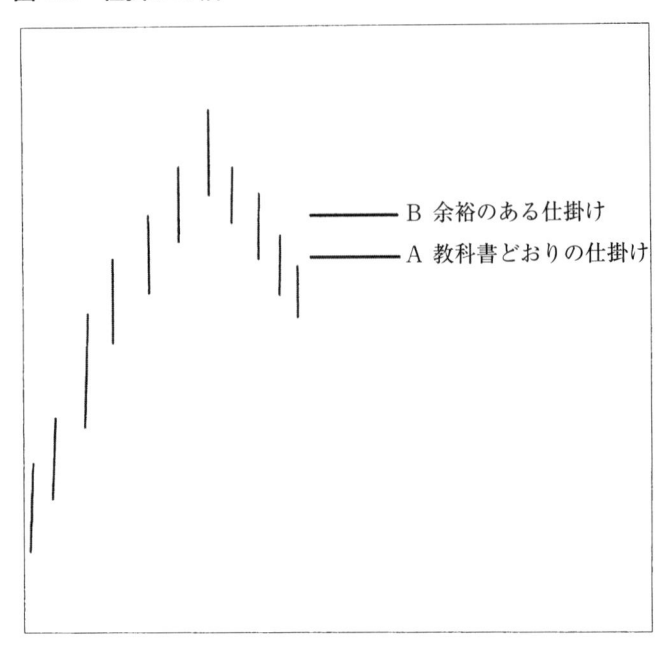

　ノイズ（すなわち、意味のない値動き）のみによって注文が執行されないように、仕掛け注文は十分に離しておかなければならない。とはいえ、離しすぎて、トレンドに乗れないようにすべきではない。これは**図4.6**に示されている。

　どれだけの余裕を持たせるかは自分の判断であり、価格とボラティリティによる。また、株が前日にどの辺りで引けたかにもよる。高値近くで引けた場合は、仕掛けをさらに離して、ノイズだけで注文が執行されないようにしたほうがよい。安値近くで引けた場合、前日の高値を超えるためには大きく上昇しなければならない。そのため、余裕は少なくて済む。これは**図4.7**に示した。

　一般的に言って、ここ数年の私は仕掛けでより余裕を持たせるようになった。そのおかげで、負けトレードの多くを回避できた。

第4章　押しや戻りでの仕掛け──詳細

図4.6　近い仕掛け

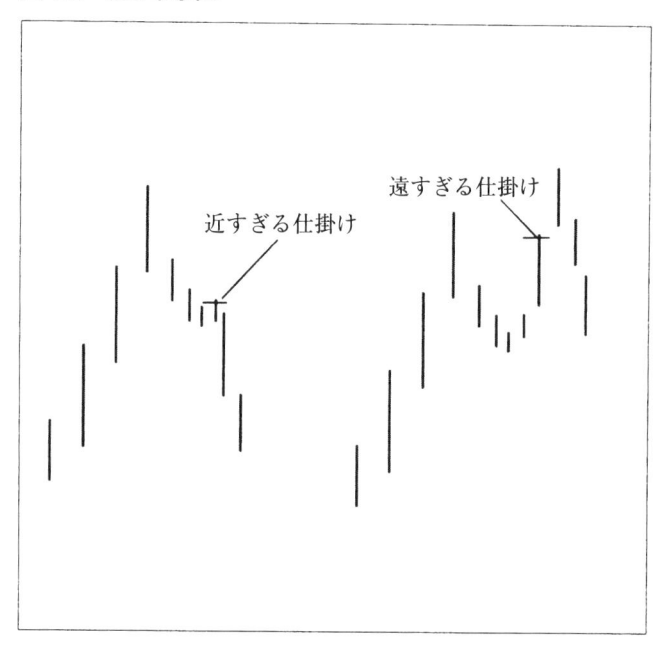

（近すぎる仕掛け／遠すぎる仕掛け）

図4.7　前日の終値で仕掛けの余裕を判断

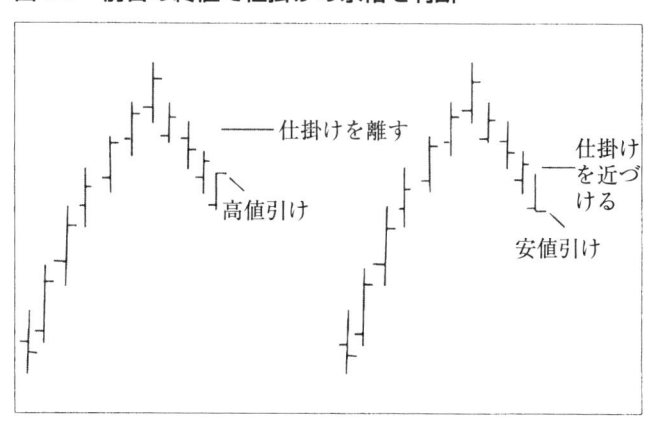

（仕掛けを離す／高値引け／仕掛けを近づける／安値引け）

115

図4.8　ハブナニアン

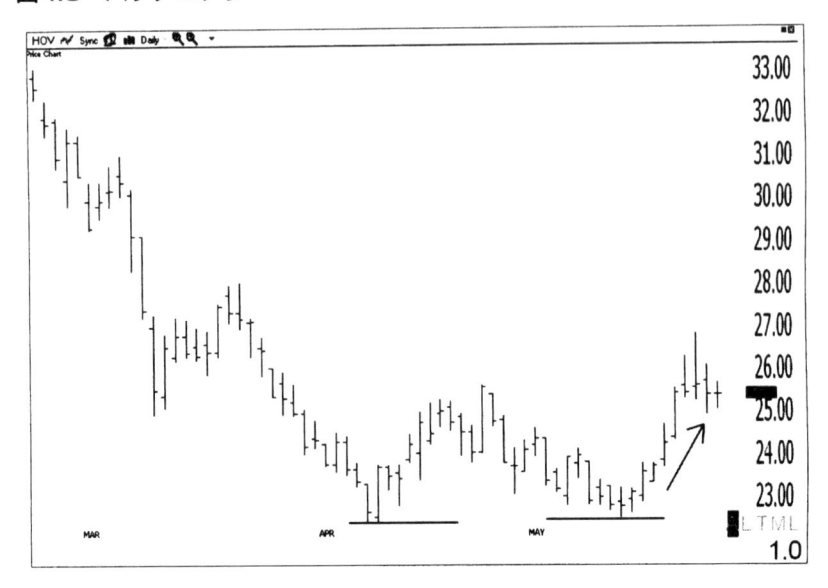

　私のお気に入りの例をひとつ見てみよう。
　図4.8では、住宅建設会社ハブナニアンが長期にわたる下降トレンドからダブルボトムを作り始め、そのパターンから上昇していた。この株は一時的に押したあと、最初の急上昇（第9章を参照）を見せる。S&P500も上昇トレンドにあり、最高値に近づいていた。住宅建設会社の株も底を打ち、上昇し始めていた。これらがすべて合わさって、素晴らしいトレードの条件が整った。
　さて、図4.9のどこで仕掛けられるかを見ることにしよう。教科書どおりの仕掛け注文は高値のすぐ上に入れる（A）。もっと良い仕掛けは株に動く余裕を与えることだ（B）。当日の足ははらみ足（当日の値動きのすべてが前日の値幅内にある）なので、特にそう言える。
　それでは図4.10を調べて、何があったかを見よう。教科書どおりの仕掛けならば、Aで注文は執行されていただろう。だが、株にいく

図4.9　ハブナニアン

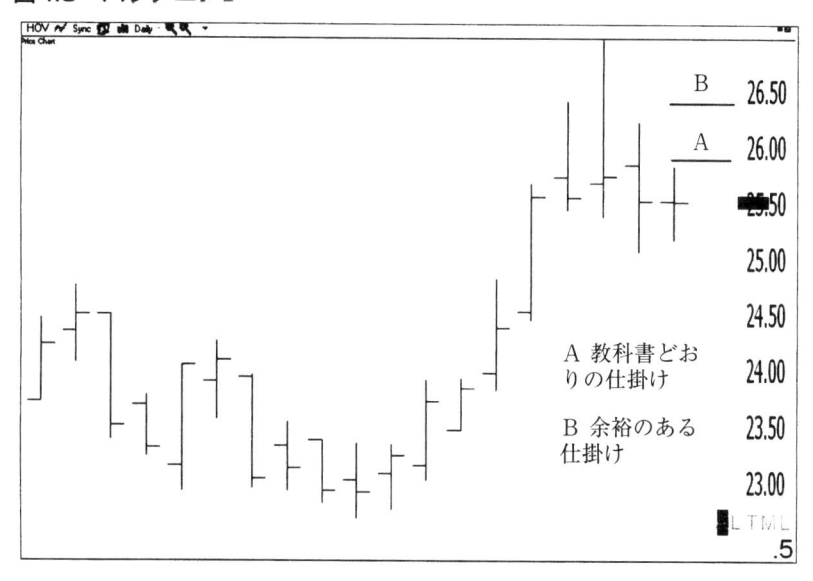

(チャート内ラベル)
- A　教科書どおりの仕掛け
- B　余裕のある仕掛け

らか動く余裕を与えて、仕掛け注文をＢに入れていたら、損失を避けられただろう。

　見て分かるように、仕掛けるときに株が十分に動ける余裕を持たせておけば、負けトレードを避けるのに役に立つ。頭に入れておいてほしいのだが、トレーディングでは常に代償を支払う必要がある。仕掛けを遠くに離して入れるほど、その注文は執行されにくくなる。だが、執行された場合、仕掛けを離した分だけの利益をあきらめなければならないことになる。それは保険のようなものだ。誤った仕掛けを避けるために、高い代償を支払うのだ。

　相場の状況が良ければ、より教科書どおりの仕掛けを目指してもよい。状況が素晴らしければ、早めに仕掛けることを目指してもよいだろう。そうでないときは、仕掛けに余裕を持たせよう。

図4.10　ハブナニアン

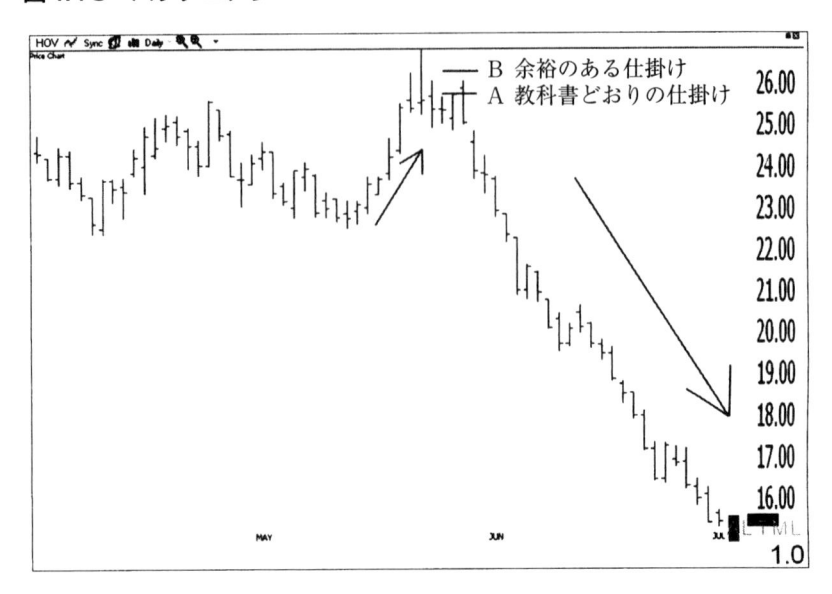

損切りのストップ

　いったん仕掛け注文が執行されたら、損切りのストップを置いて、相場が思いどおりに動かない場合でも資金を守れるようにしておくべきだ。すべてのトレードには損失のリスクがある。だから、損切りのストップを置くのは欠かせないのだ！　損切りのストップには科学と技術の要素が少しずつある。それをどこに置くかについて、明確なルールはない。近くに置けば大きな損失を減らすのに役立つ。だが、そうすれば無意味な値動きだけでストップに引っかかるため、間違いなく損を出す回数は増える。リスクを小さくしておけると考えて、ストップを近くに置きすぎるために、多くの人が損を出している。損切りのストップを遠くに置けば、再開したトレンドをとらえられるまで長く相場に残ることができる。ただし、トレンドが再開しなければ損失

図4.11　損切りのストップ

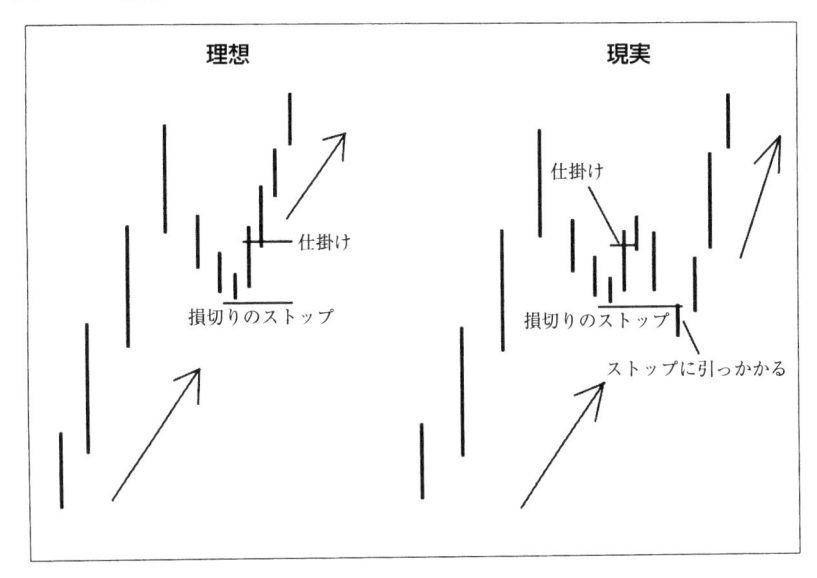

は大きくなる。

　私の最初の著書では、損切りのストップを押し目のすぐ下に置くべきだと書いた。忘れないでほしいが、これは凄まじいほどの強気相場だったころに書いた本での話だった。**図4.11**の左側で示すように、当時の株は理想に近い値動きをしていた。そのころ、ストップを近くに置いておくのは良い考えだった。残念ながら、凄まじいほどの強気相場でなければ株の動きは鈍く、気まぐれな動きを見せることが多い。押した日の安値のすぐ下にストップを置けば、たいてい執行されてしまう。これにはがっかりさせられることが多い。その後、株はあなたを置き去りにして上昇するからだ。強気相場が過ぎたあとに起きるこの現実を、**図4.11**の右側に示した。損切りのストップはトレードをする株のボラティリティを勘案して置く必要がある。株が１日に約５ポイント動くのなら、ストップはその範囲よりも外に置かなければな

図4.12　一部を利食いする

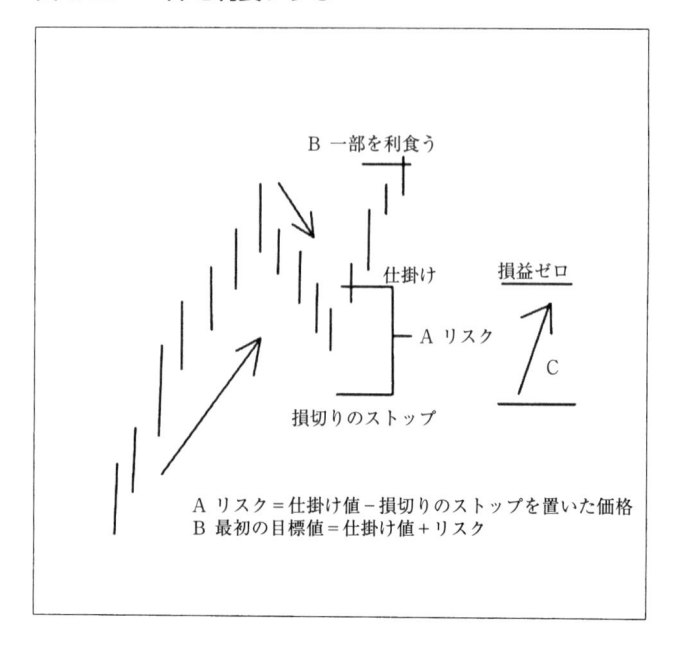

```
B 一部を利食う
仕掛け    損益ゼロ
A リスク   C
損切りのストップ

A リスク＝仕掛け値－損切りのストップを置いた価格
B 最初の目標値＝仕掛け値＋リスク
```

らない。そうでないと、ボラティリティだけのために相場からはじき出されるだろう。

一部を利食う

　私は比較的小さな含み益が初めにできたところで、ポジションの半分を手仕舞いたい。普通、私の最初の利益目標は当初リスクと等しい。そして、残りのポジションに対するストップを損益ゼロの水準まで動かす。例えば、私がトレードで５ドルのリスクをとっているとしよう。少なくとも５ドルの含み益があるとき、私はその株の半分を手仕舞い、損切りのストップを損益ゼロの水準──私が仕掛けた価格──まで動かす。そうすれば、寄り付きで下にギャップを空ける場合を除けば、最悪でも残りの株が損益ゼロになるだけだ。トレンドが長く続け

ば、私はマーケットのお金でトレードを続けられる。こうして、私は短期的なトレード手法でときどきホームランを打てるのだ。

　図4.12は仕掛けた価格に当初リスク（A）を足した額に等しい水準（B）で、一部を利食う方法を示したものだ。ストップは、株価が最初の利益目標の価格に達してから引き上げるほうがよい（C）。私がこういう説明をしたのは、一部を利食うという考え方を単純な形で示したかったからだ。実際には、最初の目標値に達しなくても株が上昇したら、ストップも引き上げていくほうが望ましいだろう（**図4.1**を参照）。

トレイリングストップ

　相場が思いどおりに動き続けたら、私は損切りのストップを引き上げていき、トレンドが転換したときに含み益をあまりマーケットに返さなくてもよいようにする。もちろん、「あまり」という言葉はいくぶん恣意的で、株のボラティリティ次第で変わる。初めに置く損切りのストップのように、離して引き上げていくほど、大きな値動きをとらえる可能性も大きくなる。だが、トレンドが最終的に転換したときには含み益も大幅に減る。私は持ち株が順行するにつれて、トレイリングストップを緩めていく。例えば、仕掛けから最初のストップまでの値幅が5ドルとしよう。いったん含み益が7ドルか8ドルになったら、私はそのストップまでの値幅を5ドルから6ドルに緩めるかもしれない。持ち株が順行し続けたら、私はさらにストップを緩めるかもしれない。こうすることで、より長期的な値動きについていきやすくなる。**図4.13**は長期的な勝ちトレードに乗り続けるために、トレイリングストップを段階的に緩めていく方法を示したものだ。

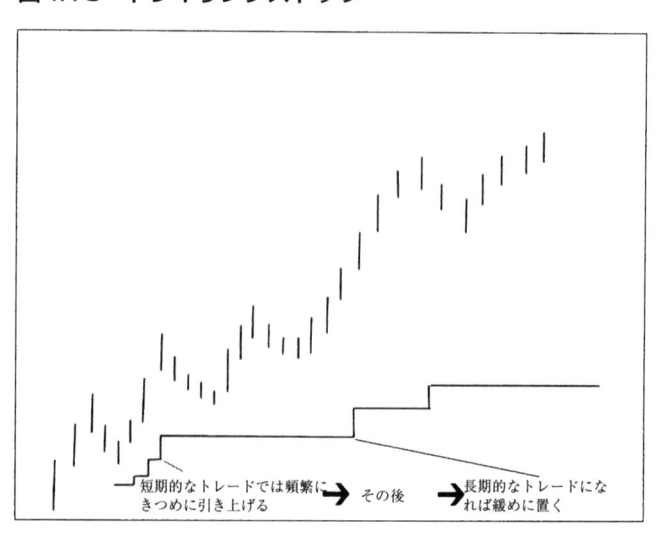

図4.13　トレイリングストップ

まとめ

　押し目でうまくトレーディングを行うには、強いトレンドを持つ株で、最近調整があったものをまず見つけるところから始める。トレンドに再開の兆しが見えた場合にのみ、仕掛けを目指す。こうすれば、負けトレードを避けられることが多い。いったんポジションを取ったら、自分の判断が間違っている場合に備えて、損切りのストップを置く。持ち株が望みどおりに動けば、一部を利食い、ストップを現在価格に近づけていく。これが、短期トレードを管理して、うまくいけば、それを長期的な勝ちトレードに変える方法だ。

第5章
損益管理

Managing Profits And Losses

　お金を儲けるためには、まずお金を失わないことだ。だれもが大きな利益を得られそうなトレードについて学びたがる。しかし、利益を得られそうにないときに何をすべきかは、だれも説明したがらない。資金管理は景気よく儲かるような魅力的な話ではないからだ。実際、それは退屈だ。

　私がこれまでに書いた著書では資金管理を当然置くべきところ、つまり第1章に置いた。それらの著書はトレーディングの知識がある程度ある人用のものだった。彼らにはある程度のトレード経験があると私は仮定していた。そういうトレーダーはパターンマニアであることが多いので、彼らはセットアップを説明している章まですぐに読み進めるだろう。それで、私は資金管理を初めのほうで取り上げたほうが、読まれる可能性がずっとあると考えたのだ。

　あなたはお金を守る方法を教えられる前に、おそらくお金を儲ける方法を知りたいだろう。そこで今回は資金管理を少しあとで取り上げることにした。保証するが、この章は本書で最も重要な部分だ。資金管理の計画がなければ、この本に費やしたお金であれ、ほかのトレーディング関連本に費やしたお金であれ、すべてムダに終わるだろう。

損失の管理──トレーディングが不公平なわけ

　トレーディングを新たに始める人は、損失を10％出したら、損益ゼロの水準まで戻るのに10％の利益を出さなければならないと思う。残念だが、それは正しくない。10％の損失を取り返すには、残りの資金で少なくとも11.11％の利益を上げることが必要だ。さらに悪いことに、損失が増えるにつれ、それを取り戻すのに必要な利益率は幾何級数的に増大し始める。2008年に平均的な投資信託でポートフォリオの50％以上を失った人々は、すぐにこのつらい現実を認識させられた。彼らは損益ゼロに戻すだけでも、残りのポートフォリオで100％もの利益を上げなければならなかったのだ。取り戻すために必要なこの割合は**図5.1**に示してある。

図5.1　損失を取り戻すために必要な利益

資金の損失額（％）	損失を取り戻すために必要な利益（％）
10％	11.00％
20％	25.00％
30％	42.85％
40％	66.66％
50％	100.00％
60％	150.00％
70％	233.00％
80％	400.00％
90％	900.00％
100％	破産

　損失が増えるにつれて損益分岐点まで戻すために必要な利益率が急上昇していく点に注目してほしい。

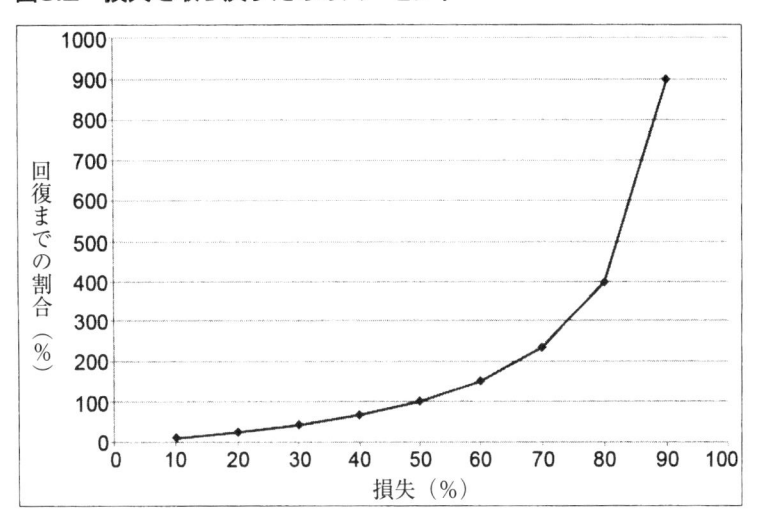

図5.2 損失を取り戻すためのパーセント

　この幾何級数的な上昇はグラフ（**図5.2**）を見るとよく分かる。これは損失から立ち直るのがいかに難しいか、資金管理がいかに重要かを示している。

　トレーディングで失った資金はドローダウンと呼ばれる。これはトレーディング総資金に対する割合で表される。すべてのトレードで利益が出ていれば、あなたはドローダウンをけっして経験しないだろう。ドローダウンで全体的な運用成績は判断できない。それは運用成績を達成した期間に失った資金量を測っているだけだ。この計算は負けトレードが起きたときに初めて行われ、口座の資金が新たに最小になるかぎり続けられる。

　頭に入れておいてほしいことがある。ある時点で口座資金がいくら増えていても——100％、200％、300％あるいは1000％の上昇をしていても——、ドローダウンが100％に達したら、あなたの口座資金は完全に消えてしまうのだ。ドローダウンからの回復は困難を極めるこ

とがあり、資金管理がいかに大切か、トレーディングがなぜ公平でないかがよく分かる。

１～２％ルール

　置いたストップに基づいて、１トレード当たり１％未満から最大でも２％までしかリスクをとらないようにすべきだ。例えば、10万ドルのポートフォリオならば、ストップに引っかかった場合、１トレード当たり1000ドル（１％）から最大2000ドル（２％）までしかリスクをとるべきではない。私が「ストップに引っかかった場合」と言ったことに注意してほしい。あなたは株で1000ドルから2000ドルの「投資」をしているわけではない。あなたがポジションを取り、それが思惑どおりに動いていれば、その状態を維持しながら含み益の一部の利食いを目指して、ストップをトレンド方向に動かしていけばよい。思いどおりに動かなければストップに引っかかって手仕舞うことになる。これは問答無用だ。

　このルールを念頭に置いて、買いたいと思う株の値動きとボラティリティを調べたとしよう。そして、仕掛け値から５ドル離したところにストップを置く必要があると判断したとする。この場合、その株の価格に関係なく、100株を買うごとに500ドルのリスクをとることになる。それで、10万ドルのポートフォリオで１％のリスクをとるつもりなら、200株買うだろう。ここで計算だ。リスク額＝10万ドル×１％＝1000ドル。1000ドル÷５＝200株。繰り返すが、これは1000ドル相当の株を買うという意味ではない。ストップに引っかかったら、寄り付きでギャップを空けた場合を除いて、取引口座の１％あるいは1000ドルしか損をしないという意味だ。

　私が「寄り付きでギャップを空けた場合を除いて」と言ったことに注意しておこう。１％しかリスクをとる気がなくても、それだけしか

リスクがないわけではない。悪いニュースが報道されて、前日に引けた価格よりもかなり下げて寄り付くようなこともある。遅かれ早かれ、あなたはリスクをとるつもりだった金額よりもはるかに多くの損失を被るだろう。これが過度なポジションを取らないでおくことが重要なもうひとつの理由だ。

損切りのストップを置く技術

　ここまで繰り返し言ってきたように、どんなに考え抜いても、どのトレードでも損をする可能性はある。そのため、すべてのトレードで損切りのストップを置かなければならない。損切りのストップには科学と技術の要素が少しずつある。損切りのストップを近くに置けば大きな損失を減らす役に立つ。だが、そうすれば普通の値動きでもストップに引っかかるため、ほぼ間違いなく損を出す回数は増える。皮肉なことだが、ストップを近くに置いてリスクを抑えていると考えている人の多くは、実は自ら損失になるトレードを増やしているのだ。損切りのストップを遠くに置けば、再開したトレンドをとらえられるほど長く相場に残ることができる。だがトレンドが再開しなければ、ポジションを減らしてトレードをしていないかぎり損失は明らかに大きくなる。

　それでは、きつすぎず、緩すぎず、ほどよい加減が必要なストップの置き方について述べることにしよう。

このストップはきつすぎる

　理想的な世界でなら、図5.3に示すように、押し目を付けたときの安値のすぐ下にきつめにストップを置いてもよいだろう。残念ながら、相場はめったに私たちが望む方向には動かないが、相場がある一定の

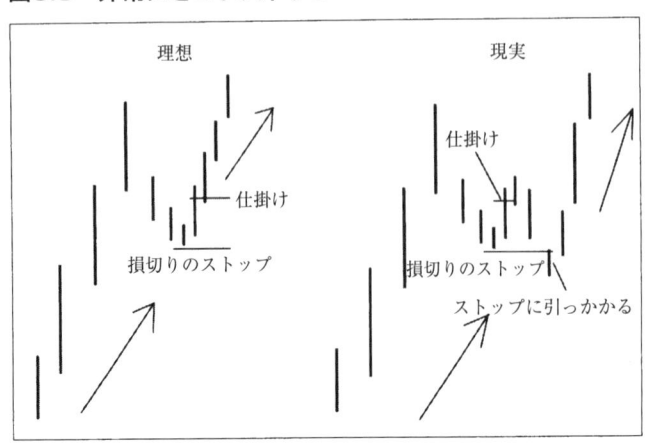

図5.3 非常にきついストップ

方向に動き続けることはそんなに珍しくない。だが、その前にはまず揉み合いがあるものだ。そのため、ストップを近くに置きすぎると、相場が普通に動くだけで引っかかりかねない。そうなると、株が上昇するのを指をくわえて眺めるはめになる。**図5.3**の右側がそうした状況だ。

このストップは緩すぎる

ストップを緩めにしておけば、トレンドの再開をとらえられるほど長く相場に残ることができる。だが、トレンドが再開しなければ、あまりにも多くの資金を失うことになる。**図5.4**では、トレンドは明らかに再開していないので、このストップ水準に達するよりもずっと前に手仕舞っておくべきだった。

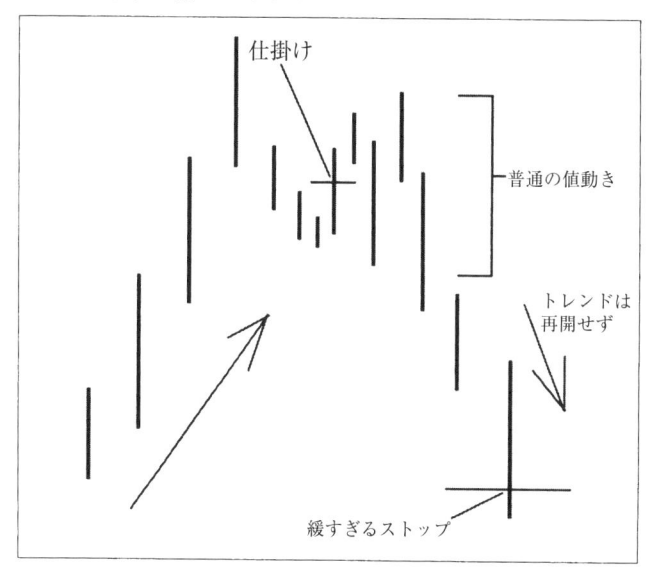

図5.4 非常に緩いストップ

このストップがぴったり

　理想的な損切りのストップとは、普通の無意味な値動きに引っかからない程度に離して置くが、トレンドが明らかに反転したときにはポジションを手仕舞えるほど近くに置いたものだ（**図5.5**）。あなたはたぶん、普通の無意味な値動きをどうやって定義するのだ、と疑問に思っているだろう。残念ながら、トレンドが再開するまでどれくらい調整するのか、あるいはそのトレンドはそもそも再開するのかさえ必ずしも分からない。普通の値動きという言い方はやや恣意的に聞こえるだろう。すべてが不変なら、真の値幅（アベレージ・トゥルー・レンジ）や過去のボラティリティのような統計的な計測によって、株が過去にどんな値動きをし、これからどう動き続けるかが分かるだろう。「すべてが不変なら」がこの文でカギとなる言葉だ。相場では、変わ

図5.5　適切なストップ

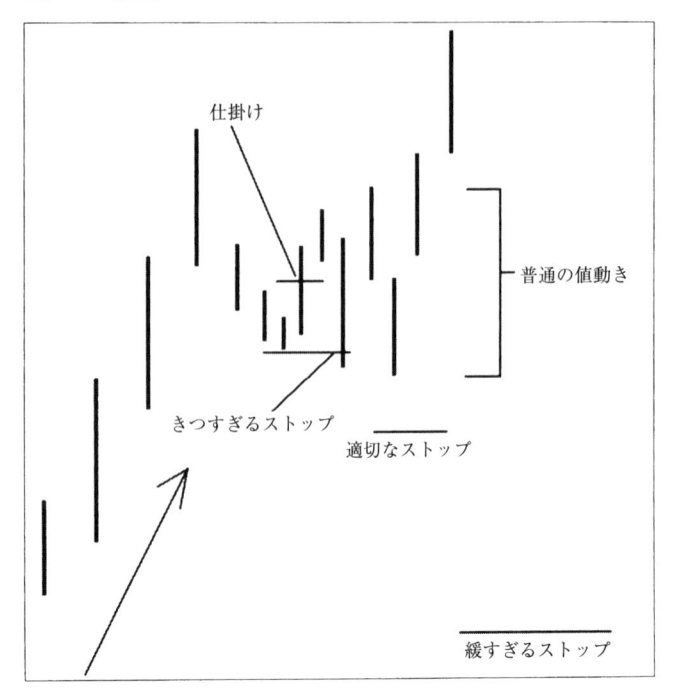

　らないものはめったにない。統計的な計測結果が極めて大きくなって、とても損切りのストップに使う気にはならない場合も多い。おまけに、相場は純粋に統計的な動きをしない。もしそうした動きをするならば、世界は統計の専門家が支配することになっているだろう。

　それなら、トレーダーはどうすべきか？　良い知らせがある。複雑なことをする必要はないのだ。ストップを置くときの最高の味方は常識である。ただチャートを見て、株価が毎日どれだけ動くかが分かればよいのだ。株が1日に5ドルから10ドル動くなら、1ドルか2ドル幅のストップは明らかに使えない。そうでないと、ほぼ間違いなく無意味な値動きでストップにすぐに引っかかってしまう。

　あなた自身のトレーディングが、どこにストップを置くべきかの

良い尺度になる。相場が大きく動く前にいつもストップに引っかかるのならば、あなたはストップを近くに置きすぎているのだろう。私はそうしたトレーダーの手伝いを何回もしてきた。彼らが利益を出せるようになるためには、ストップを離しさえすればよかったのだ。だが、ストップは近くに置くようにと、どこでも説かれているようなので、これは多くの人の直感に反するかもしれない。相場をじっくりと観察すれば、どれくらいの値動きをするかが分かる。そして、その値幅の外に損切りのストップを置けばよいのだ。

覚えておいてほしいが、かなり緩いストップを置く必要がある場合、ポジションを減らしてリスクを調整する必要がある。こうすれば、ポートフォリオに対する損失率は最小限に抑えておける。また、ストップに引っかかった場合、１回のトレードでは全資金の１～２％以上のリスクはとらないほうがよい。ストップをどこに置こうと、損失は最小限に抑えておかなければならない。

時には上手な攻撃が最大の防御になる

ストップを普通の値動きよりも外に置いているのに、繰り返し振るい落とされるのなら、それはストップの問題ではなく、銘柄の選び方に問題があるのかもしれない。最良中の最良のセットアップでトレーディングをするようにしよう。あなたの考えがセクターやマーケット全体の動きと合っているか確かめよう。セクター内のほかの株を見て、もっと良いトレーディングの候補がないかを調べよう。これまでの勝ちトレードを研究しよう。銘柄選びがうまくなるほど、損切りのストップで振るい落とされなくなるだろう。防御策は重要だが、そもそも攻撃がうまければ、平凡なトレードをしないで済むのだ。

利益の管理──トレイリングストップを使い、稼いだ資金でトレードする

　ここは楽しいところだ。トレンドが再開すると、私たちは利益を管理するようになる。ストップを引き上げていき、含み益が出たら一部を利食うことで、マーケットのお金だけで長期的な利益を追求できるようになる。

　このための方法を見ていこう。

　相場が思いどおりに動いたら、ストップを引き上げていく（売りの場合は引き下げていく）。できるなら、最初の目標値まではポジションを維持しておきたい。自分に都合の良い方向に動くかぎり、そのポジションは保有し続けたほうがよい。どれくらいの期間か？　株価が思いどおりに動くかぎり、できれば少なくとも10年間だ。

　一部を利食いする例（**図5.6**）をもう一度、見よう。リスク（A）は仕掛け価格と損切りのストップの価格との差だ。そのリスク分を仕掛け価格に足すと、最初の目標値（B）になる。株価が最初の目標値に達したら、その株の半分を手仕舞い、残りの株に対するストップをすぐに損益分岐点（C）まで動かす。

　図5.6はリスクと一部を利食いする例を示したものだ。実際には、たとえ最初の目標値まで達していなくとも、株価が上昇すればストップを引き上げていくほうが望ましい。

　図5.7で、この動きを１つの足ごとに分析してみよう。株を買った後、その日はうまい具合に上げて引けたとしよう。そこで、その上げた額（１）だけ損切りのストップを引き上げる。最初の損切りのストップはここでトレイリングストップになる。あなたは株価を追いながらストップを動かしていく。

　次の日も、押し目から上昇し続ける。その額（２）だけトレイリングストップを引き上げる。

図5.6

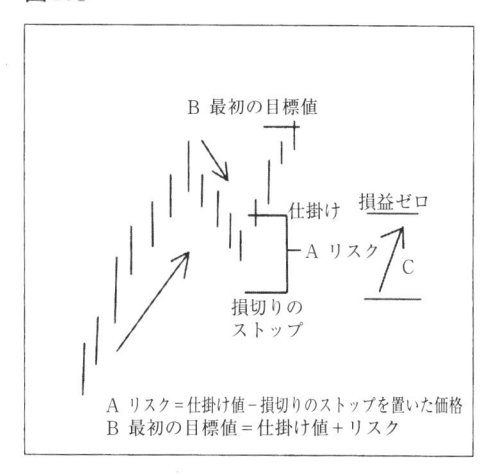

```
B 最初の目標値
                仕掛け  損益ゼロ
                   ┤
                   A リスク  C
                損切りの
                ストップ

A リスク＝仕掛け値－損切りのストップを置いた価格
B 最初の目標値＝仕掛け値＋リスク
```

　3日目もさらに高値で引ける。その額（3）だけストップを引き上げる。

　4日目に、最初の目標値に達する。実際には目標値よりも上で寄り付き、最初に望んでいた額よりも大きな含み益となる。ここで持ち株の半分を手仕舞い、残りの株のストップを損益分岐点（4）まで引き上げる。

　これで、寄り付きで下にギャップを空けないかぎり、最悪でも残りのポジションが損益ゼロになるだけだ。ここに達すると、心理的にも資金的にも余裕が生まれる。今や、「相場で儲けたお金でトレードをする」ことができる。

　トレイリングストップは相場が上昇したときに引き上げるだけだ。仕掛けたとき以来の高値で引けなければ、ストップは動かさない。

　5日目に、株はかなり大きく下げる。これは望ましくない動きなので、トレイリングストップですべきことは何もない。ストップは（5）に置いたままにしておくだけだ。

図5.7

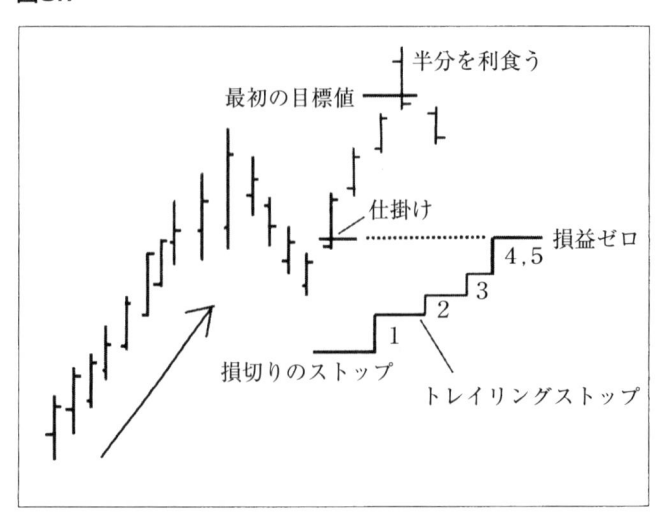

　再びトレイリングストップを引き上げるには、仕掛けたあとの新高値で引けなければならない。一部を利食いした日に付けた、最初の目標値を下回って引けた。そのため、ストップを引き上げるには、この価格を上回って引けなければならない。複雑に聞こえるかもしれないが、実際には難しくない。基本的には、最初にとったリスクと目標値の額が５ドルならば、終値よりも５ドル下に離したままストップを動かしていく。株の現在価格とトレイリングストップを置いている価格が５ドル以上離れたら、その日の終値から５ドル下になるようにトレイリングストップの位置を上げればよい。

　６日目（図5.8）に、再び上昇し始める。それでも、最初の目標値を上回ることはなく、新高値で引けなかったので、この日もトレイリングストップは動かさない。

　７日目も、上げ続ける。今回は、最初の目標値を上回り、新高値で引ける。そこで、トレイリングストップを引き上げる（７）。今や、

図5.8

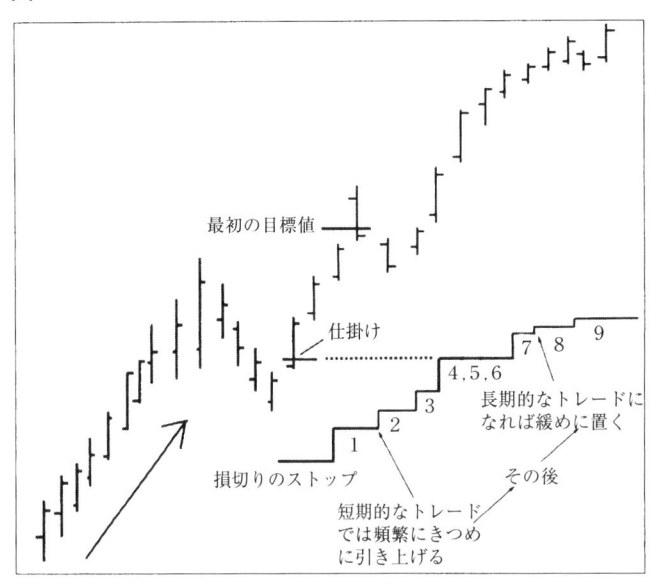

株は大きく上げている。トレイリングストップの価格はすでに仕掛け価格を超えているので、最悪でも残りのポジションで利益を上げられる（ただし、寄り付きで下にギャップを空けなければ、だ）。

　残り半分のポジションは含み益になっているので、ストップをもっと緩めに引き上げていく余裕ができた。これは長期的な上昇トレンドに乗り続ける助けになるだろう。

　8日目に株価はかなりの上昇をしたが、トレイリングストップはわずかしか引き上げていない点に注意してほしい。

　株価の上昇につれて、トレイリングストップの引き上げ幅を緩めていく（9）。厳しいリスク管理を用いた短期トレードを、こうして長期的な勝ちトレードに変えるのだ。

まとめ

　トレーディングは公平ではない。比率という点から言えば、損をしたときよりも損益分岐点に戻すために稼がなければならない率のほうが大きくなるからだ。悪いことに、損失が拡大するにつれ、損益分岐点に戻すために必要な率は幾何級数的に大きくなる。すべてのトレードに損失のリスクがある以上、損切りのストップは不可欠である。

　ストップの置き方には科学だけでなく技術も必要だ。ストップを離して置けば長期的なトレンドをとらえるのに役に立つ。だが、トレンドが反転したときには、そのトレンドで得た含み益の相当多くをマーケットに返すことになる。ストップをきつくすれば損失は減るが、ほぼ間違いなく、多くの負けトレードが出る。理想的なストップは普通の無意味な値動きよりもすぐ外に置くものだ。普通の無意味な値動きは人によってとらえ方が異なるが、チャートを見さえすれば、どこに置くのが望ましいかはよく分かるだろう。株があなたの望みどおりに動けば、ストップを引き上げ続け、一部を利食う。さらにその動きが続けば、ストップの引き上げ幅を緩めればよい。こうすれば、短期的な利益も長期的な利益も得られて、両方の最も良い部分を手に入れることができるはずだ。

第6章
トレーダーの心理

Trader Psychology

「野球の90％は精神、残り半分が体力だ」──ヨギ・ベラ

　私は幸いにも、心理学者のジュリー・マンツにこの本の構成を手伝ってもらった。彼女は生計のために実際にトレーディングを行っている。私たちはお金を儲けたり損したりしたときの感情はよく分かっているが、「トレーダーの心理」という項目を本書のどこに置くべきかはよく分からなかった。それはニワトリが先か卵が先か、という問題だからだ。トレーディングをするためにはトレーディングにまつわる心理を理解しなければならない。しかし、トレーディングにまつわる心理を理解するためにはトレーディングの経験が必要だ。私たちは第1部でこれを説明すると、少し分かりにくいところが出てくるかもしれないと考えた。だが、これは初心者が知っておかなければならない極めて大事なことだという点でも意見が一致した。そのため、あなたにトレーディングの経験がないなら、次に述べることにはよく分からない部分があるかもしれない。それでも、何度かトレーディングをすれば、すぐに納得できると保証しよう。

トレーディングの心理

　さて、ここがトレーディングで最も難しい部分である。実は、トレーディングで成功するための最大の障害は「あなた自身」なのだ。な

ぜか？　トレーディングを行うと、これまでに想像すらしなかった心理的負担が掛かる。大きく順行する直前に損切りをさせられて、失望することもある。一方で、相場がまさに思惑どおりに動くこともよくあり、そうなると誤った安心感に浸ってしまう。さらに、誤った行動をしても報われることがよくある。その場合、マーケットは最悪の教師になる。

　また、あなたがある行動を取ろうとすればするほど、相場が非協力的になることもある。逆に、あなたが何もしていないときでも、相場で報酬が得られることもある。トレーディングとは矛盾をはらんだビジネスなのだ。

　だが、良い話もある。あなたが自分の感情をコントロールできるならば、大衆心理の理解にチャートを役立てることができる。そうすれば、現実をありのままに理解できるようになるだろう。先入観を交えずに、自分の計画を実行するだけの規律を持てるようになるだろう。あなたは間違えることもあると認めるが、長期的に見れば自分は間違っていないと分かるだろう。局地戦で多少は負けるかもしれないが、闘い全体では負けないことが分かるだろう。

　私のトレード手法は単純だが、トレーディングが簡単だとは一度も言っていない。だが、あなたがチャートや、もっと大切なことだが、自分自身を理解しようと必死に努力する気があれば、あなたは成功するだろう。

つもり売買で失敗した人など見たことがない

　トレーディングを学ぶとき、トレード手法に対する感触をつかめるまで、しばらく、つもり売買をしたほうがよい。だが、気をつけてほしい。私はつもり売買で失敗した人に出会ったことがないのだ。つもり売買では正しい行動を取りやすい。トレードの機会を明確に認識し、

トレード計画に従って動き、仮想口座は見る間に膨れ上がっていく。

　だが、いったん本物のお金をリスクにさらすと、事態は一変する。損失が出たら、住宅ローンを払うお金がなくなったと考えるだろう。そして、住宅ローンの支払いに充てるお金が続けざまに消えていくと、次もまた損をするかもしれないと考えて、トレード計画を予定どおりに実行するのがつらくなる。

　どうやって、仮想世界での成功から本物の世界での成功へと移ればよいのだろうか？　簡単だ。極めて少額の資金でトレーディングを行い、トレード手法やもっと大切な自分に対する自信が得られたら、ゆっくりと資金を増やしていけばよいのだ。

トレーディング心理の３要素

　トレーディングの心理には３つの側面がある。「資金管理」と「トレード手法」と「精神」だ。適切な資金管理があれば、損失を抑えるのに役に立つ。もっと重要なことは、その損失に伴う感情のコントロールに役立つ。また、それによって長期的にトレーディングを続けられる。自分のトレード手法を理解していれば、うまくいくと舞い上がってしまうとか、そうでないと落ち込んでしまうということもなくなる。さえない相場展開でも、資金管理ができていれば安心していられる。時には、じっとしていることが最善の策だと分かっているからだ。自分の感情をコントロールできれば、相場で自分の意志を無理やり押し通さずにも済む。

資金管理

資金管理をしっかりすれば、多くの過ちをしないで済む

あなたがリスクを考慮に入れて少額の資金でトレードを行えば、1回損をしても、あるいはトレーディングには付き物だが、続けざまに損をしても、口座やあなたの精神に重大な影響は及ばないはずだ。不動産では「一に立地、二に立地、三に立地」と言われるが、トレーディングでは「一に資金管理、二に資金管理、三に資金管理」だ。

長く生き残ることがカギ

強気相場では、株は上がる。弱気相場では、株は下がる。ちゃぶついた相場では、株は横ばいの動きを見せる。私の言うことを信じる気があれば、あなたはうまくやれるだろう。第3章で説明したように、ただチャートに矢印を引いてトレンドを判断すればよい。自分の先入観や的外れな情報は無視することだ。これができれば、成功するまでの時間を大幅に減らせるだろう。ヨギ・ベラをもじって言うなら、「残り99％の心理に関しては自分の間違いから学ぶしかない」。

あなたはトレンドに逆らい、さえない相場で何かを起こそうともくろみ、大きな利益を間もなく得られそうなトレードなのに多少の含み益が出たら利食い、次の素晴らしい強気（または弱気）相場の直前に損切りをしてしまう。あるいは知ったかぶりの専門家やインサイダーの話を真に受けて、やけどをしてしまう。あるいは、ナンピンをして、さらに損失を膨らませてしまう。という具合に、この損をするリストは延々と続けることができる。私は本書でこれらの落とし穴をすべて指摘している。だが、そんなマネをしないようにと私が言ったからといって、あなたがそれをやめられるわけではない。幸いなことに、あ

なたがよほどの頑固者でないかぎり、やがて私の言うことが分かるだろう。では、私の話に納得するまで、あなたはどうやって生き残ればよいのだろうか？　簡単だ。「一に資金管理、二に資金管理、三に資金管理」だ。

自分が置いたストップを守る

なぜ、自分の置いたストップを守るのがとても難しいのか？　それは、私たちが途中であきらめるなと子供のころから教えられて育ったからだ。トレーディングでは、たいてい途中であきらめるほうが正しい。あなたがトレーディング初心者か、規律を守れないのなら、本当にストップを置かなければならない。相場がＸだけ逆行したら損切りすると言っておきながら、そのストップ水準をあっさり抜かれると、ヘッドライトを当てられたシカのようにその場で立ちすくんでしまう。

頭の中ではなく、実際にストップを置いておけば、あなたが自ら決めなくても勝手に損切りされる。あなたが間違っていれば、相場があなたに代わってその決断を下してくれるのだ。

経験を重ね、自信や規律を身につけたら、頭の中でストップを置いて、特定の状況で相場で振るい落とされないようにしてもかまわない（第11章を参照）。しかし、自分のトレード計画に従うことを学んでいる最中か、規律を守れない心理状態にあると感じているときには、実際にストップを置かなければならない。

損失はビジネスでの経費とみなす

どんな分野でも取引をするには経費が掛かる。あなたが何か形ある物を売っていれば、事務用品やコンピューター、プリンター、在庫の経費を支払わなければならない。事務用品や在庫が減ったら、もっと

仕入れなければならないことは認めるだろう。トレーディングでの損失も同じようにみなさなければならない。それは単に取引で必要な経費にすぎないのだ。

ボラティリティはトレードの好機

　妥当な範囲内であれば、値動きの大きな株は最高のトレード機会をもたらしてくれることが多い。そういう株は過去に大きな値動きをしていて、将来も大きく動く可能性がある。しかし、それらは変動が激しいので、ストップを離れたところに置いておく必要がある。リスクを抑えるために、値動きの小さな株をトレードするときよりも、株数を減らさなければならない。

　ストップを離れたところに置く必要があるという理由で、人々がトレードをしたがらないのは驚きだ。「ああ、損切り幅が大きすぎるよ。そんなに大きなリスクはとれないね」と彼らは私に言う。彼らは分かっていない。ボラティリティに応じて株数を調整したうえでトレーディングを行いさえすれば、寄り付きでギャップを空けないかぎり、値動きの大きな株でも彼らが持っている値動きの小さな株とリスクの観点から見て、何ら変わりはないのだ。

　たしかに、値動きの大きな株のほうが、悪いことが起きる可能性は統計的に大きい。そして、遅かれ早かれ、値動きの大きな株でやられるだろう。だが、思いもかけないことはたいていトレンドに沿った方向に起きるので、ときどきマイナス側にブレることはあっても、それらは大きな好ましい動きで十二分に報われるはずだ。値動きの小さな株であっても、悪いことが起きる可能性はいつもある。しかしそれを理由に、彼らが値動きの小さい株でトレードの機会を無視することはない。

　こうしたトレーダーたちはリスクを言い訳にしているが、プライド

が邪魔をしてトレードの機会を逃しているのだ。彼らはとにかく、相場が自分の不利な方向に大きく動くのを、黙って見ていられないのだ。そんなことが起きたら、彼らは自分を敗者とみなすだろう。だが、それは普通の値動きによる一時的な含み損にすぎない。彼らはリスクを問題視する。だが、資金管理のルールをしっかり守っていれば、寄り付きでギャップを空けるようなことがないかぎり、リスク額自体はほかのどのトレードとも何ら変わらない。リスクを何ポイントとるか、トレードごとに何パーセントの金額のリスクをとるかなど忘れて、どのトレードでもポートフォリオ全体に対して決まった小さなリスクをとるようにしよう。

自分の損失から学ぶ

「私は挫折しても、自分が負けたとは考えない。ただ勝つ方法を学んでいるだけだと思っている」——テッド・ターナー
　「成功とは熱意を失うことなく、失敗から失敗へと突き進むことだ」——アブラハム・リンカーン

　私は妻のマーシーから「趣味人」と呼ばれている。仕事でコンピューターに向かっていないときは何かに没頭している。それも、たまにではない。私はめったにじっとしていない。私は毎週、コンピューターの前に座って60～70時間を過ごす。じっとしていることだけは我慢できないのだ。私の趣味のひとつは高推力のロケットを飛ばすことだ。私たちのクラブに属するひとりはロケットを数知れず墜落させている。「アンドリューはやたらと墜落させるよな」と、私の友人は言った。ただし、彼は数多くのロケットを軌道に乗せてもいるのだ。彼は国中を旅して、多くの打ち上げに立ち合っている。彼はこの競技で少数の者しか達成できていないことを成し遂げている。ロケット工学

にはひとつの格言があり、「ロケットを墜落させてなきゃ、あんたは何も飛ばしてないんだ」と、普通はフォレスト・ガンプ風の強いなまりで言われる。ほかによく言われるのは、「うまくいった打ち上げから学ぶものなんてない」（俺たちは英文学専攻じゃなく、「ロケット科学者」だ）である。

私はトレーディングがロケット工学のように難しいとは思っていないが、「損したことがないんだったら、あんたはトレーディングなんかしてないんだ」とは思っている。トレーディングを行えば行うほど、損失を被る可能性は高くなる。良いトレーダーは儲けることも多いが、損をすることも多い。彼らは損失がこのゲームの一部だと分かっている。

あなたは自分の損失から学ばなければならない。正しいことをすべて行ってトレードで損をしたら、自分を褒めてあげればよい。一貫して正しいことをし続ければ、やがて報われると、あなたは知っているのだから。すべきでなかったことをして、大きな損失を被ったら、そこから学ばなければならない！　私が派手な失敗をすると、妻に必ず言われる。「また同じことをやらかすわよ！」と。そして、同じ失敗を繰り返すと、彼女の声が私の脳裏を離れなくなるのだ。

マーケットはいつもそこにある

私には、今さらやってもムダだと言われることをする悪い癖がある。それで妻や、特に私の娘たちはイラ立つのだ。彼女たちに、「パパ、死んだ馬にムチを打ってもムダよ！」と言われるたびに、私は「いや、倒すことはできる！」と、いつも言い返す。あなたはたぶんもう、私の「死んだ馬」が資金管理のことだと気づいただろう。

繰り返すが、リスクは抑えておこう。すでに話したとおり、トレードでは長期間生き残れるかどうかがカギだ。損失を小さくしておけば、

成功するまでその損失から学べばよい。

高値で気分が舞い上がり、安値で落ち込む

　大切なのはバランスだ。あなたは自分の感情をコントロールできるようにならなければならない。うまくいっているときは非常に興奮して、うまくいっていないときはひどく落ち込むというのではまずいのだ。

　繰り返すが、トレーディングとは煎じ詰めると資金管理なのだ。ポジションを小さくしておけば、1回の損失でも、あるいは連続して損失を出すという避け難いことが起きても、それほど悩まされずに済む。あなたは先に進み、先入観なしに分析を続けて、長期的には成功すると分かったうえでトレード計画を実行できるはずだ。

　逆に、利益が出たからといって舞い上がってはならない。あなたが下調べをして、適切な資金管理を行い、相場で自分の意志を無理やり押し通さずに計画を実行していたのならば、トレードの成功で気を良くしても問題ない。だが、勝ちトレードが続いたことが頭から離れず、向こう見ずになるのはまずい。ここでも資金管理が登場する。ポジションを小さく抑えておけば、あなたは感情の高揚や落ち込みをコントロールできるだろう。

トレード手法

自分のトレード手法を知る

　自分のトレード手法をよく理解していれば、トレーディングにつきまとう心理的な問題に対処するうえで大いに役立つ。その微妙な違いまで理解していれば、うまくいかないとひどく落胆し、うまくいけば

はしゃぎ回るといったこともなくなるだろう。私はほかのトレード手法について語ることはできない。だが、自分の手法についてなら、微妙な違いまで説明できる。スイングトレードや中期トレードでは、利益を得られる株や、利益を得る時期が偏ることがある。また、利益はトレンドが持続するかどうかにかかっている。これらについて詳しく述べることにしよう。

- **●利益の偏り**　利益の大半は、多くのトレードのうちのほんの少しのトレードから得られる。カギは、大きな勝ちトレードがときどきあるかどうかだ。少ない大きな勝ちトレードがなければ、結果は良くても平凡なものになる。これは多くの人にとって簡単なことではない。9回連続で負け続けたので、10回目を無視した。ところが、その10回目のトレードを行っていたなら損失をすべて穴埋めできただけでなく、さらに利益も得られていたと分かれば、がっくり落ち込むことだろう。
- **●時期の偏り**　利益の大半はある限られた短い期間に得られることが多い。相場ではよく短い期間の間に大きな利益が得られるのだ。その後、相場は調整しがちだ。あなたがその儲かる短い期間にマーケットに参加していなければ、トレードの成績は平均以下になるだろう。

トレンドが形成され、それが持続しなければならない

　もちろん、トレンドフォローの手法ではトレンドが形成される必要がある。たしかにトレンドはフレンド（味方）だが、それが終わらないかぎりだ。進展していたトレンドが急に転換する可能性はあり得るだけでなく、実際にもあるのだ。その時期にはドローダウンを経験するだろう。だが、おそらく、適度の損失を被るだけでストップに引っ

かかる。そして、反対方向に別のトレンドが現れて、新しいトレードの機会が生まれるだろう。このトレード手法はちゃぶついた相場ではうまくいかない。だが、うまい具合に、少し損をするとトレードの機会はどんどん減っていく。相場はそれ自身、規則的である。相場で長期間にわたってトレンドが作られないと、あなたはおそらく完全に休んで、次の機会が現れるまで根気よく待つことになる。もちろん、これはトレードの機会がないときに何もしないというだけの規律があなたにあればの話だ。

途中で損失を被ることなく、永遠に利益を生み続ける完璧なトレード手法などこの世には存在しない。そんなものがあれば、だれかがすでにそれを利用していて、マーケットは消滅しているだろう。私のトレード手法は不完全だが、20年間探し求めた末にこれが最善だと分かったものだ。相場ではトレンドが形成される。1600年代には、オランダのチューリップ相場や日本の米相場があった。比較的最近の例を少し挙げると、インターネットやエネルギーや不動産の関連株が極めて大きな上昇を見せたあと、下落した。それらは将来、再びトレンドを生み出すだろう。価格は、上げては、下げる。相場について、この点については保証してもよい。

必要なのは自信ではなく、エッジだ

どんなに考え抜いた末のトレードでも、負ける可能性は常にある。第1章で述べたように、あなたが全知全能でないかぎり、あなたが仕掛けたあとに、相場がどうなるかについてすべてを知ることはできない。それが分かっていれば、損失をもっとうまく処理できる。

勝つためにはマーケットに参加していなければならない

　トレンドフォローでは、少数のトレードが短い期間の間に多くの利益をもたらすので、次の大きなトレンドがいつ形成されるか、見逃してはならない。トレンドが現れなければ、あなたの成績は良くても平凡なものに終わるだろう。「夏の間はトレンドがない」という理由で、6月から8月まで相場を休む人がいるのは驚く。たしかに、一般的には、その時期の相場は薄商いで、ちゃぶつきやすい。だが、大きなトレンドは1年のどの月にも現れることがあり、夏の間でさえ現れることはあるのだ。

　勝つためにマーケットに参加しているというのは、1日中コンピューターの前に座って、相場を逐一追いかけるという意味ではない。理想的な状況でなくても、下調べは毎晩しなければならないという意味だ。

始めていきなり成功するのは失敗よりも有害であり得る

　これもトレーディングの逆説だ。私の友人のジョー・コロナは成人してから、ずっとトレーディングを続けている。彼は機会を求めて、世界中を旅する。数年前に、彼はインドで事業を始めることに決めた。彼が雇うトレーダーたちは恵まれた家庭の出身ではなかった。彼らは真剣に仕事を探していた。

　彼はあるとき、私に言った。「デーブ、俺は新人たちがボロ負けするところを見たいよ。そうなると初めて、連中はリスクを考えるようになるんだ」。トレーダーたちはクビになりたくないので、すぐに正しい行動を学ぶ。一方で、トレードを始めてすぐ成功を経験したる人は、その後、トレードに付き物のドローダウンを初めて経験すると、何があったかまったく分からなくなるものだ。

世界最悪の教師

　マーケットは間違った行動には必ず罰を加えてくる。例えば、ストップに引っかかった株を損切りする。あなたは自分の計画に従ったのだから、これは問題ない。ところが、その後すぐに相場は反転する。そこで、「ポジションを維持してさえいたら」と考え始める。次に相場が逆方向に動いたとき、あなたは二度とだまされないぞと思う。だが、今度の相場は反転しない。そして、初めのうちなら対応できた小さな損失が、今やとんでもない額にまで膨れ上がっている。

　相場はあなたに次々と損失をもたらすので、あなたは自分のトレード手法を放棄せざるを得なくなる。するとその直後に、相場はあなたを置き去りにして反転するのだ。逆に、マーケットから誤った自信を植え付けられることもある。あなたは過度のリスクをとって、ますます大胆なトレーディングを行う。あなたは大儲けするが、ついにリスクがあまりにも大きくなりすぎて、1～2回のまずいトレードであなたは無一文になる。

　マーケットからは学ばなければならない。だが、それが最悪の指導者になることもあるということは理解しておこう。

待つことが最も難しい

　ミュージシャンのトム・ペティーが言うことは正しい。待つことが最も難しいのだ。トレーディングは動作を表す言葉だ。だが皮肉なことに、あなたが休むべきときが繰り返し訪れる。何もしないでいるのは、ほとんどの人にとって不可能とは言わないが、なかなか難しい。それでも、そんな時期には休むことこそ、まさにやるべきことなのだ。

　マーケットがさえずに、ちゃぶついている時期には、トレーダーではなくウエーター（待つ人）になるようにと、私はよく言う。これは

社会的成功者にとっては思わぬ障害だろう。これまでの人生ではおそらく、彼らは行動によって成功を勝ち取ってきたはずだ。だが、トレーディングでは、やることがないかぎり、何もしないで休むのがたいていは最善の行為なのである。

史上最も優れたトレーダーのひとりジェシー・リバモアが、この点について的確なことを言っている。「このことを覚えておこう。明けても暮れてもトレーディングをすべきだと感じている投機家たちがいる。あなたが何もしていないときに、連中はあなたの次の投機の基礎を築いてくれているのだ。あなたは連中の間違いから利益を得るだろう」。次に相場がちゃぶついたら、この言葉を付せんに書いて、コンピューターのディスプレーに貼り付けておこう。

最も良い株をトレードし、ほかの株は放っておこう

前にも言ったように、あなたがこの本を読んでいるのなら、あなたはおそらく頭が良い人だ。さらに、やる気があって成功もしているだろう。そのため、あなたは人生で最良のものを望んでいると言って差し支えないと思う。

人生で最良のものを望む人たちがマーケットでは平凡な銘柄を相手にする。これには驚かざるを得ない。私は最も望ましい相場展開が予想されるときに、最悪の株について意見を求められることがよくある。まさに、マーケットに明らかなトレンドが生まれそうで、セクターにも、セクター内のほとんどの株にも明らかなトレンドが生まれそうなときに、だ。それでも、私は動かない株について意見を求められる。これから紹介するのは、私の一番気に入っている例である。

2002年6月に、S&P500は明らかな下降トレンドにあった。実際には、その指数は安値からの上昇の準備ができていた。バイオテクノロジーセクターとｉシェアーズのナスダック・バイオ・インデックスも

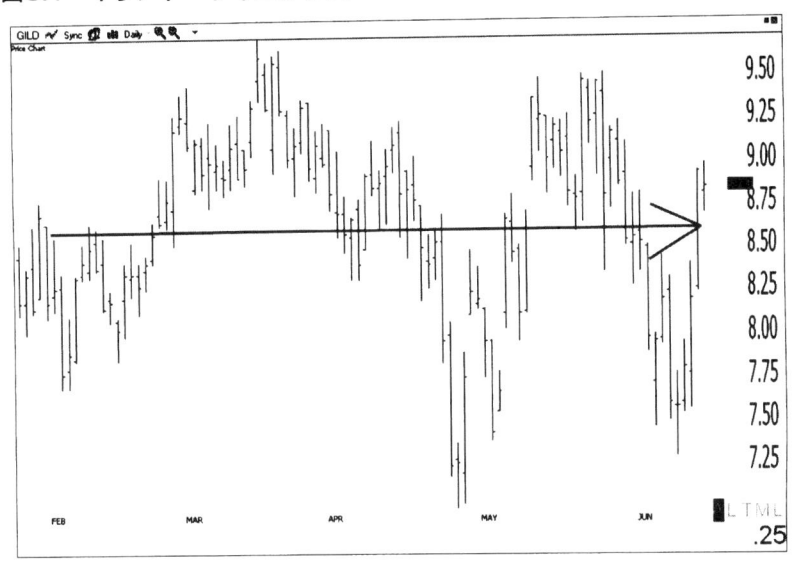

図6.1　ギリアド・サイエンシズ

確実に下降トレンドにあり、安値からの上昇の準備ができていた。マーケット全体もそのセクターも明らかな下降トレンドにあって、上昇の準備ができていた。そのセクター内の無数の株も同様だった。そのとき自分は正真正銘のトレンドフォローしかしない専門バカだと言い張る人から、買おうと考えているギリアド・サイエンシズ株についての意見を求められた。その株は無秩序に動いていた。ギリアド・サイエンシズについてせいぜい言えるとすれば、何カ月も横ばいだということぐらいだった（**図6.1**）。

　トレンドを形成している株がほかにいくらでもあるときに、自らをトレンドフォロワーと言い張る人が、これほど方向感もなく上げ下げしているだけの株をなぜ買おうとしているのか、私にはよく分からない。そのセクター自体に上昇の機運があるのだから、彼はただそのセクターのETF（上場投信）を買うこともできたはずだ。

何でもすぐに欲しがる社会での行きすぎた管理

　あなたが下調べをして、買いたい株を見つけたとしよう。その株には明確なトレンドがあり、良いセットアップがある。マーケット全体、セクター、セクター内の大部分の株にさえトレンドが形成されている。すべての要素がひとつにまとまっている。あなたはどこで仕掛け、どこに損切りのストップを置き、どこで一部を利食い、トレイリングストップをどのように動かしていけばよいか分かっている。あなたは何も運任せにはしていない。あなたには何よりもトレード計画がある。

　その株が寄り付いて、買いシグナルを発したので、あなたは仕掛ける。そこまでは問題ない。あなたは計画どおりに動いている。だが、数分後にその株は下げ始める。すると、あなたはストレスを感じ、損が膨らむ前に手仕舞わなければならないと思い始める。そして、本当に損切りしてしまう。その後、株はあなたを残して急上昇し、あなたはそれを何日も何週間もつらい思いで眺める羽目になる。

　明らかに、私のトレード手法はロン・ポピールが宣伝するオーブンのように、「置いたら、あとは忘れなさい」とはならない。仕掛けたら、トレイリングストップを使って何らかの行動を取らなければならない。もっとも、ほとんどの場合はうまく動くまで待つ必要がある。あなたが下調べをして仕掛けた以上、そのポジションが良いか悪いか平凡かにかかわらず、それを維持する必要がある。悩むのは仕掛けたあとではなく、仕掛ける前にしよう。

リップ・バン・ウィンクルのテスト

　現在の相場状況はあなたのトレード手法にとって望ましくないものだろうか？　トレンドフォローの場合、この望ましくないとは相場が横ばいしているという意味だ。矢印を引くことに次いで、相場が横ば

いしているかどうかを判断する簡単な方法は、今日の終値を1週間前、1カ月前、数カ月前の終値と比べることだ。私はこれをリップ・バン・ウィンクルの「睡眠テスト」と名づけている。新聞で株価指数を見たあと、数週間か数カ月間眠ったとしよう。そこで、目を覚まして新聞で確かめるとする。指数がその期間中にたいして変わっていなければ、その期間にトレンドはない。そして、お分かりだろうか？　太陽が出ていないときには日焼けできないように、トレンドがないときにトレンドフォローはうまくいかないのだ。

現在に生きる

半年あるいは1年以上先の株価はどの辺りの水準にあると思うか、と私はよく尋ねられる。私の答えはいつも同じで、「まったく分からない」だ。そして、この点に関しては、あなたもほかのだれでも同じはずだ。数カ月か数年後の株価がどうなっているかは、だれにも分からない。だからといって、トレーディングで利益が得られないというわけではない。

前にも述べたように、相場で起きることは上昇、下落、横ばいの3つしかない。何カ月もこれらの動きのどれかが続いていれば、少なくともあと少しはこの動きが続く可能性が高いということだ。私たちの仕事は短期の予測をして、正しくトレードをし、うまくいけば長期的なトレンドが進展している間中、そこにとどまることだ。あなたはチャートの左側に戻ってトレーディングを始めることはできないし、遠い将来に何があるかも分からない。あなたは現在に生きることができるだけだ。

多少の損失には耐える気概が必要

　仕掛けるとすぐにその株が思惑どおりに上昇し、その値動きが続くことがたまにある。最初の目標値にも簡単に達する。上昇トレンドは続き、あなたがくつろいでストップを引き上げているうちに、大きな勝ちトレードとなる。だが残りの99パーセントは、少なくとも最初のうちは逆行する。そのため、あなたは多少の損失には耐える覚悟がなければならない。損切りのストップは通常のボラティリティで動くよりも外に置かなければならない。そして、株が少なくとも普通の値幅分だけ、逆行できるようにしておく必要がある。株が１日につき約５ドル上げ下げするなら、２～３ドルの動きに気を取られていてはならないのだ。

相場に近づきすぎないように気をつける

　私はコンピューターから離れていたときに、最大の利益を得たことがある。私がトレードを始めたばかりで、取引画面を見すぎていたころには特にそういうことがあった。私の最も忘れ難い教訓は西インド諸島でのヨットの旅行中に起きた。私はくつろぐことに専念したかったので、旅に出る前に持ち株を手仕舞いたかった。それでも、私は最も有望な持ち株のうち２～３銘柄を残しておくことにした。アメリカに戻ったとき、私は空港で新聞を手に取って、持ち株の価格を確認した。やった！　私は乗務員に、たった今、旅行費を払ったうえにいくらか儲けまで出たと言った。オフィスに戻ると、私はポジションをすべて手仕舞って、喜びに浸った。だが、それらの株はその後も上昇し続けた。私はそれから数週間、つらい思いでその値動きを眺めていた。休暇をもっと長く取ってさえいたら、私は何倍もの利益を得られていただろう。

フルタイムの仕事を手際よく処理しながらトレーディングで成功している人は、もしトレーディングにすべての時間を注いで集中できれば、当然のことながらもっと成功すると思い込む。残念ながら、そうはいかないほうが多い。長期的なトレード手法のために1日中、取引画面を見続けるのは、資金面の健全性にも精神衛生上も悪い影響を与えることがある。株価の小さな値動きが素晴らしい動きに見えてくる。あるいは、新たなトレンドが出現しそうか、古いトレンドが終わりそうだと思えてくる。気づくとあなたはデイトレードを繰り返し、待ちさえすれば大きな利益になる勝ちトレードをすぐに手仕舞い、ひいき目に見ても平凡なセットアップを利用している。1日中コンピューターの前に座り続けるのは、スロットマシンの前に座り続けるようなものなのだ。

　忙しいトレーダーは良いトレーダーになる。彼らは好機が訪れたときにしかトレーディングをしない傾向があるからだ。そして、人助けや建設現場で精を出したり、その他の素晴らしいことをしに出かける。1日中ぜいたくにも相場を眺めていられるのなら、何かほかのことに関心を持って、忙しくしておくことを勧める。相場を娯楽の対象にしてはならない。相場がさえない時期には調査をするか、マーケットの歴史を勉強するか、趣味を楽しむか、起業をしよう。あるいは、友人や愛する人にもっと注意を払おう。

相場はあなたの快適ゾーンなど気に掛けない

　トレード経験が短い人の多くは、値動きが荒くなってくるとトレーディングをやめる。だが、あなたが短期から中期のトレーダーなら、ボラティリティはあなたの味方だ。最も儲かるのは最も恐ろしく見える相場でトレードするときであるのも珍しくないのだ。

人生設計をする人でもトレード計画は立てない

　あなたが休暇を取るとしよう。「燃えよ！　カンフー」の主人公クワイ・チャン・ケインのようにアメリカ西部を渡り歩くのでないかぎり、おそらく何か計画を立てるはずだ。あなたは行き先が分かっている。車のガソリンを満タンにしたか、飛行機を予約している。おそらく、ホテルを予約したか、少なくとも行こうとしている地域のホテルに空き部屋があることは分かっている。たしかに、あなたは少し冒険好きで、ある程度は運任せにするかもしれないが、一般的には計画を立てているはずだ。いつ出発するか、現地で何をするつもりか、いつ戻るかも頭に入れているに違いない。

　ほとんどの人が人生設計をしていると言って差し支えない。それなのに、トレーディングではほとんどの人が計画を立てない。彼らはどこで仕掛け、どこで手仕舞い、いくらリスクをとるつもりか分かっていない。休暇よりもはるかにお金がかかる可能性があり、確実に楽しくないはずなのに、彼らが計画なしにトレーディングをするのは驚くべきことである。

　トレード計画を作り、それに従ってトレーディングをしよう。どれだけのリスクをとるか決めよう。どこで一部を利食うか決めよう。判断を誤ったら、どこで手仕舞うか決めておこう。そうすれば、うまくいっているときには、正しい行動を取っていることが分かる。もっと重要なことだが、うまくいかないときには、間違っていることが簡単に分かる。

悪い時期のあとには良い時期が訪れる──アフリカの女王症候群

　私が幼かったころ、私たち家族は日曜日によく祖母の家に行った。

昼食に鉄製フライパンでステーキを焼き、デザートにはアイスクリームサンドを食べた。それも、見つからずにこっそり食べられるかぎりいくらでも食べた。テレビではいつも名作映画が流されているようだった。私が思い出せる数少ない映画の１本は「アフリカの女王」だった。

私はチャーリーとローズが敵から逃げようとするときの試練に心を奪われた。彼らが弾丸をかわし、急流を大急ぎで渡り、ヒルを払い落とすと、歓声を上げたことを覚えている。彼らが川下の湖まで逃げられさえすれば、成功は間違いない。それなのに、彼らは疲れ果てて失敗し、気落ちして、あきらめた。カメラは後ろにパンして、その映画で最も強烈な場面のひとつを写した。彼らは湖までほんの数メートルだったのだ。

今、あなたはアフリカの女王がトレーディングと何の関係があるのだ、と疑問に思っているかもしれない。それは実に簡単だ。次のトレンドが始まる直前のまったく理想的とは言い難い相場状況で、多くの人々が相場から離れるのを私はよく目にしてきた。彼らがほんのもう少しの間、我慢すればよいのに、と私は思う。私のある顧客は、「婚約者と別れたら、次の土曜日にその彼女が宝くじを当てたような気分だ」と私に言った。

良い時期のあとには悪い時期が訪れる——市場における永遠の真理に注意しよう

宝くじに当たった多くの人は、どうして５年以内に以前よりも貧しくなったり、または破産にさえ至ったりするのか？ それは彼らがいわゆる「宝くじ長者」になるからだ。彼らはお金を簡単に苦労しないで手に入れた。そして、そのお金はずっとあると思い込む。経済学者はこれを恒常所得仮説と呼ぶ。

相場もまったく同じだ。状況が良いと、自分のトレード手法は常に

うまくいく、と人々は思い込む。彼らは自信を深め、ますますリスクをとり始める。なかには、強気相場でプットを売り（利益は限られるが、リスクは事実上無制限となる強気のオプション戦略）、多額の利益を得たのに、直後の弱気相場でそれらの利益をすべて失った人々もいた。また、売られ過ぎの銘柄を買い、買われ過ぎの銘柄を売って、非常にうまく利益を上げたのに、次のトレンドが始まるとそれらの利益を吹き飛ばした人もいた。大変輝かしいが、それが短期間しか続かなかったキャリアを挙げればきりがない。

どのトレード手法にも最も効果が上がる時期がある。それらはしばらくの間は非常に順調だが、その後は平均以下の成績になる。南部で言われるように、「太陽は同じ犬の尻を毎日照らしはしない（毎日、運が良いということはない）」のだ。素晴らしい相場状況が永遠に続くと思い込まないことだ。あなたは、さまざまな状況を経験せざるを得ないだろう。あなたが強気相場でしか株を買ったことがなければ、次に弱気相場がやってきたときに、どういう打撃を受けるか分からないだろう。トレンド途上の相場でしかトレーディングの経験がなければ、ちゃぶついた相場や急反転に出合うと、非常に不安になるだろう。

素晴らしい状況は楽しめばよいが、それが永遠に続くわけではないということは理解しておいてほしい。相場環境が不利になったときでも、トレード手法を修正しないようにしよう。もし修正すれば、あなたは絶えず相場とズレるようになり、うまく機能する直前でそのトレード手法をあきらめてしまうようになる。私の顧客には、私のところにしばらくいたあと、夢を追いかけるためにいったん離れ、5年、10年とたって戻ってくる人がたくさんいる。私はこの人たちが大好きだ。彼らは完璧な方法などなく、単純なトレンドフォローの手法でもうまくいくとすでに学んでいるからだ。

相場はあなたが参加していることを知らないし、関心もない

　値動きの大きな株を買っておきながら、それが続くとストレスを感じる人がいるのは驚くべきことだ。1日に5ドル以上も上げ下げしていた株が、たとえ1ドルでも逆行すれば、彼らは心配する。なぜだか分からないが、彼らは自分で株を持っているときには、それが自分の有利なほうにしか動かないと思い込んでいるようだ。

　「だってデーブ、トレンドはフレンド（味方）なんだろう？　それに、君のトレード手法に従えば君は成功するんじゃないのか？」というわけだ。たしかに、長期的にはそうなると信じている。だが、短期的には価格は絶えず変動する。さらに私が間違えることもあり得るし、実際にもよく間違える。私の提案している手法は完璧ではない。忘れないでもらいたいのだが、完璧な手法などない。どのトレードでも損になる可能性がある。これは、すべてのトレード手法に言えることだ。だれも相場がどこに向かうか正確には分からない以上、相場はあなたが何に直面するか知らないし、関心すらもない。

一度決めたら、我慢する

　人生と同じで、トレーディングとは要するに決断をすることだ。それは簡単だが、難しいのは我慢することだ。私がこれまでに会ったなかで最も美しい女の子と結婚すると決めるのは簡単だった。だが、彼女に我慢しながら、ずっと一生暮らすのは簡単ではない（ただの冗談だよ、マーシー！　愛してるよ）。冗談は抜きにして、あなたがトレード計画を立てて、その計画に従ってトレーディングをすれば、たとえそれが意に沿わないことでも自分の決定に従うのは難しいことではないだろう。

理論的には理論と実践は同じだが、現実ではそれらは同じではない

　相場での経験に加えて、あなたには心理的な経験も必要だ。あなたはさまざまな場面を経験する必要がある。あなたは強気相場で何が起き、弱気相場で何が起き、ちゃぶついた相場で何が起きるか分かっていなければならない。相場での経験が必要なことは明らかだ。それだけでなく、心理面の経験も必要だ。遅かれ早かれ相場が急反転し、あなたの持ち株のすべてではないにせよ、一部の株であなたは大損をするだろう。過去のチャートを引っ張り出してみれば、私が本気でこう言っていることが分かるはずだ。だが、こういうことが起こるだろうと頭で分かっているのと、実際に大損を経験するのとはまったく別の話だ。あなたは少ない利益でよく手仕舞うが、残念なことに、次の大きなトレンドが生まれるまでの6～8カ月（またはさらに長くかかるときもある）のうちに、小さく利食いしたトレードよりも少し多めの損で損切りしたトレードを繰り返すことになるだろう。私の言っていることが正しいかどうか確かめたければ、チャートを見ればよい。だが、何カ月も打ちのめされ、ついに挫折して次のトレンドが始まる直前にトレードをやめてしまう。これでは、ちゃぶついた相場が長く続くということが実際にはどんなことなのか、あなたにはけっして分からない。あなたはモメンタムのある急騰相場も経験する必要があるだろう。朝、目を覚まして、一夜で大金が転がり込んできたことが分かったときほど、気分が高揚することはない。そうなっても舞い上がらないように、と私が忠告しても、あなたが本当にそうならないかどうかは別の話だ。

　仮に、本当に仮の話だが、あなたがこの本で述べたことのすべてに従うことができたとしたら、あなたがきっと成功できると私は固く信じている。あなたが成功できるかどうかは、感情を抜きにして理屈ど

おりに実行できるかどうかにかかっている。もうあなたは良いことも悪いことも起きるということを理解できただろう。実際にそういうことが起きたときに、現実として受け入れられることを望む。あなたがどう反応するかは、実際に経験しなければ分からない。何度も言うが、資金管理によって多くの過ちは解決されるだろう。それによって、自分の感情を克服できるようになれば、あなたはトレードを続けられるだろう。

思い浮かべる

損失にどう対応するか

　何かを考えているとき、人の体はまるでそれが現実であるかのように反応する、ということを科学者たちは証明した。これが本当か、自分で試してみよう。目を閉じて、非常に楽しくなることを思い浮かべよう。さて、あなたの体の反応に注意しよう。リラックスしていると感じられるだろうか？　今度は正反対のことを思い浮かべてみる。落ち着かない状況を思い浮かべてみるのだ。あなたは不安を感じるだろうか？

　頭の中であらかじめ思い浮かべておくのは、負けトレードに対処する素晴らしい手段になり得る。トレード計画を立てて、ストップを正確にどこに置くべきかを知ろう。それから、仕掛ける前に頭の中で損切りをしよう。簡単にこれができると思ってはならない。目を閉じて、ストップに引っかかったと想像しよう。そしてどう感じるかを確かめよう。不安を感じるなら、取っているポジションが大きすぎるのだ。あなたが住宅ローンか車かカードの支払いがもう１件増えると対応できないのならば、ポジションを減らそう。

変数は2つしかない

　トレーディングには2つの変数しかない。「あなた」と「相場」だ。あなたは相場をコントロールできない。私を信じてほしい。政府を含めて、多くの組織が膨大な資金量でこれを試してきた。2008年に米財務省が8000億ドルの救済措置を発表したあと、相場は急落した。これはその前に投入された数十億ドルの助成金に加えてなされたもので、費用は優に1兆ドルを超えた。それゆえ、相場をコントロールできる者はだれもいないと言って差し支えないと思う。あなたが唯一コントロールできるのはあなただけだ。

コントロール好きは必ずしもうまくいかない

　トレーディングには最も頭の良い人々が引き寄せられる。そのため、あなたが現在か以前のキャリアで成功している可能性は高い。おそらく、その成功は状況をコントロールする能力から生じたものだろう。たしかに、運任せにしたものもあるだろうが、あなたが成功をものにした大きな理由はあなたが状況をコントロールしていたからだろう。だが、すでに見たように、相場にかなう者はいない。少なくとも長期にわたって相場をコントロールできる者はいない。コントロールできない環境で影響を及ぼすことは難しい。あなたがコントロールできるものは唯一あなた自身だけだ、ということを認識しておく必要がある。

それは私のせいか？

　本職を辞めて専業トレーダーになってまもなく、私は相場で負け始めた。落ち込んだ私は、いったい何が問題なのだろうかと考えた。昼

の仕事をしていたときには、非常にうまくやっていたし、プロになってからも初めのうちはある程度、成功していた。私はセミナーに参加すれば答えが見つかると期待していた。そこでは講師たちから２～３の情報や裏技を学んだが、探していた答えは見つからなかった。

絶望的になっていた私は休み時間に出席者のひとりに胸の内を打ち明けた。私は最近負け続けているのだ、と彼に話した。私はどうしてもトレンドをつかまえられないと説明した。その紳士はすぐに、「あなたはＳ＆Ｐ５００のチャートを描いていましたか？」と尋ねてきた。「ええ、毎日描いていますよ！」と、私は皮肉を込めて言い返した。彼は戸惑った表情で私を見ながら、「それで、あなたはここ３カ月横ばいになっているのに気づいていないのですか？」と言った。

その瞬間に、私はハッとした。あなたが多くの間違いを犯して、何もできずにドローダウンに陥っていると分かったら、トレーディングをやめることだ。そして自問しよう。それは自分のせいなのか、それとも単に相場のせいなのか、と。負けトレードをやめただけで、驚くほど頭がさえてくるだろう。

それをするのはあなただ

損を出したら、それは相場ではなく、あなたのせいだ。見えざる手があなたにトレードをさせたわけではない。それがあなたの家に現れて、断れない提案をしたわけでもない。あなたは自分の行為に責任を取らなければならない。いつトレーディングを行い、いつ休むべきかを決めるのはあなただ。そして繰り返すが、理想的でないときにトレーディングを行わないことで、そうした相場であなたは状況をコントロールできたのだ。

けっしてきっちり正確にはできない──完全主義者は必ずしもうまくいかない

あなたが完全主義者ならば、トレーディングはずっと難しくなる。あなたは絶対にぴったり当てることはできない。ぴったり天井で売ることはけっしてできない。また、ぴったり底で空売りの買い戻しはできない。あなたはトレーディングの不完全な性質に対応できるようになる必要がある。進んで間違えようという気がなければならない。不確実な環境で動くのは簡単ではない。これは高度な正確さを要求される仕事を行っている人には、特に当てはまる。外科医が患者の半分の命を救えなければ、そう長くは仕事を続けられないだろう。だがトレーディングでは半分以上を間違っても、まだ成功する可能性があるのだ。

自由はタダではない

トレーディングではあなただけが采配を振るう。いつトレーディングを行い、いつ休むかを決めるのはあなただ。どれだけのリスクをとり、どこで仕掛け、どこで手仕舞うかを決めるのもあなただ。あなたは自分だけに責任を取る。それは究極の自由だ。だが、自由には代償が付き物だ。責任を分かち合う人がだれもいない状況というのは、非常にストレスが多い。あなたは自分の王国の王様だ。しかし、用心しよう。冠をかぶった人の責任は重いのだから。

自分の信念ではなく、実際に見えることを信じよう

成功している人々は物事の良い面を探す。何が正しいかを見ようとする。だが、こうした特徴はプロのトレーダーとして成功するために

は有害だ。こういう傾向がある人は、相場がどうであっても、自分のポジションに都合の良い理由を探す。例えば、あなたが株を買ったとしよう。そして、それが５日続けて下落したが、その後に１日上昇したとする。すると、あなたはホッとして、最悪の事態は終わったと思い込むだろう。だが、こうした自分に都合の良い見方が自分の首を絞めることになるのだ。実際に目の前にあるものが現実なのだ。個人の信念を相場に持ち込まずに、計画を実行するのは簡単ではない。だが、信じるものではなく、見えるものを信じるようになって、初めて成功できるようになる。

「テープを観察してレジスタンスポイントを特定し、最も抵抗が少ないところを判断できたら、それに沿ってトレードをする準備をしさえすればよい、と言われると、非常に簡単に聞こえる。だが実際には、多くのことに用心しなければならない。そして、何よりも自分自身、つまり人の本性に対して用心しなければならない」――『欲望と幻想の市場――伝説の投機王リバモア』より

「われわれは敵に出会った。でも、それは私たち自身だった」――ポゴ

「そんなこと、驚きじゃない。俺の最大の敵は俺自身だ。ときどき、自分で自分をたたきのめすからさ」――リット（ロックバンド）

ほとんどの地獄は自ら生み出したものだ

トレーディングでは、あなた自身が最悪の敵だ。あなたの仕事はチャートを読んで大衆の心理を理解すると同時に、自分自身の恐れと強欲に基づいて行動しないようにすることだ。それは簡単なことではない。

例えば、続けて損失を出しているときには、含み益が出たらすぐに

利食いをして、さらに損失が出ないようにするだろう。ところが、その株があなたを置き去りにして上昇すると、苦虫をかみつぶしながら見守る。そして、ポジションを持っていさえすれば、それまでの損失はすべて帳消しにできていただろうと思い始める。それで、あなたは乗り遅れたくないと思って、再びその株に飛びつく。残念ながら、そこがまさに天井だと分かる。あなたが自分の感情に任せて動くかぎり、その後も次々に誤った判断をし続けるだろう。

　繰り返すが、少額の資金でトレードを始めて、徐々に投入資金を増やしていこう。あなたが極めて少ない資金でトレーディングをしていれば、自分の恐れや強欲に基づかないで、トレードの計画を実行することも簡単なはずだ。そして、私を信用してほしいが、自分で地獄を生み出すこともずっと減るだろう。

あなたはどういう間違いをしているか分かっている

　「株の投機家はときどき間違いを犯すが、間違っているときには自分で分かっているものだ」──『欲望と幻想の市場──伝説の投機王リバモア』より

　私が個別にトレーディングのアドバイスをするときはいつでも、その人の間違いを見つけられるだろうかと考える。それで私は質問をする。驚いたことに、彼らはほとんどいつも自分の間違いを自分で指摘できるのだ。彼らにそれができないときには、私は彼らのトレードを見直して、何か問題点がないか調べる。すると、すぐに明らかな誤りが目につく。彼らはトレンドに逆らっているか、同一セクターにトレンドがあるかどうかを確かめずにトレードをしているか、動きの鈍い相場でトレードをしているのだ。あるいは、トレードをしすぎているか、デイトレードをしている。彼らはトレンドに身を任せるよりも、

小さな利益を取ろうとしている。または、自分の置いたストップ注文を守っていない。彼らの過ちは極めて明白だ。

　私がそれらの１つか２つを指摘すると、「分かってる、分かってる」とすぐに言われる。そのため、解決策は非常に単純だ。マーケットと闘うのをやめて、利益は膨らむに任せ、自分が置いたストップ注文を守ればよい。あなたは私に指摘してもらう必要はない。自分でよく分かっているのだから！

人生の一大事にトレーディングをするのは要注意

　最初の著書でも書いたことだが、人生の一大事に直面している時期にトレーディングを行う場合は慎重でなければならない。それは愛する人の死のように、精神的な痛手を被ることだけに限らない。大学卒業や養子をもらうといった前向きなことでも同じだ。私の場合、それは長女の誕生だった。皮肉なことに、長女が生まれたのはナスダックが初めて5000を上回って引けた（そして、これまでのところ、翌日が5000を付けた最後の日だった！）数分後だった。私はタイタニック号の船首に立つジャックの気分だった。私は無敵だった。私のトレーディングは無謀になった。ちょっと待って。あなたは今、「その場にいなきゃ勝てないのでは？」と言わなかっただろうか。たしかに、その場にいないと勝てない。しかし、ストレスを受けているときには、いずれにしろ好機を認識できる精神状態にはない。特にひどく混乱しているときのような人生の重大事を経験している時期には、トレーディングを行うべきではない。

　私は次々に損を重ねていた。私には20世紀最大の強気相場が急速に終わりつつある最初の兆候が見えなかったのだ。私はチームの一員として、トレーダー向けのホームページを立ち上げて大きくし、最初の本を執筆し、ヘッジファンドに助言する仕事で忙しかった。

生まれた娘は夜泣きが激しく、私にあやしてもらいたがった。私はほとんど睡眠を取らずに過ごしていた。それにもかかわらず、私は活発にトレーディングをし続けた。私はやってはならないと自ら説いていることをやっているのに気づいたので、トレーディングを縮小し始めた。まもなく、私はトレーディングを完全にやめた。出血を止めるしかなかったのだ。

　私が最も素晴らしいひらめきを得たのはそのときだった。相場から離れて気づいてみると、私は非常に客観的に相場を見ていたのだ。株もセクターも指数も、すべての準備が整っていると分かった。ようやく、私はもう我慢できないところに達していた。いよいよ行動を起こすときだった。私は仕掛けてすぐに、かなりの利益で報いられた。ポジションを積極的に管理するにはあまりにも忙しくなったので、私は手仕舞いをトレイリングストップに任せることにした。驚いたことに、結局は普段よりも長期間ポジションを維持できたのだ。私は大きな動きに乗り続けることができた。私はあまりにも忙しかったので、相場を出し抜いて含み益の出たポジションを細かく管理することはできなかった。何とかすべての仕事に集中してやりくりしていたが、ついに耐え切れなくなったからだ。そのときになって、セクター、指数、個別株というすべての要素が一体となり始めた。私はトレードを始め、再びすぐに利益で報いられた。私はこの過程を何度も繰り返すようになった。マーケットの魔術師のひとりは「部屋の隅にお金が横たわるまで待ち、そこで歩いていって取り上げる」と言ったが、私はそのトレーダーのような気分だった。

心理面のチェックリスト

　私たちはだれもが感情に関する間違いをしがちだ。トレードを始める前に次のことを確かめておこう。そして、これが習慣になるまで続

けよう。不振に陥っていると気づいたら、ここを読み直して、基本に立ち返ろう。

1. 今の相場状況はあなたのトレード手法にとって有利だろうか？ トレンドフォローの場合、これは相場にトレンドが形成されていて、横ばいしていないということを意味する。矢印を引いて、リップ・バン・ウィンクルの「睡眠テスト」を当てはめてみよう。

2. 適切な資金管理に従っているか？ 思い出そう。資金管理によって多くの過ちが取り除かれる。資金管理をしっかり行っていれば、あなたとそのトレード手法に日が当たるまで、あなたはトレードを続けていられるだろう。

3. さまざまな相場状況を経験しているか？ 信じてほしいが、強気相場しか経験していないと、弱気相場でどういう気分になるか分からない。私たちは皆、人間だ。うまくいっていると興奮し、うまくいかないと落ち込む。これは避けようがない。相場状況が変わると知っていれば、こうした感情を抑える助けになる。

4. 自分のトレード手法を理解しているか？ すべてのトレンドの一番おいしい部分をとらえる前に、損切りさせられる可能性が無数にあるということを知っていれば、実際に損切りになったときでも対処しやすい。

5. 自分のトレード手法から外れていないか？ 私と同じようにスイングトレードから中期的なトレード手法を用いているのなら、毎日何度もトレードをすべきではない。売られ過ぎになると買い、買われ過ぎになると空売りするのはやめるべきだ。

6. あまりにも早く仕掛けて、初めて逆行の兆しが見えるとすぐに手仕舞い、相場の裏をかこうとしていなかっただろうか？　つまり、自分の計画に従っていないのではないか？

7. あなたはそもそもトレード計画を立てているか？

8. 最も良い株をトレーディングして、ほかの株には手を出さないようにしているか？

9. 人生の一大事や、それほどでもないが大事な出来事に直面していないだろうか？

10. あなたは間違ったことをしていると気づいているはずだ。それは何だろうか？

第7章
ご注文はどうされますか？

May I Have Your Order Please?

ブローカー

　どのトレードでも長期的な利益を追求している以上、注文を適正な価格で素早く約定してくれるブローカーならどこでも問題ない。だが、私は大手のブローカーだけと取引したほうがよいと思う。手数料は多少高めかもしれないが、一般的には有利な価格で約定し、サービスも優れている。このため、余分に払った費用を十二分に補える。また、大手のブローカーのほうが空売りするときの貸株を多く持っていることが多い。大手のブローカーで何ができるか分かったら、中規模のブローカーがもっと安い手数料で大手と似たサービスを提供しているか確かめてみるとよい。だが一般的には、大手のブローカーに大半の資金を預けておいたほうがよいと思う。

　私はほとんどの場合、成り行き注文とストップ注文を使うので、証券取引所へのダイレクトアクセスなど気にしない。私のトレード手法では、ダイレクトアクセスは有害無益なほうが多い。私が仕事を共にしたトレーダーのなかには、数セント安く仕掛けようとして、素晴らしいトレードを逃した人が多くいた。ヘッジファンド業界の古い格言、「ドル札を狙って、5セント硬貨につまずくな」を心に留めておこう。私は多くのトレーダーと同様、約定価格が最も不利だったときに最も

素晴らしいトレードをした経験が何度もある。これは「何を望むかに注意を払え」ということだ。安い価格で約定したら、おそらくトレードの相手側は何らかの理由でその株を手放したがっていたのだ。逆に、高く支払うしかなければ、相手が手放すのをしぶったからかもしれない。普通、価格が動いているときには、あなたがその株に乗るまで長く待ってくれない。価格について細かいことを言うのはやめよう。

注文の執行

あなたは3種類の注文──成り行き注文、ストップ注文、時に指値注文──を使うべきだ。

成り行き注文

立会時間中なら、成り行き注文はほとんどすぐに約定する。あなたが買うときにはその時点の売り気配値で、売るときにはその時点の買い気配値で約定する。あなたが仕掛けや手仕舞いを裁量で行っているのなら、成り行き注文を使おう。仕掛けたいときに約定するし、手仕舞う必要があるときに手仕舞えるからだ。

損切りのストップ注文

いったん仕掛けたら、いつも損切りのストップ注文を置いておくほうがよい。そうしておけば、何か悪いことが起こったらポジションは決済される。ストップマーケット注文は指定した価格に達すると成り行き注文になる。そのため、トレード経験が浅い人はこの注文を置いておけば普通、相場が逆行したときに、いわゆる「ヘッドライトに照らされたシカ」のように立ちすくまずに済む。相場があなたに代わっ

図7.1　ストップ注文での仕掛け

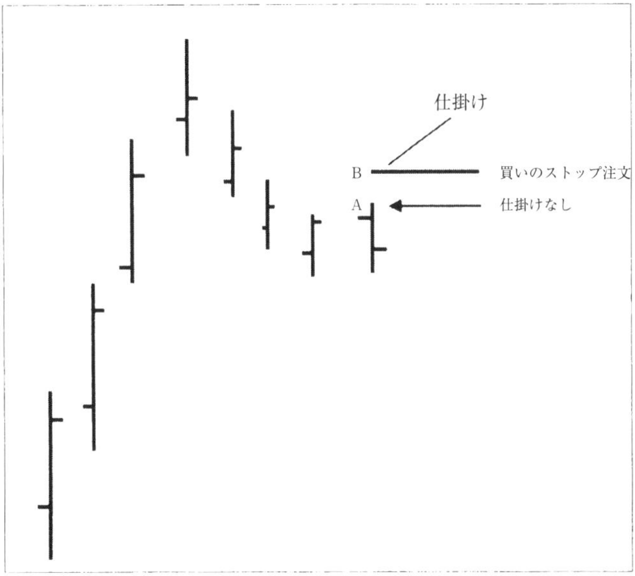

て手仕舞ってくれるからだ。相場の動きによって手仕舞いされるのは面白くないかもしれない。だが、少なくとも損失が膨らみ続けるのを眺めていないで済む。

もう少し裁量を使いたいと考える上級トレーダーは、頭の中にストップ注文を置いておくこともできる。実際のマーケットにストップ注文を置いていないが、その手仕舞い価格の辺りまで相場が動けば、トレーダーはそこで手仕舞う。ストップ水準にアラームを設定して、ポジションを手仕舞う必要がある場合に警報音を出してくれるようにしておくこともできる。株が逆行する幅をその場になって少し変えたいと思ったときには、頭の中にストップを置く。裁量テクニックについてはあとで詳しく述べる。

ストップ注文は普通、ポジションを手仕舞うときに用いられるが、仕掛けでも極めて役に立つことがある。**図7.1**のように株がAで寄り

付くが、すぐには仕掛け水準に達しなかったとしよう。あなたはBにストップマーケット注文を置いてもよい。この注文では、相場がBに達したときに成り行き注文になる。あなたはその後、仕事に取り掛かることができる。そして、株価が仕掛け価格以上になれば、注文が執行される。これで1日中画面を見ていなくとも、トレードを逃さずに済む。そして繰り返すが、その後はマーケットに決定を任せるのだ。

指値注文

　指値注文では指定した価格かそれよりも有利な価格で、仕掛けたり手仕舞ったりできる。こう言うと素晴らしく聞こえるが、指値注文はめったに使うべきではない。指値注文を用いたほうがよいと私が考えるのは、一部を利食いたいと考えているときだけだ。最初の目標値になら、指値を置いてもよい。これは**図7.2**に示している。

　運が良いと、一時的に突出した値動きでこの注文が約定することもある。これは相場がちゃぶついていて、普通の値動きだけで最初の目標値に達する場合に特に当てはまる。

　仕掛けで指値注文を使うと、大失敗を招くことがある。値動きの速い相場では、指値をした価格には短時間しかとどまらないかもしれない。その場合、その価格の一番最初に注文を入れていないと、その指値でだれかが手に入れたいと思っていた株数のすべてを手に入れたら、次に相場が動いたときにはもう株は残っていない。相場に勢いがあるときなら、最良のトレードを逃して最悪の結果になる可能性もある。良いトレードであれば、相場はあなたが指した価格に到達することなく、置き去りにして去っていく。一方で、悪いトレードのときには指値で約定したあとに相場が反転し、目標値ではなく損切りのストップのほうに株価が動いて終わる。

　私は損切りのストップリミット注文もけっして使わない。この注文

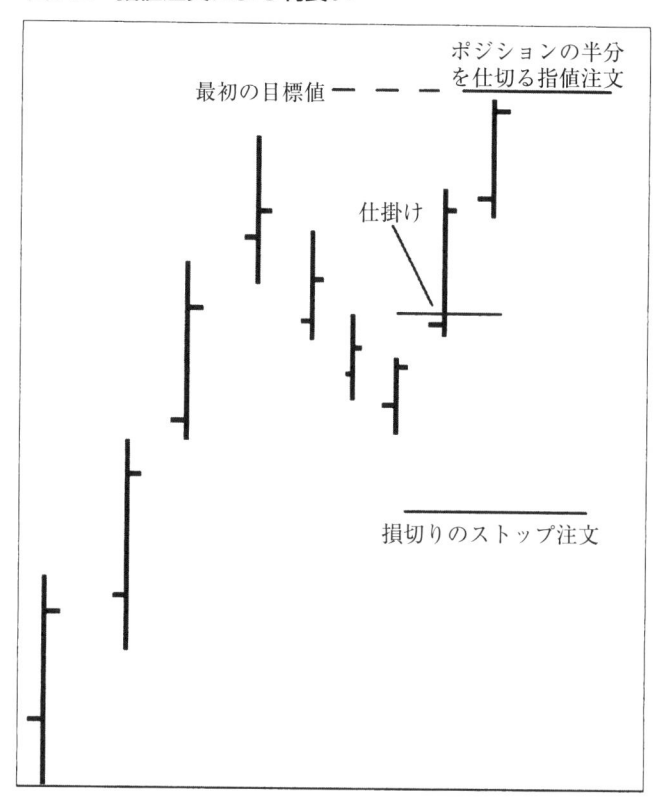

図7.2　指値注文による利食い

最初の目標値 - - -　ポジションの半分を<u>仕切る指値注文</u>

仕掛け

損切りのストップ注文

では損切り価格に達しても、指値した価格にまだ株が残っているときしか約定しない。損切りのストップリミット注文を置いていて相場が急反転すると、その相場から抜け出せないこともある。指値した損切り価格に達しても、その指値に株が残っていなければ注文は執行されない。あなたは手仕舞うべきポジションを手仕舞えなくなる。仕掛けるときにストップリミット注文を使うのも良い考えではない。私は大きく不利に約定したときに最も大きな利益を得たことが何度もある。需要（空売りの場合は供給）が非常に大きいと、約定後に逆行することはけっしてない。こういうときには、ストップリミット注文で、非

常に気前よく仕掛ける（例えば、買いのストップリミット注文で、逆指値の価格よりもずっと上に指値をする）のでないかぎり、素晴らしいトレードを一瞬で逃しかねない。

注文を翌日に持ち越す

　もし注文を出したその日に約定しなかったら、その注文は翌日に持ち越さないほうがよい。ギャップを空けて寄り付いたあと反転することがよくあり、その場合には、しなくてよいまずいトレードを行うことになりかねないからだ。また、寄り付き前に手仕舞いのストップ注文を置いていると、バッドティック（システムエラーか入力ミスによる異常値）、素速い値動き、ギャップを空けて寄り付いたあとの反転によってストップ注文の条件に引っかかり、ポジションが決済されてしまうこともある。私は、株式市場が開くのを待って損切りや仕掛けのストップを入れ、目標値を使う場合なら指値を使うように勧める。

マウスをクリックする前に考えよう

　買い（または空売りの買い戻し）のストップ注文は必ず現在価格よりも上に置かなければならない。さもないと、それはすぐに成り行き注文になる。逆に、売り（または空売り）のストップ注文は現在価格よりも下に置かなければならない。そうでないと、すぐに成り行き注文になる。指値注文はもっと危険なことがある。株を売るための指値注文は現在価格よりも上に置かなければならない。また、株を買うための指値注文は現在価格よりも下に置かなければならない。そうしなければ、マーケットメーカーがそれに素早く飛びついて、あなたの間違いに喜んでつけ込むだろう。

　例えば、株が50ドルで取引されているときに、あなたが55ドルで買

いの指値注文を入れたとしよう。これは、あなたが55ドル以下でその株を買うということを意味する。あなたは現在の株の価値よりも５ドル余分に支払う気があるということだ。マーケットメーカーはこの注文に応えるために、それに素早く飛びついて55ドルであなたに株を売ればよい。彼は利益を得て、あなたは即座に１株当たり５ドルを損する。

　ブローカーのなかには、あなたが注文で間違えないように、チェック機能を備えているところもある。だが、そういう対策には期待しないことだ。マウスをクリックする前によく考えよう。

まとめ

　ストップ注文や成り行き注文は、仕掛けや手仕舞いを効率的に行うために用いることができる。だが、指値注文は控えめにして、一部を利食うためにだけ使うべきである。繰り返すが、したくもないトレードをしたり、現在取引されている価格よりも高く買うか安く売る注文を出して、苦労して稼いだ金を捨てたりすることのないように、マウスをクリックする前に考えよう。

トレード計画を立てる

　トレード計画を立て、その計画に従ってトレードをすることが極めて重要だ。何の準備もなくトレードをすることはできない。あなたはどこで仕掛け、どこで一部を利食い、どういう裁量テクニックを用いるか分かっておく必要がある。事前に計画を立てておくことを増やせば増やすほど、間違いを減らせ、細かく管理しすぎて大きな勝ちトレードを逃すことも少なくなるだろう。

　また、トレード計画を立てると、過去のトレードをすぐに参照できるようになる。頑張れば、時がたつほど上達していくと保証しよう。

私のようにトレードを振り返って、「いったい、何を考えていたんだ？」と、あなたは思うようになるだろう。慎重に計画を立てていれば、ポジションを非常に簡単に見直せる。しっかり計画を立てるトレーダーは相場と戦略にズレが生じてきたとき、すぐに長く行ってきたトレーディングを振り返って調整をすることができる。

ここで、あなたが仕掛ける前に個別銘柄とセクターについて考えるべきことを箇条書きにした。毎回トレードをする前に、以下のシートに記入するようにしよう。

トレード計画を立てる

銘柄＿＿＿＿＿＿
買い＿＿＿＿＿＿
空売り＿＿＿＿＿＿
パターン＿＿＿＿＿＿
仕掛け値＿＿＿＿＿＿
損切りのストップ価格＿＿＿＿＿＿
最初の目標値＿＿＿＿＿＿
トレイリングストップ（方法）＿＿＿＿＿＿
マーケットでのトレンド（またはトレンドの転換）の確認＿＿＿＿＿＿
セクター＿＿＿＿＿＿
セクター内のほかの銘柄＿＿＿＿＿＿
調子はどうか？　あなたの生活で大きな、またはそれほど大きくない！）一大事に直面している？
メモ＿＿＿＿＿＿＿＿＿＿＿＿＿＿＿＿＿＿＿＿＿＿

あいまいな領域

あなたが考えている裁量テクニック（例えば、フロントラン、オープニング・ギャップ・リバーサルでの仕掛けなど。これらについては、第２部を参照）について書いておく。この「あいまいな領域」が増えるほど、闘いのさなかになすべき決定も増えることを心に留めておこう。ここで頻繁に現れる項目は「トレード計画を立てる」の項目に入れるべきだ。

計画に従ってトレードをする

●実際のトレード
仕掛け値_____
最初に置いた損切りのストップ価格_____
どこで一部を利食ったか（含み益があった場合）_____
ストップ注文を守ったか_____
トレイリングストップをどこに置き、どう動かしたか_____
メモ_____

事後分析

あなたは計画から外れたことをしたか？
それによって利益が出たか？
それは適切なトレーディングの手続きに従っていたか？
調子はどうだったか？
メモ_____

第1部のまとめ

Section 1　Closing Thoughs

　この本の第一の目標は、アマチュアトレーダーが世間一般の考えに従うというよくある落とし穴に陥ったり、人の本性である衝動的な行動に走ったりしないようにすることだった。あなたはすでに、そのために必要な道具を手に入れたに違いない。たとえ、あなたがトレーダーになるつもりはなくとも、トレーダーの考え方は分かっただろう。もう、アナリストやメディアの発言を鵜呑みにすることはないだろう。また、相場は必ずしも長期的に上昇していくとは限らないと分かっているはずだ。マーケットにトレンドがあるかどうかを確認するために、どうやってチャートを見ればよいかも分かったはずだ。マーケットはあなた同様に、感情に動かされる参加者から成り立っていると知ったはずだ。相場は理屈どおりに動かないことが多いと知ったはずだ。相場が次にどう動くかについて、だれでも間違えることがあると分かったはずだ。もうマーケットで自分の意志を無理やり通すべきではないと理解しているはずだ。あなたはトレード計画を立て、もっと重要なことだが、それに従わなければならないと分かったはずだ。

案内係の話に戻る

　さて、例の案内係はどうしてアップルの株を買ったのだろうか？

彼はiPhoneを買って、それが大のお気に入りだった。彼の知り合いも皆、それが大好きだった。彼はどこに出かけてもiPhoneを見かけた。それで、彼はそれは大量に売れているはずだと考えた。彼は正しかった。たしかに、大変売れていた。彼がアップルの株を買った直後に、アップル社は過去最高益を達成したと発表したのだから。だが残念なことに、下げ続けていたこの株の下落は止まらなかった。

　彼と同様にあなたもiPhoneが好きで、アップルは買うに値する会社かもしれないと思ったのなら、まずチャートを取り出して、あなたの考えどおりに相場が動いているか確かめる必要がある。株を買う前には、トレンドと買いのセットアップがあることが必要だ。さらに、マーケット全体やその株が属するセクターも上昇していなければ、納得のいくトレードとは言えない。トレンドが再開して仕掛けのシグナルが出ることで、株自身が買い場だと証明するまで、あなたは待つ必要がある。タイミングを間違っていたら、損切りのストップ注文が面倒を見てくれるはずだ。あなたが正しければ、含み益が出たときに一部を利食いできるだろう。さらに、トレイリングストップを用いれば、問題なく勝ちトレードに長期間乗り続けられるだろう。

より良い手法

　あなたが本当にメジャートレンドをとらえたければ、ほんの数銘柄を見守って、それらにトレンドが生じるまでぼんやり待っているわけにはいかない。すでにあなたは長い間待っているかもしれない。あるいは、これから永遠に待ち続けることになるかもしれない。成功しているトレーダーは何千株という市場全体の株を利用して、適切な銘柄で適切なセットアップを見つけて、トレード計画を立てているのだ。

　トレードの機会をもっと増やそう。チャートはウソをつかない。次のブームに火が付いたらますます多くの人々が飛び乗るので、新たに

脚光を浴びている株は上昇トレンドを作るだろう。もちろん、トレードの機会は必ずしもiPhoneほど目立つところにあるとは限らない。それはヨガ用ウエアのメーカーかもしれないのだ。また、マーケットは必ずしも理屈どおりには動かない。全世界がエネルギー不足に陥っていて、原油価格が1バレル当たり200ドルに近づいているときの最良のトレードは、エネルギー株の空売りかもしれないのだ。

次の段階に進む

あなたがたとえトレーダーになるつもりはなくとも、次の段階に進んで、もっと上級レベルの考え方を身につけてほしいと、私は願っている。そうした考え方を知っておけば、さらに良い判断を下せるようになるだろう。次のアップルを狙ってじっと待っているのではなく、すでに機が熟している、別の素晴らしい株を調べて見つけることもできる。上級レベルのトレンドの転換パターンを利用すれば、これらのトレンドに早くから乗れるはずだ。これらの宝を一度見つけたら、あなたは裁量テクニックを用いて、ダマシを避けつつ、勝ちトレードに乗り続けられるだろう。また、ときどき大きな負けトレードに遭遇するかもしれないが、そのダメージを軽減させることもできるだろう。

第 2 部

次の段階に進む
SECTION 2　Taking The Next Step

第8章
宝探し──次のメジャートレンドを見つける

Treasure Hunting : Finding The Next Big Trend

　何千もの上場株から利益を得られそうな少数の株を選び出そうとすると、その数の多さに圧倒される。都合の良いことに、出来高や価格、ボラティリティが適切かどうかを見るだけで、トレード候補の80％以上を省くことができる。残りの20％の株についても、セットアップになっているか、素晴らしいトレンドが形成されているか、同一セクターでも同じようにトレンドが形成されているかを確かめれば、さらに選別ができる。これらの厳しい基準によって大多数の銘柄は取り除かれる。実際には、理想的な状況でなければ、トレード候補に値する株はほとんどないか、まったくない可能性のほうが大きい。では、上に述べた選別の基準について分析することにしよう。

出来高

　今のところ、私は予測の道具としては出来高に使い道があるとは思っていない。簡潔にしたいので、私はその理由について深入りするつもりはない。出来高の研究に関心がある人はリチャード・アームズのように、世間一般の考えとは異なる研究をしている人の著作である『相場心理を読み解く出来高分析入門』（パンローリング）を調べるように勧める。しかし、用心しよう。たとえ、出来高に使い道があるとあ

なたが判断しても、競合する証券取引所やデリバティブ、アルゴリズムトレーディング、それにいわゆるダークプール（機関投資家相手の取引所外取引）のような要素も考慮する必要がある。そのため、本当の出来高を正確に知るのは不可能とは言わないまでも、難しい。私は特定の株をトレードするのに十分な流動性があるかどうかを判断するためにしか、出来高を見ない。

小型株は市場に出回っている株数が限られているので、値動きが大きくなる可能性がある。残念だが、出来高があまりに少ないと流動性不足の問題に直面する。高値で買うか安値で売る気がないかぎり、だれもあなたのトレードに応えてくれないかもしれない。つまり、買い気配値と売り気配値の差であるスプレッドは極めて大きくなることもある。

多くの市場参加者が売買する大型株には、こうした流動性の問題がない。ただし、大型株では買いと売りが相殺されやすい。このため、持続的なトレンドを作って、明らかな動きをする株は少ない。つまり、マーケット参加者が増えるほど、株はちゃぶつきやすくなるのだ。

一般的には、私は50日間の平均出来高が少なくとも50万株は出来ている銘柄でトレードをしたい。これなら、買いでも売りでも空売りでも十分な流動性を確保できる。特に買いの場合に多いのだが、特に気に入ったセットアップになった場合には、私は50万株よりも少ない出来高でトレードをすることがときどきある。トレーディングでは常にトレードオフの関係があるのだ。

薄商いの銘柄にトレードの機会が現れたら、またとないチャンスということもある。だが、出来高の多い銘柄よりも買い気配値と売り気配値の開きはおそらく大きいだろう。さらに、大口トレーダーが手仕舞いたがっているのに、それを引き受けようとする相手方がいないと、出来高の少ない株は操作されやすく、大きく逆行することもある。この点をとらえて、経験豊かで積極的なトレーダーは時に小型株の取引

をしようと考えるかもしれない。だがその場合でも、出来高が最低でも10万株はある銘柄にしておくことを勧める。10万株よりも出来高が少ないと、流動性の低さからくる問題に次々とぶつかる可能性が高くなるだろう。

　私はまた、1日当たりの出来高が200万株以下の株のほうが好きだ。もっとも、非常に時価総額の大きな銘柄にも立派なトレンドができることもあるので、私は出来高に上限を設けてはいない。また、例外的にせよ、出来高の大きな銘柄のチャートを調べる価値はある。

価格

　短期トレーダーは株価が何パーセント動いたかよりも、動いた金額のほうに焦点を合わせがちだ。彼らは売買を頻繁に繰り返して、わずかな利益を素早く得ようとする。彼らは株価が高めの銘柄をトレードしがちだ。それらのほうが値動きが大きく、明確なトレンドを描く傾向があるためだ。私は最初の著書で、「20ドル、望ましくは30ドル以上」の株だけでトレーディングをしたいと述べた。そのころ以降、私のトレーディングは徐々に長期的な方向に動いてきた。最近では、私は値嵩株にまったく焦点を合わせなくなった。いずれにしろ、2007～2009年の長引く弱気相場で、トレードできる値嵩株はほとんど消えた。そして、2010年になっても低位株のほうが普通だ。現在、私は少なくとも株価が3ドルの銘柄に焦点を合わせている。これならば、底から上昇する機会をとらえるには十分に安く、投機的ないわゆるペニー株を取り除くには十分に高い。

ボラティリティ

　ボラティリティとは一定の期間に株価がどれだけ変動するかを表し

たものだ。これを測るための私のお気に入りは、ヒストリカルボラティリティ（HV）、あるいは統計ボラティリティとも言われる方法だ。これによって、共通の尺度が得られる。異なる株を見ても、同じ条件で比べることができるのだ。ヒストリカルボラティリティはほとんどの株価分析ソフトに組み込まれている。

　私たちは短期の値動きも、より長期の値動きもとらえることを目指しているので、ボラティリティの値が大きな株のほうが良いトレードの機会を提供してくれる。しかし、過ぎたるは及ばざるがごとしということもある。ヒストリカルボラティリティが極端に大きな株は危険であり、避けるべきだ。この値が100以上になると、私はたいてい最大の注意を払う。

　ボラティリティは相対的なものだということは頭に入れておこう。10年前なら、私は過去50日の値が少なくとも40以上ある株が好きだった。マーケットのボラティリティが低下すると、私は値が20台や30台の株をトレードした。その後、ボラティリティが再び上昇したので、現在はたいてい40以上の株に焦点を合わせている。

　ボラティリティに基づいてトレードの機会を探す場合は、マーケット全体の値が良い尺度になる。トレーディングをする株の値はマーケット全体の値よりも高くなければならない。ウォール街の専門用語を使うならば、この基準を満たした株はベータが高いと言われる。

トレンドの確認

　トレーディングを考えている株は、セットアップがあることに加えて、強いトレンドがあるか、少なくともトレンドが明らかに転換し始めているものであるべきだ。その株は「トレンドに必要な条件」（第3章を参照）の多くを満たし、条件に反するものはほとんどないことが望ましい。その株は明確なトレンドを描いていなければならない。

トレンドが進展しているときには、持続していなければならない。方向性のある強い動きをしたあとに押しや戻りがあり、再びトレンドに戻らなければならない。激しくちゃぶついてはならない。チャートが心電図のように見えるなら、それはきれいなトレンドを描いている株とは言えない。

株の性格は変わり得るし、実際に変わるものだ。それでも、明白なトレンドを持ち、過去にもきれいなトレンドを描いていた株に焦点を合わせたほうがよい。あなたがどちらも同じくらい魅力的だと思う2つのセットアップのうち、どちらかに決めようとするときは、それぞれの株の過去のパフォーマンスを調べて、最もきれいなチャートがあるほうを選ぼう。それでも決めかねて、両方のセットアップが気に入っているなら、ヒストリカルボラティリティの値が高いものを選べばよい。

関連株とセクターによる確認

個別株での値動きは、セクター自体での値動きでも再確認されなければならない。その株が属するセクターにもトレンドができていて、理想的にはセットアップも整っているべきだ。さらに、セクターの指数はほんの数銘柄で動くこともあるため、同一セクター内のほかの銘柄にもトレンドがあるか確認しておいたほうがよい。セクター内の似たような株でも多くの点で再確認ができるほうが望ましい。上げ潮になると、マーケット内のすべてのボートが持ち上げられるように、セクターについても同じことが当てはまる。実際には、セクター自体による再確認のほうが重要だ。ひとつ注意してもらいたいことがある。それは、セクターがトレンドを作り始めるよりもずっと前にセクター内で先導株が現れ、トレンドの転換パターンを形成する。だが理想的には、たとえこの転換パターンがあっても、セクターやセクター内の

ほかの株で再確認できるのを待ったほうがよい。

毎晩の分析

　私はチャートをたくさん見るのが好きだ。そうすることで、株やセクターやマーケット全体で何が起きているかを感覚的につかめるからだ。何百ものチャートにざっと目を通していると、マーケット全体やセクター自体の動きからはそれほど明らかでなかったことが突然分かるという経験を何度もしたからだ。セクターかマーケット全体のトレンドが転換し始める前に、特定グループの株がトレンドラインを下にブレイクし始めるのが見つかることもある。例えば2007年の秋に、株式市場は最高値に近づいていた。それにもかかわらず、私が見いだしたセットアップはほとんどが空売りのセットアップだった。また、2008年の春に商品先物市場は急上昇を続けていたが、原油には売りのセットアップが整っていた。あるいは、2009年春の株式市場ではいまだに長期の下降トレンドが続いていたが、さまざまな分野で買いのセットアップが数多く見られ始めていた。

　私は移動平均線をときどき使うが、そのほかの指標はまったく使わない。私はチャートを単純にしておく。私のチャートにはたいてい、何もない。つまり、どんな指標も表示していない。そのため、私自身は特定の株価分析ソフトを使っていて、それを人にも勧めているが、ほとんどすべてのソフトでも同じような分析はできるはずだ。ソフトでできることは値段に見合っている。それでも、トレーディングを始めたばかりなら、ネットで入手できる無料のソフトでも役に立つだろう。

ボトムアップ方式によるトップダウン分析

　トップダウン分析とはその名のとおりだ。まずマーケット全体の分析から始め、次にセクターを分析して、最後に個別株の分析へと進む。まず、マーケット全体にトレンドがあるかを確認する。次に、セクターを調べて、どのセクターにトレンドができているかを見る。そして最後に、それらのセクター内で個別株を探すわけだ。理想的には、マーケット、セクター、個別株のすべてが同じ方向に向かっているべきだ。

　私のトップダウン分析の手法は少し変わっている。実を言うと、それはボトムアップ分析なのだ。トップから始めて下に向かって進むのではなく、正反対のことをする。私はまず多くの個別株を見る。次に、何百ものセクターを見て、最後に主要な指標を検討する。こうすることで、私は少数の特定グループしか見ない人々よりも優位に立てるのだ。私はセクター内で実際に何が起きているかを知っている。これによって、私はほとんどの個人トレーダーよりもずっと前に、今のトレンドが終わって、新しいトレンドが現れるのを確認できる。あなたも私と同じようにすれば、トレーディングがもっとうまくなると思う。

トレード可能な銘柄のデータベースを作る

　私は非常に簡単なスキャンを実行し、株価が一定以上（現在は1株当たり3ドル以上に設定）で、50日の平均出来高が最低限度（現在は50万株に設定）を超える株を見つける。これによって、トレード可能な銘柄のデータベースができる。このスキャンによって得られる銘柄数は状況次第で変わるが、普通は1500〜2000株になる。こうすれば、私のデータベースにある全銘柄のうち、80％近くが省かれる。このスキャンは週に1回実行すればよい。

　こうして得られたリストを、私は過去50日のヒストリカルボラテ

ィリティによって並べ替える。すると、最もボラティリティが大きな株が初めに表示される。つまり、最良の部分が一番上に集まるわけだ。私はこれらの銘柄のチャートを少なくとも1日に1回、ざっと眺めたい。これでは数が多すぎると思うかもしれないが、全部にざっと目を通すのに、実際は20〜30分ほどしかかからない。覚えておいてほしいのだが、私はひとつひとつのチャートを詳しく分析するわけではない。私はわずかでも面白そうな銘柄がないかを確かめるために、素早く目を通すだけなのだ。また、リストの下にいくほどボラティリティが小さくなるので、興味を引くものも少なくなる。私はマーケット全体よりもボラティリティが大きな銘柄に集中したいので、先に進むほど、ペースを上げる。繰り返すが、ここでは徹底的な分析はあまりしない。私はトレンドがあるかどうか、明らかに転換中の銘柄でセットアップが今整っているのかどうか、あるいはセットアップがすぐにも整いそうなものを探す。

　トレードの候補を見つけたら、面白いものに目印を付けて、私がランドリー100と呼んでいる別のウオッチリストにコピーする。このリストが100銘柄を超えたら、トレンドがすでに消えているものを外して、数を減らす。こうすればリストを比較的小さくしておけるので、管理しやすくなる。

押し・戻りのスキャンの実行

　大引け後に、私はトレード可能な銘柄のデータベースで、簡単な押し・戻りのスキャンを実行する。このスキャンは、当日を除いて直近20日の高値と安値からの押しや戻りを探すものだ。これには事実上すべての銘柄が当てはまる。500〜1000銘柄以上になることもある。私はこれらをヒストリカルボラティリティの大きい順に並べ替える。トレードが可能な銘柄のデータベースを作るときにやったように、私は

このリストを素早く調べて、面白いものには目印を付ける。ボラティリティの値がマーケット全体よりも小さくなったら、トレードの機会が最もある株はおそらくすでに見終えているので、私はさらにペースを上げて眺めていく。目印を付けた銘柄はランドリー100というウォッチリストにコピーする。

IPOの分析

　新規公開株には悪い記憶があまり残っていないので、IPO（新規株式公開）はトレードの素晴らしい機会となり得る、と私は以前に述べた。私はIPOが大好きだ。だが残念なことに、IPOに主な焦点を合わせるには、数が十分ではない。そのうえ、相場つきが良くない時期になると、会社は普通、株式公開を延期するので、機会はさらに減ってしまう。

　私は過去50日に公開された新規公開株をすべて調べることにしている。50日という数字に特に意味はない。しかし、私の主なスキャンでは50日分のデータが必要なので、それを区切りに使っている。50日を過ぎると、これらの株は私の株価分析ソフトで取り上げられるようになる。そのなかで熱狂的に迎えられていて、上昇トレンドを描いているものは、私のトップ100にコピーする。

ランドリー100の分析

　ここで、私はランドリー100の分析に移る。チャートを見るペースは今までよりも少し落として、すべての株をもう少し慎重に見ていく。トレンドがあることとトレンドの転換に注意を払いながら、最近の売買が順調であったかどうかを確かめようとする。チャートを過去から見て、これまでにきれいなトレンドを描いていたかを調べる。さらに、

サブセクターのチャートを重ねて、ほかの株でもトレンドが確認できるか、あるいはトレンドが転換しつつあるかを調べる。その株に将来性を感じたら、それをノートに書き留める。ノートの端には、銘柄のシンボルの次にセクター名を書いておく。私は普通、ランドリー100を少なくともあと1回は見直して、何も取りこぼしていないか確かめる。そして、そのノートのリストから、次の取引日用のウオッチリストを作る。私はこれをランドリーリストと呼んでいる。

ランドリーリストの分析に移る前に、どのセクターの銘柄がリストに多く入っているかに注目する。例えば、2009年4月2日のリストは次のとおりだった。

- ●銀行　SBIB（スターリング・バンクシェアズ）
- ●貴金属および鉱業　FCX（フリーポート・マクモラン）
- ●小売　DDS（ディラーズ）、TJX（TJX）
- ●保険　XL（XL保険）
- ●エネルギー　ATPG（ATPオイル・アンド・ガス）、BRY（ベリー・ペトロリアム）、DRQ（ドリル・クイップ）、OII（オーシャニアリング・インターナショナル）、PCZ（ペトロ・カナダ）
- ●ハードウエア　STX（シーゲート・テクノロジー）
- ●耐久財　ETH（イーサン・アレン）
- ●非耐久財　PVH（フィリップス・バン・ヒューゼン）
- ●レジャー　LTM（ライフ・タイム・フィットネス）
- ●金融　CME（CMEグループ）

このときには、エネルギーセクターの銘柄が多いことに気がつく。ノートをざっと眺めるだけで、次の取引日にはこのセクターに焦点を合わせたほうがよいと分かる。私はここに属する銘柄を調べて、このセクターの調査をする。セクター内の銘柄が非常に多い場合は、価格

と出来高を使って株を並べ替え、薄商いの株か低位株を取り除くかもしれない。銘柄数が少ないセクターであれば、すべての銘柄に目を通す。ある銘柄で起きていると私が考えていることが、ほかの銘柄でも確認できるかを知りたいからだ。私はまた、同一グループ内の似た銘柄を見落としていないかも確認しようとする。面白そうな銘柄であれば、どれにでも目印を付けて、私のランドリー100にコピーする。それが本当に魅力的と思ったら、私はそれを直接、ランドリーリストに加える。

　最もトレードの機会が多そうなセクターに気づけば、セクターの分析で一歩先んじることができる。リストに入れたエネルギー関連銘柄は10銘柄あるのに、小売関連銘柄のほうは1銘柄しかないなら、私はおそらくエネルギー関連銘柄に焦点を合わせるだろう。非常に多くの銘柄を見ることで、実際にはセクター分析もしていることになっているので、何に焦点を合わせればよいかもよく分かるのだ。

セクター分析

　私は多くの個別株を見て楽しんでいるだけでなく、毎日すべてのセクターも見ておきたい。私はテレチャートで利用できるモーニングスターの業種別指数を使う。これらはセクターの指数で、それぞれの業種に属する株で構成されている。これらのセクターの指数は傷害疾病保険から無線通信まで、249指数ある。私はトレンドが作られて、セットアップができ、上か下にブレイクしているセクターに目印を付ける。また、横ばいをしているだけのセクターには気をつける。

レラティブストレングスを用いたセクターの分析

　レラティブストレングス（RS）は名前が示唆するとおりのことを

表している。つまり、あるマーケットがほかのマーケットに比べてどれだけ強いかを示した値だ。例えば、ある特定の期間に、ベンチマークのS&P500が5％上昇したとしよう。その同じ期間に5％を超えて上昇しているセクターは、マーケット全体をアウトパフォームしていて、レラティブストレングスの値は高くなる。逆に、上昇率が5％に満たないセクターはマーケット全体をアンダーパフォームしていて、レラティブストレングスの値は低くなる。

少なくとも毎週1回、私はS&P500に対するモーニングスターの業種別指数のレラティブストレングスを使って、データベースを並べ替える。私はいろいろな時間枠でそれらを確認する。まず、S&P500が大幅に安値か高値のところを選び、それ以降の期間を調べる。例えば、S&P500は2008年11月に十数年来の安値を付けた。**図8.1**では、Aが計測の始点になる。そこから現在のBまでを測ると、その期間（2008年11月21日～2009年2月12日）に4.39％の上昇をしたことが分かる。基本的には、マーケットはこの時期に横ばいをしていた。しかし、セクターのパフォーマンスに目を向けると、この期間に半導体メモリが97％以上も上昇していたことが分かる（C）。このリストの下を見ていくと、銀が80％以上、金が50％以上の上昇をしていたことが分かる。

今度は、このセクターのリストの下までスクロールしよう。すると、マーケット全体が4.39％上昇していた一方で、中部大西洋地域の地銀は32％以上のマイナスだったことが分かる。このリストの一番下のほうの株はほとんど銀行関連銘柄だ（**図8.2**）。

この簡単なスキャンから、半導体メモリ、介護施設、銀、非金属鉱業、健康保険が非常に順調であり、一方、地方銀行、娯楽用品と宝石店は不調であることが分かる。

レラティブストレングスによる並べ替えは、どのセクターが強く、どのセクターが弱いかを見つける素晴らしい方法だ。だが忘れないでほしいのだが、レラティブストレングスの値に基づいて強さや弱さを

図8.1

判断しても、その動きが続くという保証はどこにもない。弱い株が強くなることも、強い株が弱くなることもあるのだ。そのため、レラティブストレングスの変化（デルタ）も重要である。

レラティブストレングスの変化について説明する前に、天気の例を取り上げよう。例えば、私が外は０度だと言ったとしよう。あなたが私と同じように南部出身者なら、おそらくすぐに寒いと思うだろう。だが、30分前にはマイナス７度近くだったと話せば、あなたは新しい情報を受け取る。寒いことに変わりはないが、暖かくなりつつあると分かるのだ。

気温と同じように、株も上げたり下げたりする。そのため、レラティブストレングスによるスキャンは短期でも長期でも実行したほうがよい。そうすれば、どのセクターが魅力的でどのセクターが魅力的でないかだけでなく、上昇トレンドや下降トレンドのどの辺りにあるか

図8.2

　も分かるだろう。
　例えば**図8.3**では、2009年3月6日に付けた3月の安値から2009年5月19日までに、S&P500は32.89％上昇した（AからB）。同時期にリゾートおよびカジノのセクターは211％以上の上昇をしていた（C）。
　しかし、**図8.4**で2009年5月9日（A）から2009年5月19日（B）までの2週間余りを見ると、S&P500は0.48％の上昇をしているのに、長期的には最もパフォーマンスが良いリゾートおよびカジノのセクターは、実は短期的には最も悪く、16％も下落していたことが分かる。
　リゾートおよびカジノのセクターは2カ月余りで200％以上の上昇をし、長期的にはマーケット全体をアウトパフォームしている（**図8.3**）。ところが、短期的には最もパフォーマンスが悪いセクターで、直近の2週間余りで16％のマイナスとなっていたのだ（**図8.4**）。そういうわけで、期間を変えながらデータを見ておくことが重要になる。

図8.3

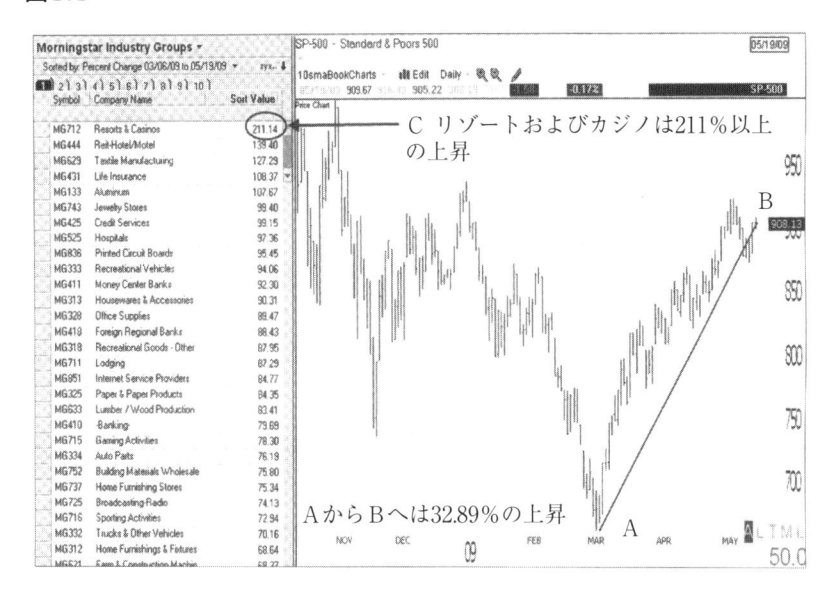

私はそれでもセクターのチャートをひとつずつ見るのは好きだ。だが、レラティブストレングスによる並べ替えは見逃したセクターの発見に役立つことがよくある。時には、セクターの強さや弱さが見えないこともあるだろう。特に相場がちゃぶついているときには、こういうことが当てはまる。

ETFの分析

ETF（上場投信）は現在、800本近くあり、ほとんど毎日、新たに上場されている。それらの多くは出来高が少なく、トレードに適していないので、私はそれらを5日間の出来高で並べ替える。私が短期の出来高を使う理由は、流動性のあるETFが新たに上場されたら、それがすぐに分かるからだ。覚えておいてもらいたいのだが、私は出来

図8.4

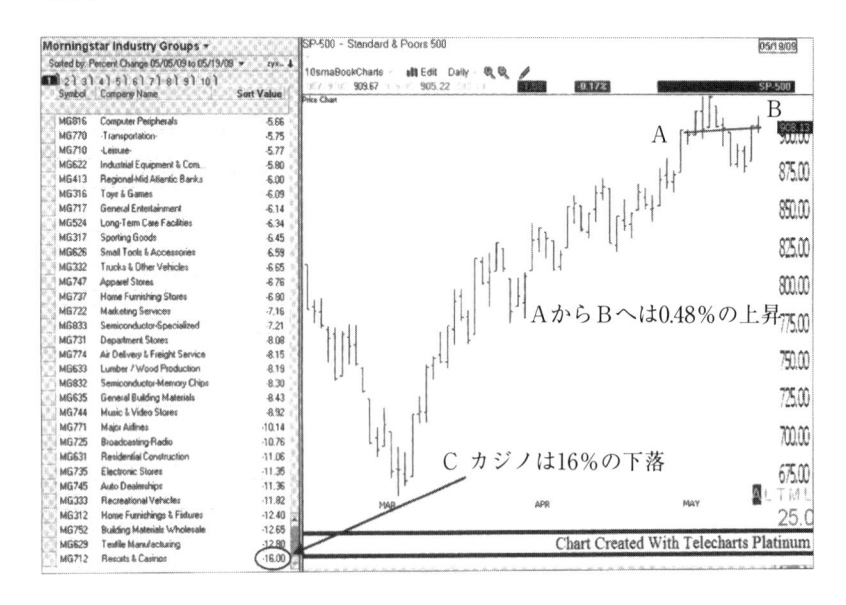

高を予測のツールとして使っているわけではない。トレードをする意味のないものを取り除くために使っているだけだ。私はまず、最初の150本ほどのETFをざっと眺める。すると、ETFのセクターはほかのセクターの指数とは異なった様相を示しているものが見つかることもある。

　ETFの優れた点は、株のセクターや指数に限られていないところだ。債券や商品先物、海外指数、通貨のETFもある。株の値動きに方向感がなくなり始めたら、セットアップの整ったETFが代わりの投資対象として検討に値するものになっているかもしれない。ほとんどの人は買いを好み、空売りをしないので、ETFではベア型ファンドも組成されてきた。それらのファンドでは、指数が下げるとETFは上げるし、逆もまた同じだ。この仕組みのおかげで、これらのETFを買えば、実際には指数に対して売りポジションを取ることが

できる。これらのチャートは指数と逆の動きをするため、異なる見通しが得られる。例えば、指数のベア型ETFが強気に見えたら、その指数自体は実は弱気である。これはあなたが強気の先入観を持っているときには、非常に役立つこともあるだろう。

ETFの多くは株価指数連動型だ。私は毎日それらを見て、自分の指数分析の支えとしている。私はダウ連動型ETFのダイアモンド（DIA）でダウの感触をつかみ、S&P500連動型ETFのスパイダース（SPY）でS&P500を、ナスダック連動型ETFの「キューズ」（QQQQ）でナスダック100の感触をつかんでいる。また、ラッセル2000インデックス・ファンド（IWM）のような幅広い株式に基づいた指数を見ることもできる。もっとも、私は普通、この指数の分析はしない。

相場分析は単純にしておく

1990年代の前半に、私はメカニカルシステム、特にマーケットタイミングの研究に多くの時間を費やした。私はコンピューターサイエンスの学位を持っているので、コンピューターを使ったほうがよいと考えたのだ。私はトレーディングを機械化する方法が何かあるはずだと考えていた。そして、しっかりと観察すれば、聖杯を見つけられると思っていた。世の中には定量化できることしか信じないトレーダーたちがいる。そのため、私は最初の著書で、調べたメカニカルシステムについても書くようにと勧められた。

そのとき以降、私は百パーセントの裁量トレーダーだ。私はもはや何もシステム化しようとはしていない。私は聖杯などなく、常識こそ最良の味方だということを学んだ。たしかにマーケットが特定の状況にあるかぎり、メカニカルシステムは素晴らしい。だが状況は変わるので、トレーダーも変わらざるを得ない。例えば、私はVIX指数（ボラティリティインデックス）に基づいてシステムを構築したことがあ

る。それは株価を非常にうまく予測できた。だが、突然、数年間機能しなくなったように見えた。あとになって、それは高レバレッジで裁定取引を行うファンドにかなり影響されていそうだということが分かった。

　裁定取引とはある２つの銘柄が動き出すとすぐに、１つの銘柄を買うと同時に別の銘柄を売ることを意味する。これによって、相場のボラティリティが大幅に圧縮された。彼らの行動はリードでつながれた犬の散歩と同じと考えられるだろう。犬が歩道の端に行くと、道の中央に引き戻されるからだ。私はもうシステムを使っていない。だが、VIX指数はときどき見ている。そして、今はボラティリティが大きくなっているので、VIX指数を用いたシステムはおそらく機能するだろう。ボラティリティが大きくなった原因は、前に触れた裁定取引を行うファンドがレバレッジを下げたせいかもしれない。比喩的に言えば、リードが切れたのだ。

　私はメカニカルシステムを構築して使っている人々に対抗しようとしているわけではない。ただ、長年にわたって調べた結果、それは私向きではないと気づいただけだ。マーケットは変化するものであり、トレーダーはそれに適応する必要があると思う。私たちは自分の頭を使って、コンピューターよりもずっと良い判断を下すことができるのだ。そうでなければ、マーケットはIBMやクレイなどの会社のものになっているだろう。

　見てのとおり、私の相場分析は本当に極めて単純である。私は大局を理解するまでに、何千もの株や何百ものセクター、それに多くのETFのチャートをすでに見ている。マーケット内を詳しく見ると、相場がどう動きそうかについて、良い感触が得られる。それから私は、個別株で探したものと同じものを主要な指数で見る。私はそれらにトレンドがあるのか、明らかにトレンドが転換しつつあるのか、それとも単にちゃぶついているだけなのかを確認しようとする。また、支持

図8.5

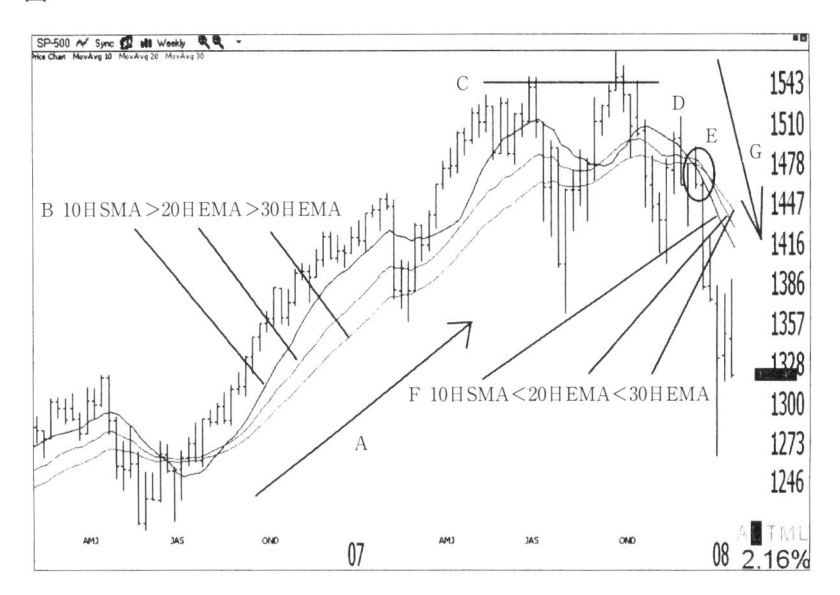

線や抵抗線やテクニカルパターンがあるかどうかを探す。私は自分が考えたパターンのセットアップが整っていないか、注意深く探す。私にとって最も重要なことは、価格のチャートの上に矢印を実際に引いてみるということだ。

大局の分析とは森を見ること

1週間に数回、私は週足と月足の指数チャートを見て、森も木もまだはっきりと見えているかを確認する。これが大局を見通しておく助けとなり、相場で正しい側にいられ続けるのだ。この分析では、日足で探していたものと同じ要素を探す。

S&P500の週足チャート（**図8.5**）では、2006年後半から2007年半ばまで上昇トレンドが続いていたことに注目してほしい。矢印は上向

きである（A）。さらに、この時期に、ボウタイ（蝶ネクタイ）状の移動平均線（第9章を参照）が適切な上昇トレンド——10日SMA（単純移動平均線）＞20日EMA（指数移動平均線）＞30日EMA（指数移動平均線）——を描いている点に注目してほしい。それから相場は急落後に、前の高値をわずかに抜いて新高値を付けたが、失速した。この値動きによってダブルトップが形成された（C）。相場は大幅に下げたあとに再び上昇するが、前の高値に達することなく上げ止まる（D）。この値動きによってゲートキーパー（私の2冊目の著書『デーブ・ランドリーズ・10ベスト・スイングトレーディング・パターンズ・アンド・ストラテジーズ（Dave Landry's 10 Best Swing Trading Patterns and Strategies)』を参照）と呼ぶ、上級者向けのパターンが整った。そこから移動平均線は下向きのボウタイを作る。この転換点で、移動平均線は下降トレンドでの適切な順番に変わった。そして最も重要なことだが、大きな矢印が下向きになった（G）。

2009年3月まで飛ぶと（**図8.6**）、2007年末に週足で下向きのボウタイのパターンができ、歴史的な弱気相場が始まったのが分かる（A）。ボウタイ状の移動平均線は、10日SMAが20日EMAにわずかに接したことを除けば、そのとき以降、適切な順番のまま下降トレンドを描いている（B）。もちろん、大きな矢印（C）は下向きである。

週足や月足のチャートを使うときには、日足よりも大きく遅れる可能性があることを頭に入れておこう。日足の場合は明らかに、週足や月足が追いついてくるずっと前に転換する。そのため、より長期のチャートは見通しを得るために使って、トレーディングでは日足チャートを用いるべきだ。

最後にもう一点述べておきたい。私のマーケット全体の分析は基本的に個別株の分析と同じだが、指数は個別株と比べてちゃぶつきやすい。指数は代表的な株価の平均であり、そのトレーディングには多くのデリバティブ（例えば、株価指数先物、指数のオプション、ETF）

図8.6

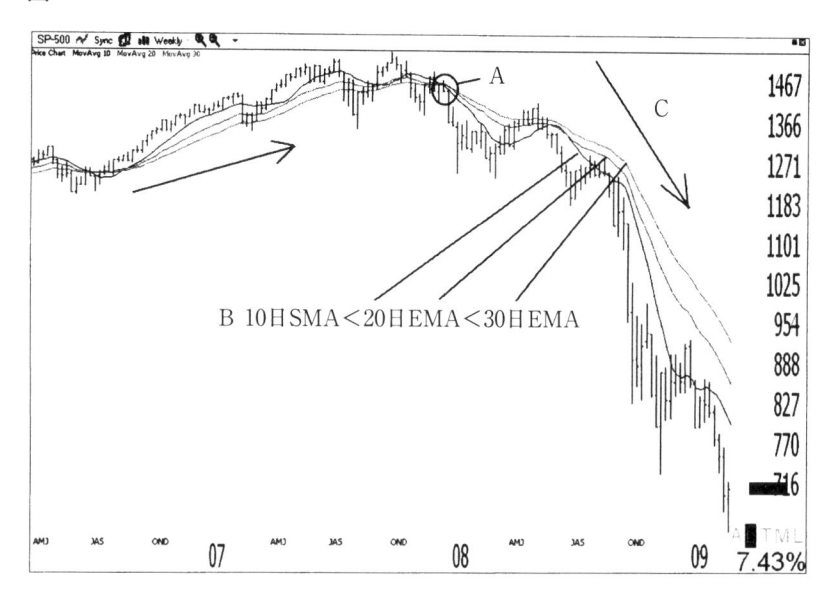

が含まれている。そのため、テクニカルパターンに関しては、少し緩い基準で見なければならない。

まとめ

　数千株から選ぶとなると、次の大きな勝ちトレードを見つけるのは気が重くなるかもしれない。都合の良いことに、適切な出来高や価格、ボラティリティがあるかを調べるだけで、大半の銘柄は素早く候補から取り除くことができる。残りのものについては、トレンドが進展していて、セットアップが整っていて、同一セクターでも同様の確認ができるかどうかを見ることで、管理しやすいリストにすることができる。

　私はボトムアップ方式でトップダウン分析を行う。個別株から始

めて、セクター、ETFと進み、最後に主要な株価指数の分析を行う。これらのチャートすべてを下から上に見ていくことで、株、セクター、全マーケットが次にどう動きそうかについて、かなりの感触を得ることができる。その後、私は大局をつかむために、より長期の指数のチャートを見る。

　これには大変な労力がいるように思うかもしれないが、私には宝探しのようなものだ。ちょっとした練習と経験を積めば、楽になる。そのうち、最良のセットアップが目を引くようになるだろう。実際にやがては、その株が考慮に値するか、それとも無視すべきかは一瞬で分かるようになるものだ。

第9章
新しいトレンドに早く乗る──
トレンドの転換点での仕掛け

Getting Into New Trends Early : Trading Trend Transitions

　新しいトレンドを早くつかまえることができたら、その見返りは非常に大きくなるだろう。しかし残念ながら、トレンドの発生した直後をつかまえようとするのは、長期トレンドの調整をつかまされる恐れがある。そのため、確立したトレンドの押しや戻りでトレーディングをするよりも失敗する可能性が高いことを理解しておく必要がある。そういうわけで、トレンドの転換点をつかもうと考える前にまず、確立したトレンドの押しや戻りでうまくトレードできるようになることを勧める。開拓者に似て、トレンドの転換点をつかもうとすると、あなたは金鉱を掘り当てるか、矢で射られるかのどちらかになる。それでも、金鉱を掘り当てる機会がある以上、私はそれを試みる価値はあると思う。

　だが、それは失敗する可能性が高いだけではない。トレンドの転換を認識して、そこでトレーディングを行うのは骨が折れるのだ。私は、トレンドの転換パターンについてはそのほかのすべての質問を足したよりも多くの質問を受ける。これから説明するパターンは測り知れないほど役に立つと私は信じている。それでも、あなたが一貫してそれらを実行できるようになるには、多少の経験が必要だ。

　私は2冊目の著書で次のように書いた。「トレンドは永遠に続くわけではない。それらはやがて終わる。そして、たいてい反対方向に新

しいトレンドが生まれる。だが、確立したトレンドはほとんどの人が予想するよりもずっと長く、はるかに遠くまで進むことがよくある。株が安いから買ったり、高いから空売りしたりしようとするのは敗者のゲームだ。都合の良いことに、株はトレンドが転換しつつあるという手掛かりを残す。さらに、普通は、新しいトレンドが発生する前に小さな調整をするものだ。その小さな調整と新しいトレンド形成の兆しがあったあとだけに仕掛けるのが、私のトレンド転換パターンを見つけたときの目標である」。これは**図9.1**に示されている。

図9.1

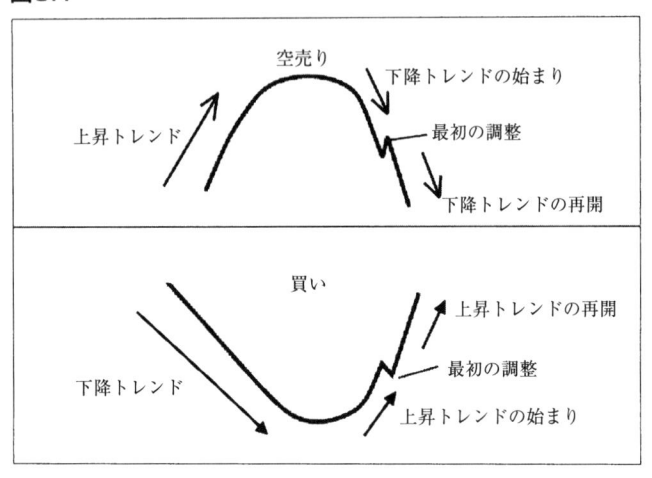

上段：上昇トレンド → 空売り → 下降トレンドの始まり → 最初の調整 → 下降トレンドの再開

下段：下降トレンド → 買い → 上昇トレンドの始まり → 最初の調整 → 上昇トレンドの再開

　1980年代後半から1990年代にわたって長い間続いた強気相場で、トレンドフォロワーは甘やかされた。残念なことに、そのとき以降、トレンドがそれほど長く続いたことはない。そのため、新しいトレンドにはできるだけ早く乗ることが重要だ。これは、確立したトレンドがいつ終わりそうかを認識することも、極めて重要である。私は今も昔も、より長期トレンドでの押しや戻りでトレーディングすることが大好きだが、ここ10年は、トレンドの転換をとらえることにますます焦点を合わせてきている。これから説明するパターンを使えば、あなた

にもそれができるようになるだろう。

最初の急上昇や急落

　メジャートレンドの転換は、新たな方向への大幅な値動きから始まることが多い。このとき、市場参加者は不意を突かれやすい。彼らは相場の反対側で身動きが取れなくなり、窮地を脱するために相場が反転するまで待とうとする。天井や底を逃したが、余分なお金は払いたがらない天井や底狙いのトレーダーも、何らかの重要な調整が起きるのを待っている。これらのトレーダーには残念なことだが、重要な調整はけっして起きないかもしれない。新しい方向に大きく動く相場では、ほんの短期間押すか戻るだけで、新しいトレンドが形成されることがよくある。以前からの市場参加者は間もなく、不利な価格で手仕舞いを強いられる。そして、天井や底狙いのトレーダーは余分なお金を払うか、取り残されるリスクを負うしかなくなる。相場が新しい方向へ大幅に動くまで待てば、天井や底狙いにまつわる落とし穴を避けられる。何か重大なことが起きるまで待つのではなく、調整の最初の兆しが見えたところで仕掛けることを目指せば、先ほど述べた苦境に陥ったトレーダーたちによって、あなたのポジションが支えられる可能性もある。

　最初の急上昇や急落での目標は新しいトレンドに早く乗ることである。あなたは長期のトレンドとは反対方向に相場が強く動いたあと、ちょっとした調整を待って仕掛けるのだ。新しいトレンドができそうなところで仕掛けるのはたしかに危険だけれども、新しいトレンドを早くとらえたときの利益は莫大になることもある。

　次は買いのルールで、空売りのときはこの逆になる（**図9.2**）。

1．価格は主要な新安値を付けなければならない。安値はより重要で

あればあるほど、望ましい。直近数年での安値か、理想的には史上最安値（空売りの場合は高値）が私のお気に入りだ。これによってトレンドが変化し始めたときに（ルール２）、最も多くのトレーダーが確実に相場の反対側にいるようになる。
2．その後、大幅に上昇しなければならない（最初の急上昇）。
3．価格はその後、高値と安値を切り下げる必要があり、その調整の最初の兆候は１本の足による押しだ。最初の急上昇で長大線が多かったときには、この押した足は高値を切り下げだけに終わるかもしれない。この場合には調整がほとんどなかったので、リスクが大きくなる可能性がある。だが、利益を得るときにはたいていリスクが伴うものだ。調整がこのように短期間で終わると、トレーダーが仕掛ける時間はほとんどなくなってしまう。そのため、彼らのほとんどはもっと大きな押しを待つことになる。この短い調整のあとで再び急上昇が始まったら、彼らは飛び乗るか、取り残されるリスクをとるかのどちらかを選ばざるを得なくなる。
4．3の高値よりも上で買う。

図9.2 最初の急上昇

では、具体例を見ることにしよう。

図9.3　エシュロン社

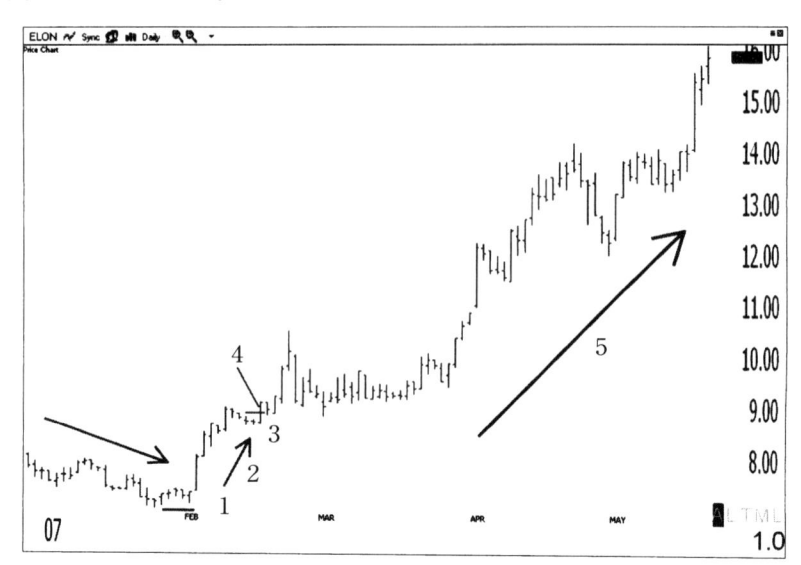

1．図9.3では、省エネ製品のメーカーであるエシュロン社（ELON）が何年も下げ続けたあと、直近数年間の安値を付けている。
2．数年のレンジ相場の底から急上昇した。これは2007年の原油の底とぴったり一致する。
3．調整する。
4．トレンドが再開したので買う。
5．値動きは少し荒いが、株価はそこから数カ月で2倍になり、後に3倍になった。

図9.4　シュニッツァー・スチール

1．8カ月ぶりに安値を更新した。
2．株価は緩やかに上昇を始めたあと、急上昇する。このころAに、「デイライト形成後の最初のキス」のセットアップができている。このパターンについては、この章で後ほど詳しく説明する。
3．株価が安値も高値も切り下げ、1日だけの調整をした。
4．トレンドが再開したので買う。
5．それから数日で20％近く上昇した。その後の動きについて、一言述べておこう。この株はそれから横ばいを始め、後に急落した（チャートには示されていない）。だが、資金とポジションを適切に管理しているかぎり、この場合でも良いトレードとなっただろう。

不動産バブルがはじけたとマスコミが宣言するよりもずっと前に、住宅建設会社の株には最初の急落パターンのセットアップができていた。

図9.5　ビーザー・ホームズUSA

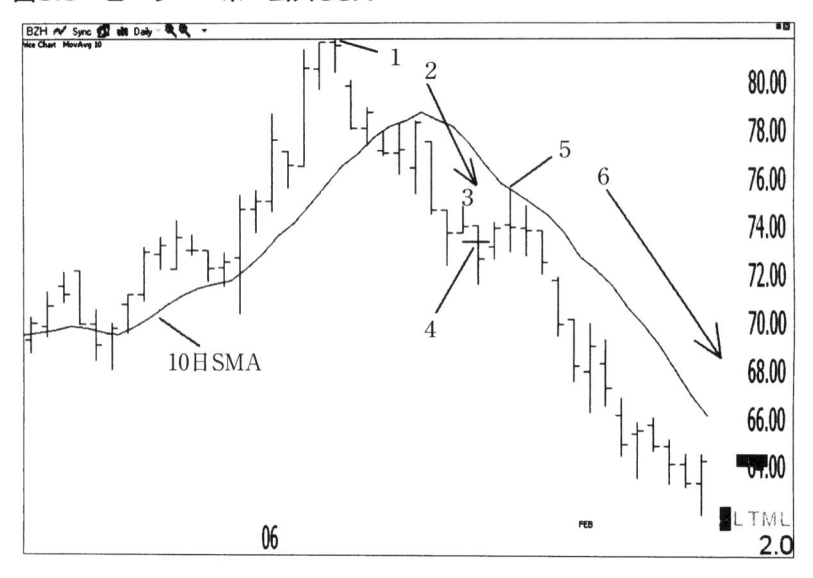

1．史上最高値を付ける。
2．その後、何日間か急落する。
3．高値も安値も切り上げて、1日調整する。
4．トレンドが再開したので売る。
5．1日調整して、「デイライト形成後の最初のキス」（この次に説明する）のセットアップを作った。
6．その後の数週間で16％以上も下げた。結局は、1が主要な高値となった。その後、株価は25セントまで下げ続けた。

まとめ

　新しいトレンドはいきなり始まることが多い。その場合、株はほんの少ししか調整せずに、再び動き出すかもしれない。ほかのトレーダーが大きな調整を待っている間に、素早いトレーダーはこの機会を利用して、新しいトレンドで早く仕掛けることができる。トレンドに早く乗ろうとするとリスクも大きくなるが、途方もない利益が得られることもある。それは次の素晴らしい強気相場をとらえたり、バブルがはじけたときに空売りをする好機となるだろう。

パターンを当てはめる

　このパターンは買いでも空売りでもうまくいく。とはいえ、上昇よりも下落のほうが速いので、私は空売りで用いるほうが好きだ。
　理想的には、マーケット全体と同一セクターにも、トレンドの急激な転換が現れていることが望ましい。しかし、時には、マーケット全体と同一セクターが転換するずっと前に、先導株が現れることがある。

デイライト形成後の最初のキス

　私が最もよく受ける質問のひとつは、押しや戻りとトレンドの転換をどうやって区別すべきかというものだ。一言で答えるなら、区別する方法はない。深く押したあとに、再び長期の上昇トレンドが再開することもあれば、浅い押しから下げ続けることもある。あなたはそれぞれの相場を個別に分析しなければならない。**図9.6**は「明らかな押し」のA、「明らかな転換」のB、「転換点の可能性」のCを示す。トレーディングで成功するためには、これらのパターンをその場で認識できるようになることが大変重要である。

図9.6　さまざまな下押し

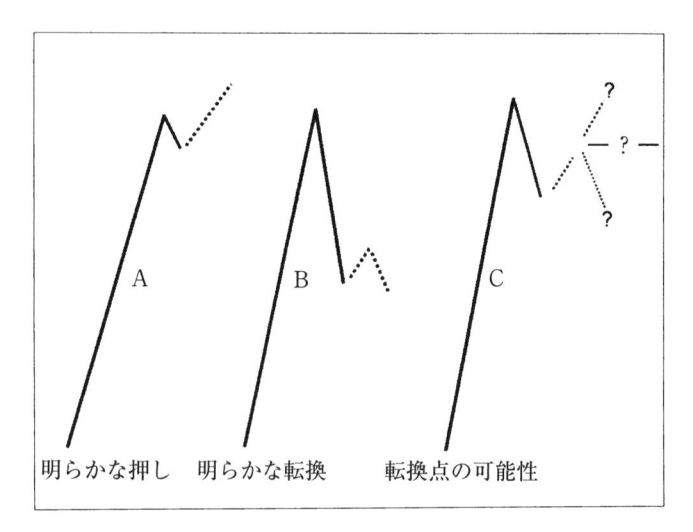

[図: A「明らかな押し」、B「明らかな転換」、C「転換点の可能性」を示す3つのチャートパターン]

　Aの「明らかな押し」では、普通の調整とみなせる。「普通」とは、ボラティリティ次第で変わる相対的なものだ。値動きが大きな株は深く押しても、上昇トレンドに戻るだろうが、値動きが小さな株で同じくらい深く押せば、トレンドの終わりを示すシグナルとなるかもしれない。

　Bの「明らかな転換」では、相場は急落し始めている。「仮に私の長期保有株のひとつがこのような動きを見せれば、私は心配するだろうか？」と自問してみよう。答えがイエスなら、株を持っている人たちも同じようなことを自問していることだろう。

　慎重を要するのは、相場の「転換点の可能性」があるＣの場合だ。これがただの深い押しで、長期の上昇トレンドをすぐに再開させるのか、あるいは、実際上新たなメジャートレンドの始まりとなる転換と見てよいのかを見極めるのは難しい。

　ある株が相場のどの段階にあるかを判断するときに、当て推量をしないようにするために、移動平均線を使って転換点の強さを測ることができる。「デイライト形成後の最初のキス」というパターンは、デ

イライトを使って、新たな方向への最初の急上昇・急落を定義する。このパターンは移動平均線を使うので、認識しやすい。さらに、私は非常に緩い変数を使って、できるだけ多くのチャートを見るほうを好むが、このパターンは定義がはっきりしているので、より具体的なスキャンに役立つ。

　このパターンは「移動平均線への別れのキス」のパターンと非常に似ている。ただし、デイライトの足は少なくてよい。また、株価は主要な高値か安値から動き始めていなければならない。

次は買いのルールである(図9.7)。

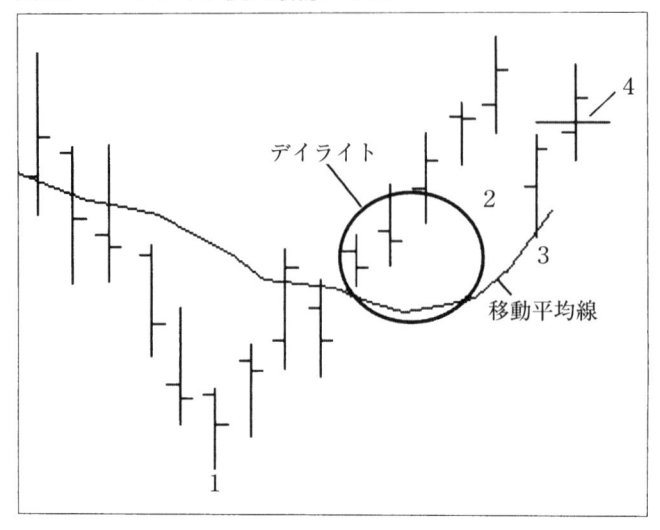

図9.7 デイライト後の最初のキス

1. 主要な新安値を付けなければならない。安ければ安いほど、望ましい。史上最安値は最高のセットアップになる。
2. その後、上昇し始めなければならない。この上昇の間、少なくとも5本の足の安値が10日単純移動平均線を上回っていなければならない。急激な動きの場合、特に空売りのような場合ならば、5本よりも少なくてもかまわない。
3. その後、押して、移動平均線に触れなければならない。安値は移動平均線と等しいか、移動平均線を下回らなければならない。
4. トレンドが再開したら買う。

第9章 新しいトレンドに早く乗る──トレンドの転換点での仕掛け

では、具体例をいくつか見ることにしよう。

図9.8　グッドイヤー・タイヤ

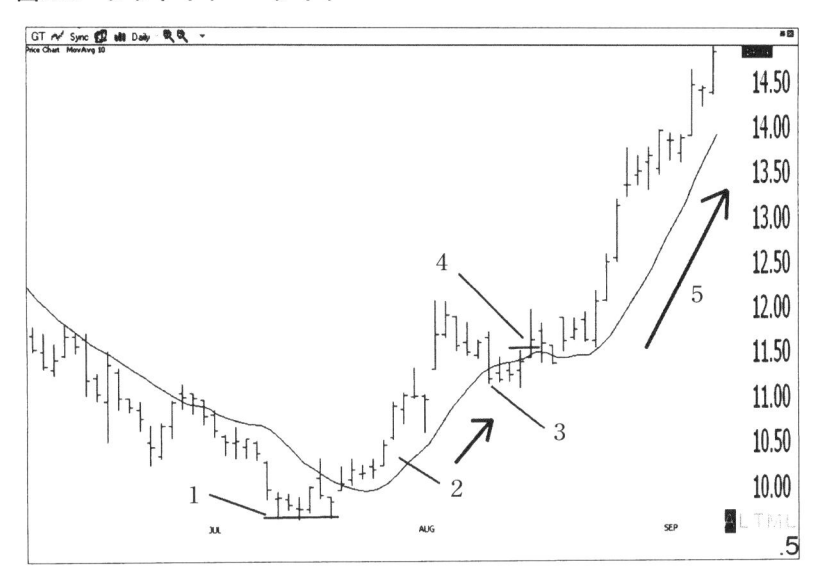

1．長期にわたる下降トレンド後に、直近数年間の安値を付ける。
2．上昇し始める。安値が10日移動平均線を上回っている点に注意しよう。実際には「移動平均線への別れのキス」のパターンとみなすに十分な本数の安値が移動平均線を上回っている。
3．移動平均線に向かって押す。
4．前の高値を抜いたときに買う。
5．緩やかに上昇し始めたあとに25％以上の上昇をする。

トレンドの転換パターンの素晴らしいところは、時には史上最高値をとらえることができるという点だ。

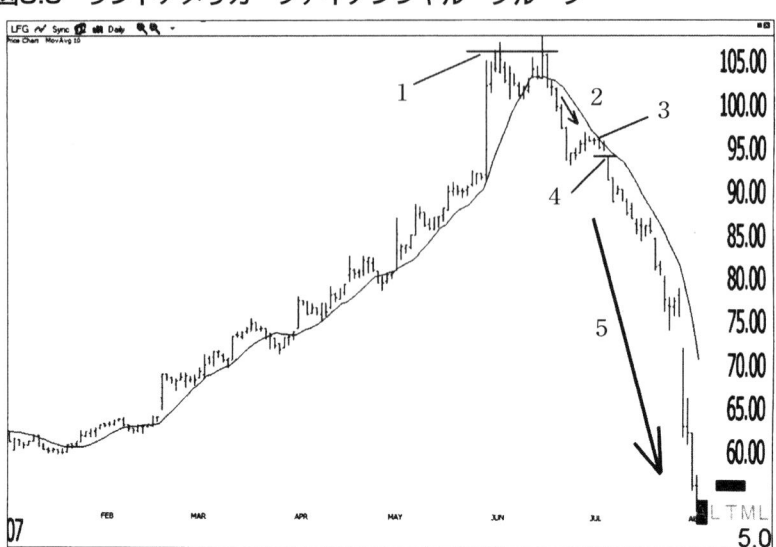

図9.9　ランドアメリカ・ファイナンシャル・グループ

1．史上最高値を付けた。新高値を付けた直後の新高値で、マイナーなダブルトップを形成している点に注意しよう。
2．高値が10日移動平均線を下回りながら急落する。長期の上昇トレンドの途上では「移動平均線への別れのキス」のパターンを多く作ってきた。しかし、この急落の動きはそうした上昇トレンドの終わりを告げているのかもしれない。
3．戻して、10日移動平均線に接する。これによって、最初の急落パターンのセットアップも整った。
4．前の安値を下回ったので売る。
5．それから数週間の間、急落した。その後、同社は破産申請をした。

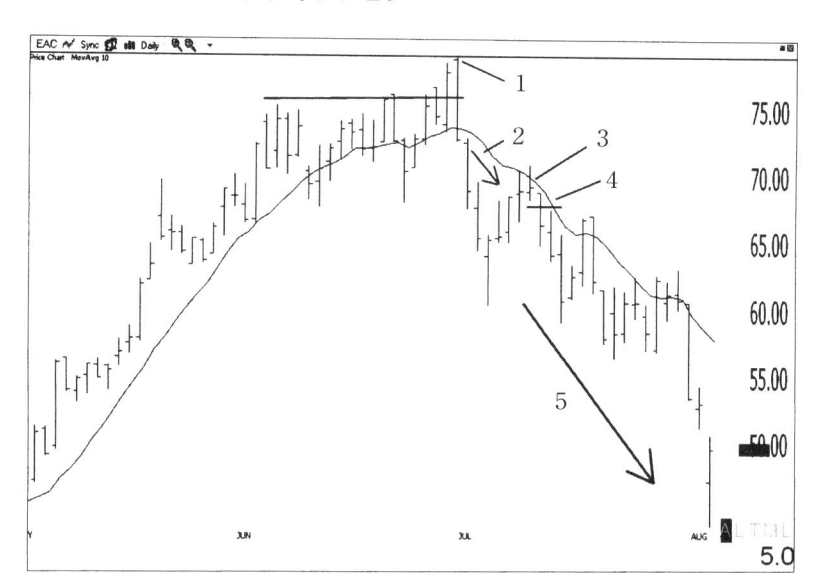

図9.10　アンコア・アクイジション

1. 史上最高値を付けた。ここ１カ月以上、横ばいしていた点に注意しよう。これは、勢いを失いつつあるという証拠だった。
2. 大幅に下げる。このときの高値は10日移動平均線を下回っている。この値動きは長期の上昇トレンドが終わりに近づいている可能性を示している。
3. 戻って、10日移動平均線に接する。これによって最初の急落パターンというセットアップも整った。
4. 前の安値を下回り、売る。
5. その後、数週間にわたって急落する。

まとめ

「デイライト形成後の最初のキス」というパターンは、最初の急上昇や急落というパターンをより詳しく定義したものである。これによって、新しくトレードを始めた人でもこのパターンを認識しやすくなるだろう。どんなトレンドの転換パターンでも言えることだが、このパターンを簡単に認識できるようになれば、できるだけ早く新しいトレンドに乗ることができる。トレンドに早く乗ろうとすればリスクも大きくなるが、多くの利益を得られる可能性もある。さらに、次の素晴らしい強気相場をとらえることができるか、バブルがはじけたときに空売りをすることもできるだろう。

パターンを当てはめる

このパターンの当てはめ方は最初の急上昇や急落のパターンと同じである。これは買いでも空売りでもうまくいく。しかし、上昇よりも下落のほうが素早く動くため、私は空売りで使うほうが好きだ。

理想的には、マーケット全体やセクターの指数も、トレンドが明確に転換しているほうがよい。しかし、このパターンでは時折、先導株が現れることがある。デイライト形成後の最初のキスのパターンに注意していれば、大衆が気づくよりもかなり前にメジャートレンドをとらえることができるかもしれない。最後にもう一点。トレンドが急転換をしている株はわずかな調整しかしないまま、新しいトレンドが形成されるかもしれない。上昇トレンドを再開する前に、移動平均線まで押さない可能性もあるのだ。そのため、トレンドの転換パターンでのトレーディングに経験を積んだら、まず最初の急上昇や急落のパターンを探したほうがよい。

ボウタイのパターン

　ボウタイのパターンはもともと私の最初の著書の『**デーブ・ランドリー・オン・スイングトレーディング（Dave Landry On Swing Trading）**』（パンローリングより近刊予定）で取り上げ、2冊目の著書の『**デーブ・ランドリーズ・10ベスト・スイングトレーディング・パターンズ・アンド・ストラテジーズ（Dave Landry's 10 Best Swing Trading Patterns and Strategies）**』でも取り上げたものだ。このパターンは動きの速いデイトレーダーから忍耐強い長期投資家まで、さまざまなトレーダーの共感を呼んだ。これは私の考案したパターンのなかで最も人気が出たものなので、本書にも載せたほうがよいと思った。

　私は初めのうち、ボウタイの紹介を書き直していた。だが、前著の該当部分を読めば読むほど、それ以上にうまく説明できないと感じた。そのため、以下の説明は2冊目の著書からの引用である。

　私のスイングトレードのやり方はモメンタムに基づいたものだ。そこで、私が興奮するようなセットアップであるためには、その株がまず意図した方向に強いトレンドを作っていなければならない。そうした強いモメンタムをトレードの条件にしておいたからこそ、私は相場で適切な側にいられ続けたのだ。しかし、そのために、新しいトレンドの初期段階で仕掛けられないこともよくあった。こういう場合には、株はまず緩やかな変化である横ばいの状態を経て、新しいトレンドが現れ始めるにつれて動きを速めていく。これらの緩やかな転換をとらえるパターンを考え出さないかぎり、私は指をくわえて眺めているしかないと分かっていた。

　複数の移動平均線を用いると、メジャートレンドの転換につれて、それらが一点に集まったあと、反対方向に広がることが分かった。つまり、それらは下降トレンドでの適切な順序——変化が速い短期の移

動平均線が変化の遅い長期の移動平均線よりも下にある状態——から、上昇トレンドでの適切な順序——変化が速い短期の移動平均線が変化の遅い長期の移動平均線よりも上にある状態——へと動いていく（図9.11）。

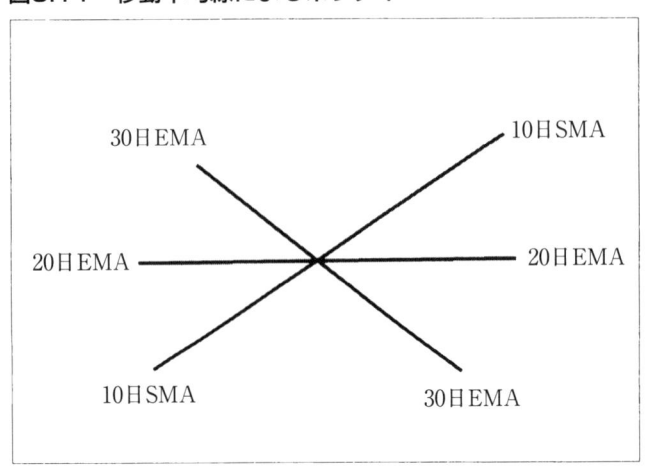

図9.11　移動平均線によるボウタイ

```
        30日EMA                    10日SMA


  20日EMA                              20日EMA


        10日SMA                    30日EMA
```

　これが短期間で起きると、ボウタイ（蝶ネクタイ）の形になる。ボウタイのパターンが完成したら、それはメジャートレンドの転換が起きたことを示唆している。だが、この転換直後のトレンドはまだちゃぶつきやすい。そのため、マイナーな調整のあとで、仕掛けどころを探せばよい。

　このパターンでは、私は10日SMA（単純移動平均線）、20日EMA（指数移動平均線）、30日EMA（指数移動平均線）を使う。10日SMAを使うと、過去2週（10日）の平均株価が得られるので、私はこの平均線を好んで用いる。長期の移動平均線については、EMAが直近のデータに比重を置くため、そちらのほうを好んでいる。それは長期のトレンドをとらえるものだが、直近のデータに重きを置いている分、株

価に早く追いつくのだ。計算法について心配する必要はない。移動平均線は最も基本的な株価分析ソフトにも組み込まれているからだ。

次は10日SMA、20日EMA、30日EMAを用いた買いのルールだ（**図9.12**）。

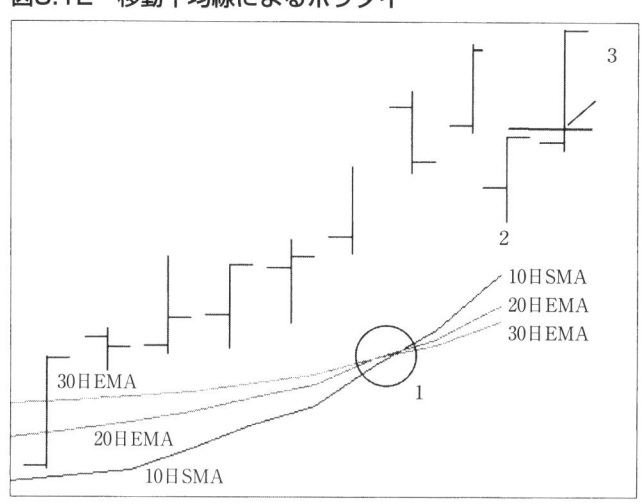

図9.12　移動平均線によるボウタイ

1. 移動平均線は一点に集まったあとに再び広がり、適切な下降トレンドの順序（10日SMA＜20日EMA＜30日EMA）から、適切な上昇トレンドの順序（10日SMA＞20日EMA＞30日EMA）へと変化しなければならない。これは3～4日間で起きる必要がある。これが起きると、移動平均線がボウタイの形になる。
2. その後、高値と安値を切り下げる必要がある。つまり、少なくとも1本の足による押しが必要だ。注意しておきたいが、最初の急上昇のパターンでのように、高値も安値も切り下げるのではなく、高値だけしか下げない場合もある。これは前日が長大線になった場合に、特に当てはまる。
3. いったん2の条件を満たしたら、2の高値を上回ったときに買う。

経験を少し積めば、ボウタイのパターンはたやすく認識できるようになるだろう。マーケットやセクターの指数で、ボウタイ状の移動平均線に注意を払えば、相場で適切な側にいられ続けるのに役に立つ。

では、具体例を見よう。

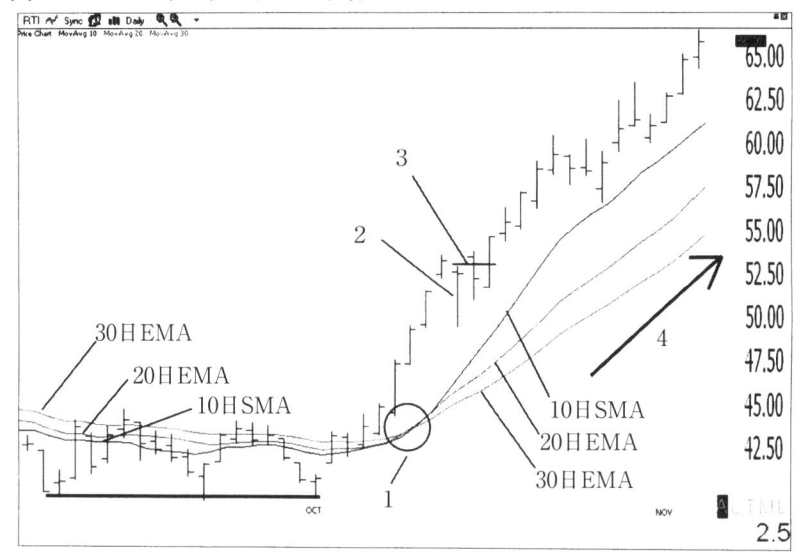

図9.13　RTIインターナショナル

1. 長期的な下降トレンドのあとで、横ばいを始める。ボウタイ型の移動平均線は一点に集まったあとに再び広がり、適切な下降トレンドの順序（10日SMA＜20日EMA＜30日EMA）から、適切な上昇トレンドの順序（10日SMA＞20日EMA＞30日EMA）へと変化した。これによって、移動平均線はボウタイの形になる。
2. 高値も安値も切り下げ、1日だけ押す。これによって、最初の急上昇のパターンによるセットアップも整った。
3. 2を上回ったときに買う。
4. その後、6週間で25％以上の上昇を見せ、その翌月にはさらに20％上昇した（チャートには示されていない）。

図9.14 ゾラン社

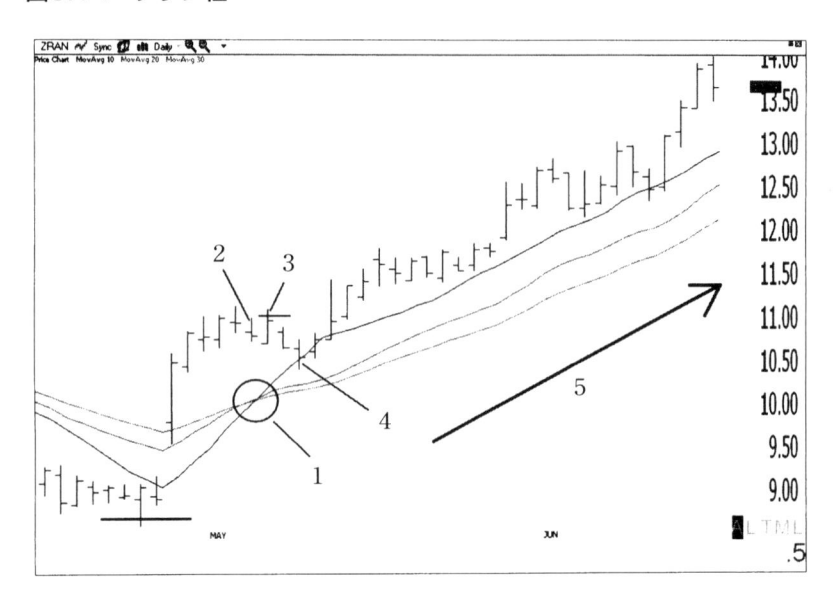

1. 移動平均線が一点に集まったあとに再び広がり、適切な下降トレンドの順序（10日SMA＜20日EMA＜30日EMA）から、適切な上昇トレンドの順序（10日SMA＞20日EMA＞30日EMA）へと変化した。これによって、移動平均線はボウタイの形になる。
2. 高値も安値も切り下げ、1日押す。これによって、最初の急上昇のパターンによるセットアップも整った。
3. 2を上回ったときに買う。
4. 押して、移動平均線への別れのキスのパターンになる。直近4年間の安値を付けたあと、最近になって反転したので、デイライト形成後の最初のキスのセットアップも整った。
5. その後の6週間で25％以上の上昇をした。

原油は「200ドル」まで上昇するという発言も見られたが、石油関連株は失速し、トレンドの転換パターンを形成し始めた。

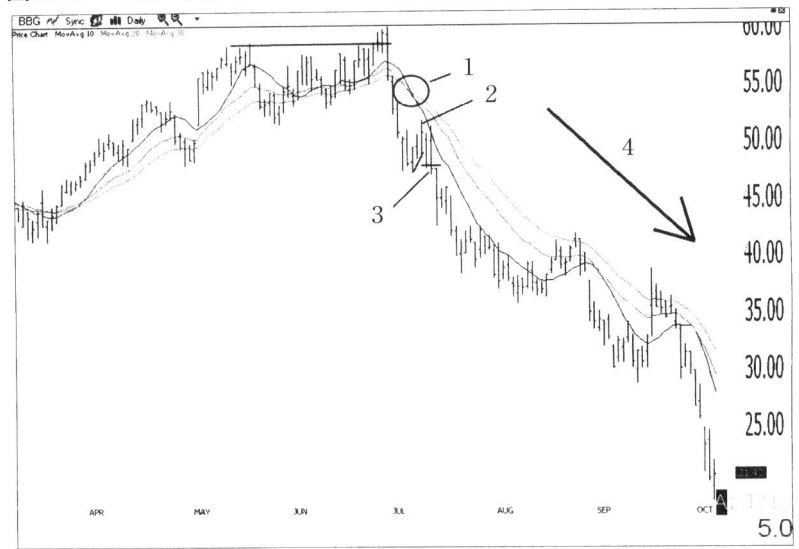

図9.15　ビル・バレット

1. 史上最高値を付けたあと、ほとんど横ばい状態で、新高値を一度試すと急落した。これによって、移動平均線は上昇トレンドの適切な順序（10日SMA＞20日EMA＞30日EMA）から、下降トレンドの適切な順序（10日SMA＜20日EMA＜30日EMA）へと変化した。これによって、移動平均線はボウタイの形になる。
2. 2日間、戻った。目の良い人なら、最初の急落パターンによる売りのシグナルが出ていることに気づくだろう。
3. トレンドが再開したら売る。
4. その後の数カ月で半値以下になった。

ボウタイのパターンはデイトレーダーの間で非常に人気になった。私はデイトレードをしないようにと説いているが、このパターンを細かく分解しても通用することも示したかった。ひとつの時間枠でうまくいくことは、ほかの時間枠でもうまくいくのだ。次に示すのは、S&P500の日中足チャートの例だ（**図9.16**）。

図9.16　S&P500

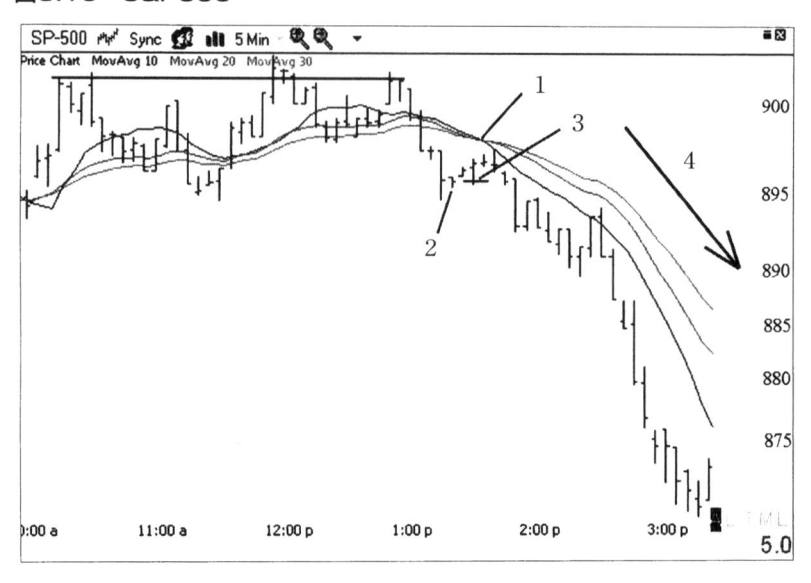

1. 2008年12月11日に移動平均線は一点に集まったあと広がり、5分足チャート上で上昇トレンドの適切な順序（10日SMA＞20日EMA＞30日EMA）から、下降トレンドの適切な順序（10日SMA＜20日EMA＜30日EMA）へと変化した。これによって、移動平均線はボウタイの形になった。また、S&P500がボウタイのパターンを作る前にはほとんど横ばい状態だった点に注意しよう。この値動きは上昇トレンドがおそらく終わったことを示唆し

ていた。
2．戻り始める。
3．前の安値を下回ったときに売る。もう少し慎重な仕掛けを望むならば、さらに下げるかどうかが確認できるまで待てばよい。戻ったことで、デイライト形成後の最初のキスのパターンも整った。
4．その後の2時間ほどで大幅に下げた。

　複数の移動平均線を用いたボウタイのパターンは、トレンドの緩やかな変化を早いうちにとらえることが多い。このパターンは視覚的にとらえやすいので、トレンドの転換でのトレードになじみのない人にとっても、素晴らしいパターンになる。さらに、ボウタイのパターンで、移動平均線の適切な順序に注意を払えば、相場の正しい側にいられ続けるのに役に立つだろう。

まとめ

　天井や底をとらえようとするのは敗者のゲームだ。トレンドが転換しているという兆しが現れるまで待ち、それから最初の小さな調整後に仕掛けるのを目指すほうがずっとよい。最初の急上昇や急落、ボウタイ、デイライト形成後の最初のキスのパターンを用いれば、それが可能になる。

　トレンドの転換点でトレーディングを行うのはリスクが大きい。あなたが闘っているところは結局、長期のトレンドの調整にすぎないかもしれないからだ。しかし、新しいメジャートレンドに早く乗れる機会がある以上、このリスクを負う価値はある。

パターンを当てはめる

　パターンの当てはめ方は、私のほかの転換パターンでのセットアップと同じである。ボウタイのパターンは買いでも空売りでもうまくいく。下落時は一般的に上昇時の値動きよりもはるかに素早いので、私は買いよりも空売りでこれを用いるのが好きだ。

　理想的には、マーケット全体でもセクターでも、ボウタイのパターンができていることが望ましい。だが、ほかの転換パターンによるセットアップと同じように、先導株が現れることもある。個別株でボウタイのパターンが現れていないかを見守っていれば、大衆よりもずっと前にマーケットのメジャートレンドをとらえることができるかもしれない。私の大好きなセットアップは、買いでは主要な安値のあと、空売りでは主要な高値のあとに現れるものだ。というのも、このときには多くのトレーダーが確実に相場の反対側でつかまっているからだ。彼らが手仕舞えば、新しいトレンドが現れたときに、あなたの株をさらに思惑どおりに動かす役目を果たしてくれるのだ。

第10章
さらに知っておくべきこと

More Stuff You Need To Know

小さいことに気を取られるとムダ骨を折ることになる

小さいことにこだわりだすと、小さいことを気にしないことが大切だということを思い出す

　結婚してまもないころ、マーシーと私は夕食に出かける支度をしていた。なぜだったかは覚えていないが、何らかの理由で私たちは少し時間に遅れそうだった。それで、私たちは大急ぎで家を出ようとしていた。彼女は化粧に忙しく、私は急いで風呂に入る準備をしていた。そして、私はいわば風呂に飛び込んだのだ。私はお湯の温度を確かめもせずに、湯船にドカッと腰を下ろした。その瞬間に飛び上がって、「あっつう！」と叫んだ。お尻がピンクから真っ赤に変わるのを見ながら、やけどが第一度か第二度かを判断しようとしていた。すると、「お風呂に水を足してね」とマーシーが言うのが聞こえた。「ウソだろ？　これまで熱い風呂で何度もお尻をやけどしていたのに、ちょっと水を足してさえいれば問題なかったということか？　やれやれ！　君と結婚して、本当に良かったよ」。2人は大笑いをした。このとき、私はマーシーが他人を細かく管理したがる面がちょっとあるなと気づいた（そして、彼女は私がちょっとうぬぼれ屋だと気づいたらしい。だが、

これは本筋とは関係ない話だ）。私は彼女が厳格な管理者であることは彼女の長所のひとつだと思っているので、ふだんは気にしない。明らかに、私はちょっとだらしないほうなので、かえって彼女のそういう面をあちこちで少しばかり利用できるのだ。

トレーディングの世界と現実の世界

　細かいことまで管理していれば、現実の世界ではお尻にやけどをしないで済むかもしれない。しかし、こういう細かいことにこだわって反応するのは、トレーディングの世界では最悪なことと言っても言いすぎではない。初級者や中級レベルのトレーダーは、プロのトレーダーならいつ仕掛けていつ手仕舞うべきかを知っている、と考えがちだ。彼らは、プロなら相場が逆行しそうな兆しがわずかでも見えたら手仕舞いし、順行したらすぐにまた飛び乗るだろうと考えている。結局のところ、トレーディングは動作を表す言葉ではないか、というわけだ。だが、実際にあなたがポジショントレーダーならば、自分のポジションがちゃぶつくだけの時間と値幅の余裕を与えてあげなければならない。あなたは多少の熱さは我慢し、含み益をある程度失うリスクを冒す覚悟も必要である。

よくある間違い

　私はトレーディングにおいて、細かいことまで気にして管理すること（仕掛けたあとにちゃぶついたり、少し逆行したりすると、元々の方針を曲げてしまうこと）について1章を設けるべきかどうか、かなり悩んだ。退屈なトレーディングについての本で、少しおかしな逸話としても使えると思った。だが、トレーダーの心理の章ですでに触れている、とも思った。とはいえ、細かいことにこだわらないことがい

かに重要かについて、十分に強調しきれていないとも感じていた。このことを考えているときに、私が勧めた株について電子メールを受け取った。

「7月17日に私は株を買った……。そのときから売買を4回繰り返して、57ドルの損失を出してしまった。最初に買ったあと、そのまま持っていたら、1115ドルの利益になっていたのに」

このメールを受け取って私がまず思ったのは、皮肉だなというものだった。しかし、これは私が受け取るメールで、よくあるたぐいのものだ。私は幸いにも、さまざまなレベルのトレーダーと仕事をしている。これは私にとって役得のひとつだ。彼らの多くの間違いを見れば、何をすべきでないかをいつも思い出させられる。そのため、私は細かい値動きに左右されることがトレーダーを悩ます最大かつ最もよくある問題のひとつだということを知っている。彼らは勝ちトレードに乗り続けずに、相場が反転しそうだと思えるまさにそのときに手仕舞おうとする。彼らは、「利益はもうこれで十分だ。もうこれ以上は、大して動くはずがない」と考えるのだ。さらに悪いことに、彼らの多くは自分のポジションがそこまで行き着く機会さえ与えない。彼らは先読みをして、仕掛けた1～2分後にポジションを手仕舞ってしまうのだ。

私が行っているトレーディングのアドバイスでは、仕掛ける価格を示すほかに、私の判断が間違っていた場合に備えて、どの辺りで一部を利食いし、どこに損切りのストップを置くかも推奨している。だが、どんなポジションであれ、ちょっと逆行するとすぐに、先行きを心配した電子メールが来始める。早く手仕舞うべきだという彼らの言い分には説得力のあるメールも多い。「マーケットは今日、2％上昇したのに、この株は下げた。この株も上昇すべきだったはずだ。何かがお

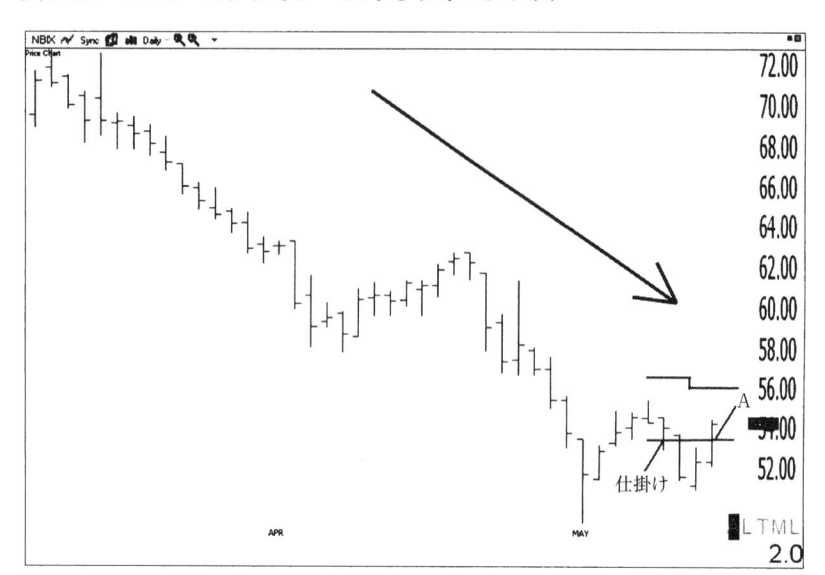

図10.1　ニューロクライン・バイオサイエンシズ

かしい」とか、「この株はあまり重要とも思えない抵抗線を超えられなかった。本当に強い株なら、そこをすぐに突き抜けるはずだ」というものだ。多くの場合、彼らはチャートには現れていないファンダメンタルやニュースまで考慮に入れ始める。そのため、ちょっとした問題を事実と勘違いしてしまう。次はなぜ細かいことを気にするべきではないのかに関する、私のお気に入りの例である。

　図10.1のニューロクライン・バイオサイエンシズ（NBIX）が下落を速め、下降トレンドでの戻りのセットアップが整っている点に注目してほしい。この株は売りのシグナルを点灯し、当初は思惑どおりに動いた。だが、トレードを始めて4日後に上昇を始める。このときに、私は顧客から数通の電子メールを受け取った。彼らはこのトレードをやめて、仕掛けと同じ価格の水準のAで手仕舞うことに決めたと知らせてきたのだ。

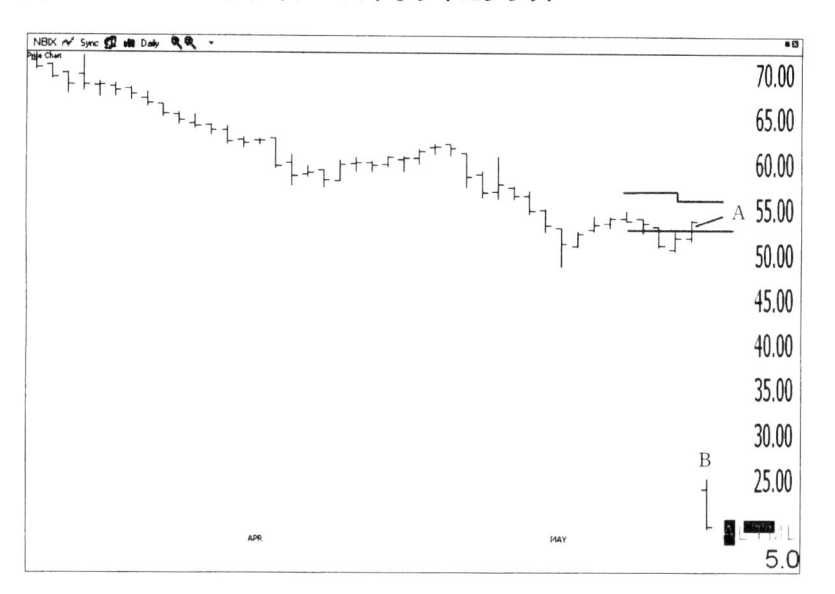

第10章 さらに知っておくべきこと

図10.2 ニューロクライン・バイオサイエンシズ

だが翌日、この株は急落して、一夜で50％以上のBまで下げた。さらに、その後の数週間で再び50％以上も下げて、1桁台後半になった。これは結局、その年で最大の勝ちトレードになった（**図10.2**）。

これで分かるように、たった1つのトレードのちょっとした逆行を気にしたために、パフォーマンスに多大な影響が及ぶこともあるのだ。

トレーダーはなぜ細かい点を気にするのか

トレーダーはさまざまな理由から、細かい点が気になって仕方がないというワナに陥ってしまう。その第一の理由は、マーケットでは誤った行動を取っても報われることがあるということ。第二の理由は、私たちはすぐに満足を得たがる社会に住んでいるということ。第三の理由は、私たちには一定の傾向があり、それによって間違えることが

できないというエゴが生まれ、私たちはそれによって苦痛を避けるようになるということ。これらについて詳しく述べることにしよう。

マーケットでは誤った行動を取っても報われることがある

逆行する兆しが初めて現れたときに手仕舞わないと、損失は大きく膨らみそうな気がするものだ。また、小さな含み益のうちに利食いしないと、すぐにそれが消えてしまうこともよくある。だから、間違った対処法が短期的に報われることはよくある。しかし、そういうことは長期的に見て、けっして引き合わないのだ。あなたは幸運にもわずかな損失で、十数回続けてうまく手仕舞えるかもしれない。しかし、そういうことをやっていては遅かれ早かれ、1年で最も儲けられたはずのトレードを逃すことになるだろう。

すぐに満足を得たがる

ファストフードや電子レンジやコンピューターが当たり前の社会で暮らしている私たちは、欲しいものをすぐに手に入れることに慣れきっている。残念ながら、マーケットはマーケットが勝手に決めた時間の流れで動き、あなたが思っている時間の進み具合など気にしない。トレンドができるまでには時間がかかることもあるのだ。

苦痛を避けるようにできているのが人間の本性

株は上げたり、下げたりするものだ。たしかにトレンドはフレンド（味方）だが、それは必ずしも株が一直線に動くということを意味しているわけではない。急な方向転換も起きる。それは、私が保証できる数少ない株の本質のひとつだ。それなのに、多くのトレーダーは苦

痛を避ける方法があるはずだと思っている。仕掛けと手仕舞いを何とかうまく繰り返せば、すべての逆行を避けて、毎回利益を上げることができると思っている。そういう人たちは何年もかかって、ありもしない聖杯を探し求め続けるのだ。

細かいことは気にしない方法

判断を相場自身に任せる

今見たように、人間の知恵で相場に勝とうとすると、素晴らしい機会を逃すことがよくある。判断を相場自身に任せよう！ 注文を入れたらそれを忘れることが、最も良い行動だ。あなたの考えが間違っていたら、損切りのストップで決済される。あなたの考えが正しければ、トレイリングストップによって長い間マーケットに残っていられるだろう。そして、注文を調節すること以外にはたいてい何もやることがない。たしかに、あなたが規律を守れるようになればなるほど、何らかの裁量を用いるべき状況が出てくるだろう。しかし、ほとんどの場合、あなたは保有中のポジションについて何もする必要はない。トレーディングは動くことを意味する言葉なので、これは多くの人にとって難しいことかもしれない。

悩むのは仕掛けたあとではなく、仕掛ける前にしよう

最も良い株を仕掛けて、あとは忘れよう。良いトレンドができている株で、同一セクターでもセットアップが整っている、最も良いセットアップを選ぶべきだ。セクター内のほかの多くの株でもトレンドが形成されているかどうか確かめよう。そして、個別株を細かく調べよう。すべての要素がそろっているかどうか確かめたほうがよい。それ

が本当にあなたが見つけられる最良の株なのか？　もっと良さそうな同業種のほかの銘柄はないだろうか？　こういう下調べを済ませたら、注文を入れ、あとはあなたの考えが正しいかどうかは相場に証明させればよい。悩むのは仕掛けたあとではなく、仕掛ける前にしておこう。

トレード計画を作り、それに従ってトレーディングをする

　どこで仕掛けてどこで一部を利食うか、考えが間違っている場合に備えてどこに損切りのストップを置くか、そして考えが正しければストップを相場に合わせてどのように動かしていくかを決めておこう。それができたら、その計画に従うことだ。仕掛けたあとで考えを変えて、５分後に手仕舞うといったことをしてはならない。

適切な金額でのトレード

　適切な金額でトレーディングを行えば、利食いにしろ損切りにしろ、ポジションがその価格まで動くのを待てるはずだ。そして、損切りのストップに引っかかっても、非常に管理しやすいだろう。もし損切りに引っかかってもあなたは肩をすくめて、「よし、次だ」と言えるはずだ。

迷っているときこそ、我慢が必要

　以前にも述べたが、予想が的中することもある。仕掛けるとすぐに、その株が思惑どおりに動くのだ。そういう場合には、計画に従うのはたやすい。だが、そういうことは１％もあるかどうかで、99％は揉み合うほうが普通だろう。そういうときは、小さな含み益が得られてはすぐに消えて小さな含み損となる。すると、それ以上痛手を負う前に手仕舞うべきだろうか、それとも再び含み益が出たらすぐに手仕舞う

べきだろうかと、迷うだろう。

　私が最も後悔していることのひとつは、最初の著書で「迷ったら手仕舞いなさい」と書いたことだ。凄まじい強気相場という当時の背景では、それは正しいことであった。ほとんどの株が上昇していたので、上昇しない株にしがみついているのは愚かなことだった。だが、ここ10年は、トレンドが生じるまでに時間がかかるようになっている。株が上昇するまでに、ちゃぶつく傾向がますます強くなっているのだ。そのため上にしろ下にしろ、株が動きだすまで十分な時間を見たほうがよい。

1日中、コンピューター画面を見るな

　トレーダーの心理の章で述べたように、長期的なトレード手法のために1日中コンピューター画面を眺めるのは、お金の面でも精神衛生上も好ましくない。小さな値動きのひとつひとつが、実際よりもずっと重大なものに見えるからだ。あなたがよく細かい値動きに左右されて、大きな勝ちトレードを逃していると気づいたら、ストップ注文を置いて、コンピューターのスイッチを切ろう。

　これはけっして画面を見るべきではないと言っているわけではない。寄り付きから5～15分間を見ることは重要だ。こうすれば、浮かれたりパニックに陥ったりしている状況で仕掛けずに済むだろう。さらに、もっと上級レベルのテクニックを使うこともできるようになるだろう。寄り付き後には仕事に取り掛かって、ときどき確認するか、目標値にアラームを設定しておいて、行動が必要なときにだけ通知を受け取るようにしておけばよい。

まとめ

　私のトレード法はたしかに短い時間枠での短期のセットアップから始めるものだが、大きな利益が得られるのは長期のトレンドに乗り続けたポジションからであることをけっして忘れてはならない。多くのトレーダーは細かい値動きを気にしすぎて、逆行の兆しが見えたらすぐに手仕舞ったり、ほんのわずかな含み益で利食いしたりして、素晴らしいトレードを逃してしまう。細かい値動きに反応していれば、損失がさらに膨らみかねなかった負けトレードを損切りして、報われることもあるだろう。また、最終的には損失となったはずのトレードでも、小さな利益で利食いできたことがあっただろう。

　だが、間違った行動をしていて報われると、問題が生じる。細かい値動きにいちいち反応することは長期的に見ると報われないからだ。それによって、ときどき打てるはずのホームランを逃してしまう。ところが、ホームランを打つことこそがパフォーマンスにとって大変重要になってくるのだ。何十ものポジションの細かい値動きに反応して節約できた金額よりも、長期間保有したたった１つの大勝ちトレードによって得た金額のほうが、はるかに多くの利益を得られることになるということを忘れてはならない。

第11章
高度なトレーディングと資金管理
Advanced Trading And Money Management

　経験を積めば、それによって培われた裁量を用いることによって、素晴らしいトレードを早く仕掛けたり、バブルの絶頂期に仕掛けを避けたり、ダマシをうまく避けたり、大きく逆行したときに損失をコントロールすることができたりするようになるだろう。さらに、基本的な資金管理システムを改善することもできるようになるだろう。

高度なテクニック

　裁量によるテクニックを用いるには闘いの真っ最中に判断する必要があるということを心に留めておこう。これには規律と経験が必要なのだ。このテクニックを実際に使おうとする前に、まずリアルタイムで観察して、感覚をつかんでおこう。そして常に、リスクを最小限に抑えられるように資金管理を学んでおこう。

早い仕掛け

　理想的な状況であれば、早い仕掛けを目指したほうがよいかもしれない。理想的とは、マーケット全体、セクター、そしてその株自体のすべてに強いトレンドが形成されており、テクニカルパターンによる

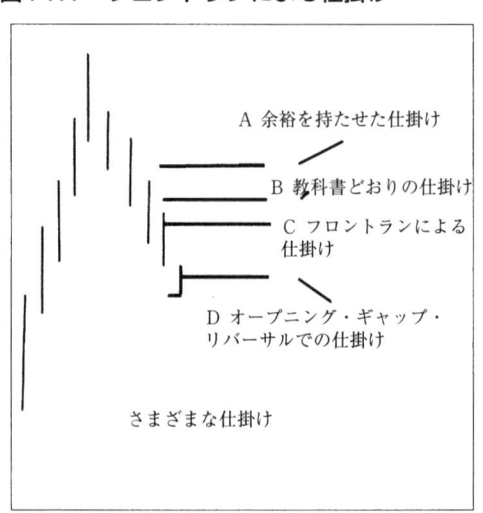

図11.1 フロントランによる仕掛け

```
                A 余裕を持たせた仕掛け
                B 教科書どおりの仕掛け
                C フロントランによる
                  仕掛け
                D オープニング・ギャップ・
                  リバーサルでの仕掛け

        さまざまな仕掛け
```

セットアップが整っているという意味だ。

早めの仕掛け(フロントランエントリー)とは、セットアップの実際の条件が整う前のCの地点で仕掛けるということだ(**図11.1**)。買いの場合、これは日中の強い値動きのときに仕掛ける。相場にこうした勢いがあるときには、前のトレンドが再開する兆候が見えたらすぐに仕掛けたほうがよい。つまり、教科書どおりの仕掛けであるBを待っている大衆よりも前で仕掛けたほうがよい。その後、教科書どおりの仕掛けを待っている人が買い始めたら、それはあなたのポジションをさらに推し進める役目を果たすだろう。あなたはこれらのトレーダーの「先頭を走っている(フロントラン)」のだ。

最も早い仕掛けはオープニング・ギャップ・リバーサルでの仕掛けである。これはギャップを下に空けて寄り付くが、すぐに安値を付けて上昇し始める場合だ。最良のオープニング・ギャップ・リバーサルであるDでの仕掛けは、マーケット全体とセクターでも同じことが起きているときだ。この仕掛けの利点は、下にギャップを空けて寄り付

く相場ではすぐに安値を付けて上昇し始めることが多いので、リスクに比べてリターンが非常に大きくなるという点である。よって、そうならなかった場合にはすぐに損切りをする。多くの場合、始値がぴったりその日の安値になる。あなたは素早く、抜け目なく動かなければならないが、規律を守る必要もある。相場がすぐにまた下げ始めたら、進んで手仕舞わなければならない。損切りは即座にしなければならないのだ。

フロントランのセットアップやオープニング・ギャップ・リバーサルでのトレーディングは高度なテクニックであり、理想的な状況で、経験豊かなトレーダーのみが用いるべきものだということを頭に入れておこう。

寄り付きでのギャップと急激な動きでの仕掛けは避ける

寄り付き後しばらくの間は、感情に突き動かされた売買が起こりやすい。マーケットにニュースが流れて、慌てふためいたトレーダーが仕掛けたり手仕舞ったりすることもある。残念ながら、こうした売買はすぐに終わることが多い。この動きによって、寄り付きでのオープニング・ギャップ・リバーサルや急激な動きがよく生じる。こうした状況にどう対処すべきかを見ていこう。

図11.2は、本来はAでの仕掛けを目指していたが、この最初の仕掛けであるAよりも上にギャップを空けてBで寄り付いたときの状況を示している。寄り付きでのギャップはぴったりその日の高値になることも多いので、ほかの大衆と一緒に飛びつき買いをするのは普通、良い考えではない。一般的には、数分間待って、その株がすぐに高値を付けたあとに反落し始めるかどうか確かめたほうがよい。これが起きたら（C）、寄り付きのレンジを超えて上昇した場合に限って仕掛けることができる。新しい仕掛けはこの日のレンジよりも上のDで行

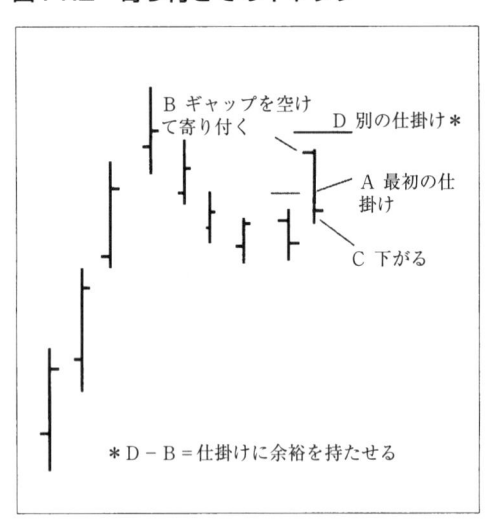

図11.2　寄り付きでのギャップ

B ギャップを空けて寄り付く
D 別の仕掛け＊
A 最初の仕掛け
C 下がる

＊D－B＝仕掛けに余裕を持たせる

う。始値を超えてダマシの上昇をする場合に備えて、仕掛け値には少し余裕を持たせておいたほうがよい。

　図11.3は、上にギャップを空けてBで寄り付き、そのまま上げ続けた（C）場合を示している。この場合は、「仕掛ける」か「やめる」かの判断を迫られる。これはつらい選択だ。飛びつき買いをすれば、寄り付きの熱狂に巻き込まれて、その日の最高値をつかまされるリスクがある。反対に、もしそのトレードを避けた場合は、ギャップを空けて高く寄り付いたあとに下げてこなければ、ボートに乗り損なうリスクを負うことになる。寄り付きで上にギャップを空けたあと、そのまま相場が上げ続けると、買うべきかやめておくべきかというジレンマに陥るのだ。

　どうすればよいのかを判断するときに、ギャップの大きさが役立つ。極端に大きなギャップを空けたときに仕掛けるのは、リスクが非常に大きい。その場合は、おそらく仕掛けないほうがよいだろう。逆に、ギャップが当初の仕掛け値をわずかに上回っている程度ならば、熱狂

図11.3 寄り付きでのギャップと仕掛け

[図: Bギャップを空けて寄り付く / C上げ続ける / A最初の仕掛け]

に巻き込まれて買うわけではないので、多分仕掛けることを考えたほうがよいだろう。

寄り付き後の急上昇でのトレーディング

相場がかなり落ち着いて始まったように見えたのに、すぐに急上昇することがときどきある。その場合、その株の始値と実際の相場には開きがあったのだ。その株の通常の始値と見えた水準は、実際の相場よりもずっと下に売り注文を出した少数の無知なトレーダーによって作られたのかもしれない。マーケットメーカーやプロのトレーダーはこの売り注文を喜んで引き受ける。この一歩遅れた値動きは、その株がニュースにどう反応するかを見てから飛びつく大口トレーダーによって引き起こされることもあるだろう。その株は実際にはギャップを空けて寄り付いているわけではないが、その値動きはギャップを空けたときと非常によく似ている。ただし、ギャップは寄り付いて数秒か

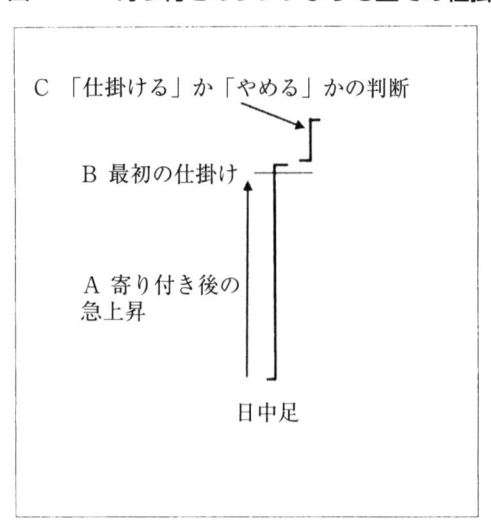

図11.4　寄り付きのレンジよりも上での仕掛け

```
C 「仕掛ける」か「やめる」かの判断
B 最初の仕掛け
A 寄り付き後の
   急上昇

          日中足
```

ら1分の間に起きる点が違っている。本当のギャップと同じで、この急激な買い上がりはすぐに終わることがある。そのため、寄り付きでの急上昇はギャップの場合と同様の対処をする必要がある。

　図11.4では、株が寄り付き直後にAのように急上昇し、数秒で最初の仕掛け値を飛び越えてBまで上げることは珍しくない。この場合、その株が上げ続けるのかどうかを確認できるまで待つべきだ。上昇しないで下落したら、寄り付き直後のレンジ（すなわち日中の高値）よりも上で新しい仕掛け値水準を探せばよい。株がCのように上昇し続けたら、あなたは「仕掛ける」か「やめる」かの判断を迫られる。寄り付きのギャップと同じく、この場合も買うべきかやめておくべきかというジレンマに陥ることがある。

仕掛け方を学ぶ

　これで分かったように、上級レベルの仕掛けでは前日の高値よりも

上に仕掛け値がある教科書どおりの注文と比べて、少し複雑になることもある。私はさまざまなシナリオを示したが、闘いの真っ最中にどう反応するかを学ぶには経験が必要だ。

　トレーディングを始めたばかりの人は前日の高値と仕掛けの間に余裕を持たせたほうがよい。経験を積めば、マーケットの状況が良いときに教科書どおりの仕掛け以外の方法を使って、もっと早く仕掛けられるようになるだろう。一般的には、トレードの初心者は経験を積むまでフロントランや寄り付きのギャップでのトレーディングは避けるべきだ。また、経験を積めば、裁量を用いて、寄り付きで浮かれて仕掛けないようにすることもできるのだ。

資金管理とポジション管理を改善する

損失のコントロール

　遅かれ早かれ、あなたはあなたが持っているポジションとは違う側にいることになる。相場はあなたが持っているポジションとは反対の方向に大きくギャップを空けることになるだろう。目覚めてみると、意図していたよりもはるかに大きな損失を被っていることもあるだろう。そうなった場合、ほかの皆が冷静さを失っていても、あなたは平静でいられ続けなければならない。こういうときには、だれでもすぐに手仕舞いたがる。しかし、この狼狽売りはすぐに終わって、株価は反転することもある。もちろん、これがいつも起きるとは限らない。そのため、そうならなかった場合には問答無用で手仕舞わなければならない。

　詳細に入る前に覚えておいてもらいたいことがある。損失をコントロールするための計画を実行するには、損切りのストップ注文を翌日に持ち越さず、大引け後には必ずキャンセルしておくことだ。さもな

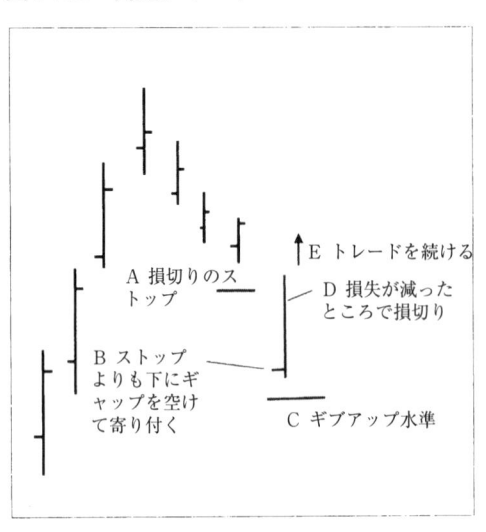

図11.5　日足チャート

A　損切りのストップ
B　ストップよりも下にギャップを空けて寄り付く
C　ギブアップ水準
D　損失が減ったところで損切り
E　トレードを続ける

いと、翌日にストップ水準よりも不利にギャップを空けて寄り付くと、その注文は成り行き注文になり、最悪の価格で約定することになる。

では、分析を進めよう。**図11.5**では、Aに損切りのストップを置いていた。翌日はポジションとは反対の方向に、大きく下にギャップを空けてBで寄り付く。この時点で、あなたは株が反転し始めるかどうかを見守る。幸運にも始値が安値となることもあるが、寄り付きでの売りの動きは少なくともある程度続くことが多い。そのため、始値よりも下に多少の余裕を持たせておかなければならない。あなたはすでに熱さに耐えたのだから、もう少し我慢しても大した違いではないだろう。しかし、これ以上の苦痛は引き受けられないという水準を決めておき、このギブアップ水準のCに達したら、手仕舞わなければならない。幸いにも株が反転したら、損失が減るまで上昇したところのDで損切りができる。本当に幸運であれば、その株に含み益ができるまで急上昇する。この場合には、そのトレードを続けることができるかもしれない（E）。このときには基本的に、大打撃になりかねない

値動きだったけれども、生き残ったことになる。

　損失をコントロールするための計画を実行するには厳格な規律を必要とする。株が再び上昇しなければ、事態がさらに悪化する前に損切りしなければならない。ここで述べる損失をコントロールするための計画は、本書で説いたあらゆる資金管理の考え方に反している。あなたはこれを次のように見る必要がある。あなたはすでに大きな損失を抱えているので、さらに少しのリスクをとっても、大した違いはない。あとどれだけリスクをとるかはギャップの大きさ、株価、株のボラティリティによる。一般に、株価が高めの銘柄（例えば30ドル以上）では少なくともあと１ポイントのリスクをとったほうがよいだろう。値動きの荒い株が極端なギャップを空けた場合なら、２ポイント以上のリスクをとるかもしれない。大きな反転で生き延びることができれば、今後、損失をコントロールすべき多くの状況で、損失の埋め合わせに役立つだろう。

寄り付き直後にストップ水準以下に下げても生き延びる

　あなたが置いた損切りのストップ注文よりも上で寄り付くが、すぐにそれよりも下まで下げて、再び素早く上昇することがときどきある。これが起きるのは、あなたがストップ注文を相場の非常に近くに置いていたときや、ネガティブな経済発表などのためにマーケット全般が大きく下げて寄り付くときだ。損失のコントロールのときと同じように、その株がかなり素早く安値を付けるかどうかが分かるまで待てば、こうしたストップ狩りを避けることができる。

　図11.6でこれを分析しよう。まず、寄り付くとすぐに、前日まで置いていた最初の損切りのストップ水準であるAを下に抜ける。この場合、ギブアップ水準のBに達したら問答無用で手仕舞う覚悟がいる。その水準まで下げずに上昇し始めたら、損切りのストップを日中の安

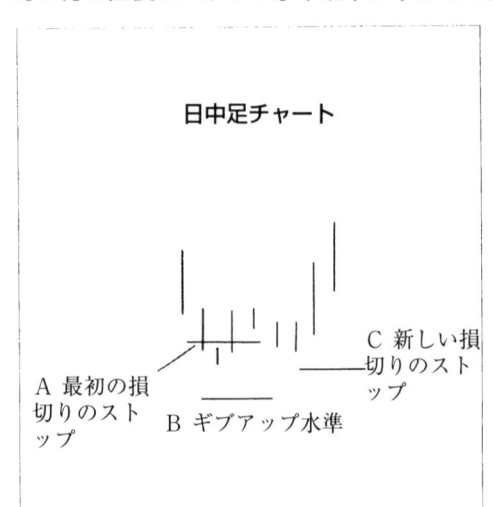

図11.6　寄り付き直後にストップ水準以下に下げても生き延びる

日中足チャート

A　最初の損切りのストップ
B　ギブアップ水準
C　新しい損切りのストップ

値であるCの下に置き直すことができる。

　特に自分に不利な状況では、株がどう動くかが分かるまで待つことで、勝ちトレードに乗り続けられることも多い。いかなる裁量テクニックでも、規律が必要だと言うことを頭にたたき込んでおこう。

わずかの差でストップに引っかからないようにする

　遅かれ早かれ、あなたはわずかの差でストップに引っかかったあとで相場が反転するのを、つらい思いで見ることになるだろう。そのような状況を見ておこう。**図11.7**では、買った翌日の2日目に上昇し始める。あなたはストップ注文をAのように引き上げる。3日目に大幅に下げるが、ストップ水準には達しない。ストップ水準は今や現在価格に非常に近く、ほんのわずかな意味のない動きでストップに引っかかりかねない。4日目にはわずかの差でBでストップに引っかかり、その後は上昇トレンドを再開する（C）。このようにストップ水準が

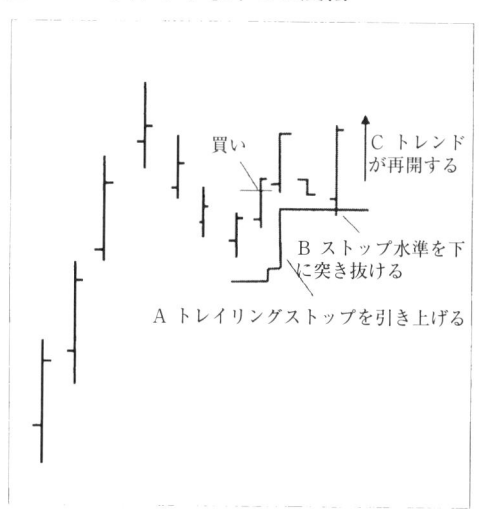

図11.7　ストップ水準での反転

C　トレンドが再開する
買い
B　ストップ水準を下に突き抜ける
A　トレイリングストップを引き上げる

　現在価格に非常に近いとき、相場が反転するかどうかを確かめるために、ストップ注文を外してしまうことも考えられる。私はここで少し損失額が増えるかもしれないが、もっと利益が増えるかもしれない話をしているのであり、ストップ注文を外してしまって、相場の反転を期待しようと提案しているのではない。最初の損切りのストップから数セント以内で反転したら、そのトレードを続ければよい。さもなければ、手仕舞わなければならない。

もらい物

　仕掛けてすぐに報われることがときどきある。**図11.8**では、数日でAのように急上昇して、最初の目標値のBの間近まで上昇した。この場合、特に同一セクターとマーケット全体も急上昇しているときには、おそらく少し早めに利食ったほうがよいだろう。頭に入れておいてほしいのだが、これは5ドルの利益を狙っているときに、1ドルで

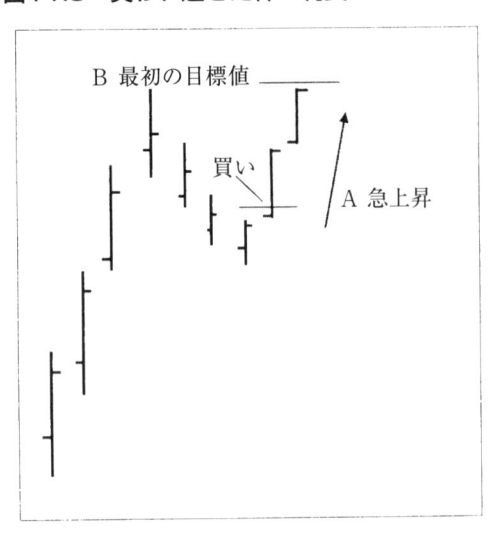

図11.8　買われ過ぎた株の利食い

B 最初の目標値

買い

A 急上昇

利食いをすべきだと言っているのではない。5ドルを狙っているのならば、こうした急な動きでは4.5～4.75ドルの間で利食ったほうがよいだろうと言っているのだ。あまりにも早く買われ過ぎになると、おそらく調整は避けられないだろうから、もらい物にはケチをつけないほうがよい。同一セクターやマーケット全体も急上昇した場合は、特にこれが当てはまる。

細かいことを気にするな

　日中に上昇して、目標値の間近まで達するが、そこからは上げそうにないことがときどきある（**図11.9**）。この場合には、細かいことにこだわらずに、少し早めに一部を利食うほうがよい。これは相場がちゃぶついているとか、マーケット全体やセクターで買い意欲が衰えてきたように見えるなど、理想的な状況ではないときに特に当てはまる。この場合も、最初の目標値に比べて少ない利益で手仕舞ったほうがよ

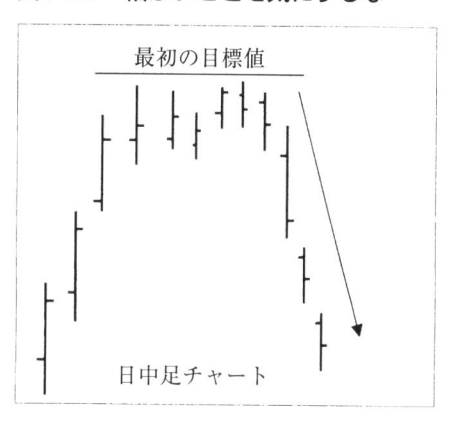

図11.9　細かいことを気にするな

　最初の目標値

　日中足チャート

いと言っているのではない。むしろ、目標値に近づいているのに、そこまで届かないように見える場合に一部を利食うのだ。

そのまま乗り続けよう

　さて、これは最高のシナリオだ。**図11.10**では、Aのように急上昇し、最初の目標値のBを超えて、上昇し続ける。この場合には、最初の目標値よりもずっと多くの利益を狙って、Cのように日中にストップを引き上げていくことができる。大幅に上昇した日には、利食いできるうちに利食いしたほうがよいかもしれない。もっと自動化した手法を用いたければ、もともとの目標値のBよりも上か、一部を利食うための目標値に損切りのストップを置けばよい。ストップに引っかからなければ、大引けで持ち株の半分を手仕舞う。場合によっては、コンピューターの画面を見ないおかげで日中の大きな調整を乗り切ることができて、大引けでうれしい驚きになることもあるだろう。また、

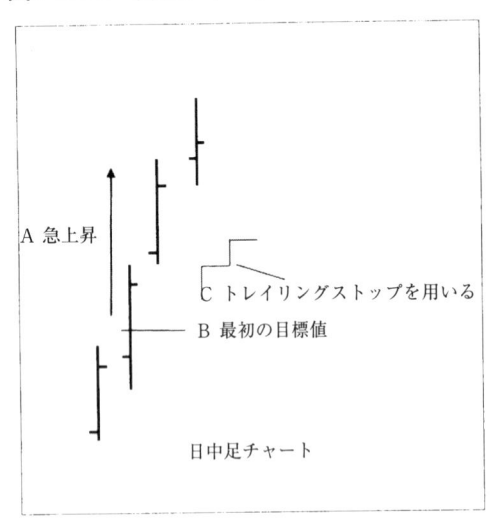

図11.10　日足チャート

```
A 急上昇
C トレイリングストップを用いる
B 最初の目標値
日中足チャート
```

最悪の場合でも、少なくとも最初の利益目標分は得られるはずだ。

きついストップを用いる場合

　多くの人はストップをきつくしておけばリスクを抑えられると考えて、損失を出してしまう。一般的に言って、ストップは通常のボラティリティよりも外側に置かなければならない。しかし、経験を積めば、きついストップが役に立つパターンがときどきある。これが最もうまく使えるのは、相場が大きく調整したあと、長期のトレンド方向に再び急に動いていきそうなときだ。この場合、通常の仕掛け水準まで待って、いつもの変動幅よりも外側にストップを置く代わりに、早く仕掛けてきついストップを置くこともできる。これは基本的に、相場に対する挑戦だ。長期のトレンドが再開しなくても、わずかな損失でストップに引っかかる。そして、トレンドが再開した場合は、リスクに比べて極めて大きなリターンを得られる可能性がある。早い仕掛けと

きついストップを用いるのに最もふさわしいパターンは、深い押しでのオープニング・ギャップ・リバーサルか、ウイッチ・ハットのような「V」型のダマシの反転である（『デーブ・ランドリーズ・10ベスト・スイングトレーディング・パターンズ・アンド・ストラテジーズ［Dave Landry's 10 Best Swing Trading Patterns and Strategies］』を参照）。

空売りに代わる投資

株を借りるのが難しい場合、株そのものを空売りする代わりに、ディープ・イン・ザ・マネーのプットオプションを買うこともできる。空売りする代わりにオプションを使う利点は、相場が破滅的な逆行をしても、リスクはオプションの購入費用に限られるという点だ。また、猛烈な買い戻しによる上昇中に耐えることもできる。とはいえ、短所もある。オプションは複雑なデリバティブに対する投資だからだ。しかし、オプションの説明は本書の範囲を超えている。株の代わりにオプションをどう用いるかを詳しく知りたければ、『**デーブ・ランドリー・オン・スイングトレーディング（Dave Landry On Swing Trading）**』（パンローリングより近刊予定）を読んでもらいたい。

まとめ

経験を少し積めば、高度な裁量テクニックを用いて、トレーディングを大いに向上させることができる。もちろん、これは規律を守り、正しい資金管理に従う気がある場合に限っての話だ。

第12章
まとめると

Putting The Pieces Together

　オムニビジョン・テクノロジーズ（OVTI）では「移動平均線への別れのキス」のセットアップが整っている（**図12.1**）。また、この株は主要な安値から上げ始めてもいて、最近ボウタイのセットアップも整っている（チャートには示されていない）。

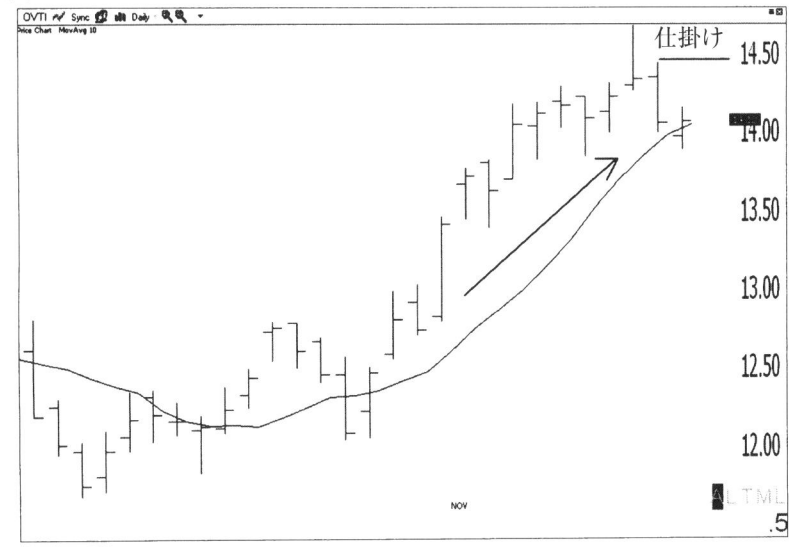

図12.1　オムニビジョン・テクノロジーズ

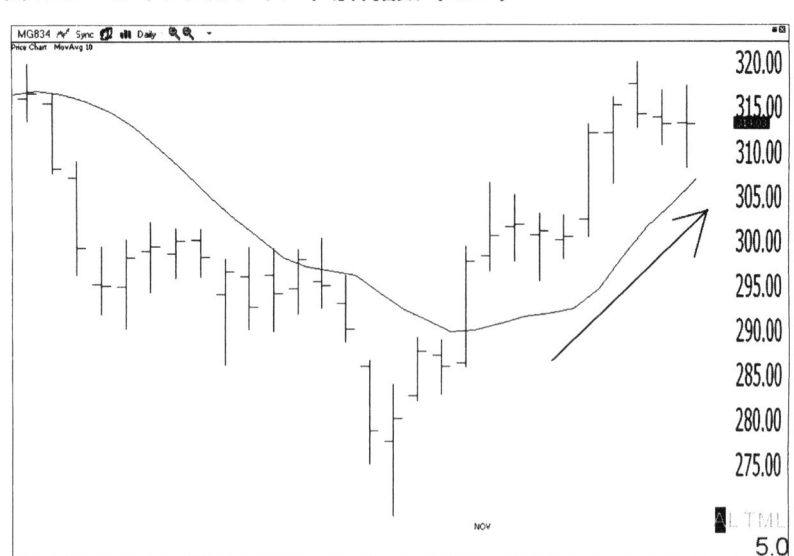

図12.2　フィラデルフィア半導体指数（SOX）

　現在の日足はかなりの短小線なので、前日の高値14.50ドルよりも上で仕掛けるのがよいだろう。この株を買うことを考える前に、セクターとマーケット全体の動きを調べて、それらも上昇トレンドなのかを確認しておかなければならない。

　半導体集積回路のセクターも上昇トレンドにある（**図12.2**）。

　S&P500で見たマーケット全体も上昇トレンドだ（**図12.3**）。

　オムニビジョン・テクノロジーズはハイテク株なので、それらの株の動きをよく反映するナスダックが上昇トレンドにあるかも確かめておいたほうがよい（**図12.4**）。

　マーケット全体、セクター、株の３つのチャートでそろって同じトレンドを形成していると分かったので、仕掛けることができる。だが、その前に、何株買うかを決めておく必要がある。そのためには、損切りのストップをどこに置くのが適切かをまず決めなければならない。

図12.3　S&P500

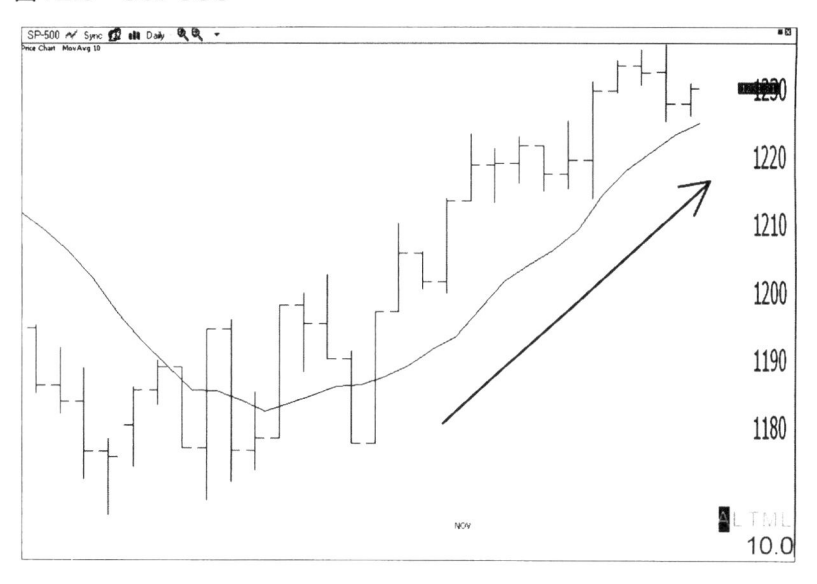

図12.1のチャートを目測で測ると、この株は最近およそ0.75ポイントのレンジで動いていたことが分かる。さらに、最近は数日で1ポイント程度動く可能性があることも分かる。私たちは1.5ドルのリスクをとることに決める。繰り返すが、ストップを置くべき正確な場所などない。トレンドが再開した場合は、緩めにストップを置いておけばポジションを維持できる。だが、再開しなければ損失は大きくなる。きつめにストップを置けば、損失を大きくしないで済むが、無意味な値動きだけでストップに引っかかるかもしれない。

　ここで買う株数を決めなければならない。リスクは10万ドルの口座で1％しかとらないことにする。こうすれば、寄り付きで下にギャップを空ける場合を除けば、最悪でも1000ドルしか損をしないからだ。株数を計算するために、リスク総額を、リスクをとるポイント数で割る（1000ドル÷1.5ポイント＝666.67株）。端数のある株数で買いたく

図12.4　ナスダック

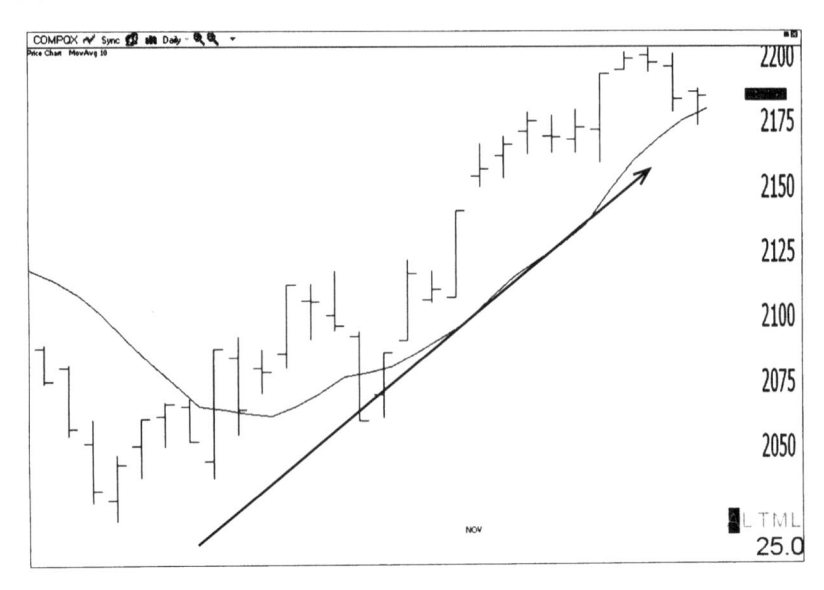

ないので、端数を切り捨てて600株買うことにする。これで、ストップに引っかかった場合のリスクを１％ないし1000ドルよりもわずかに低くしておける（600株÷1.5ポイント＝900ドル、または0.9％）。

　先ほど、仕掛け値を14.50ドルにすると決めた。損切りのストップに1.50ドルを使えば、仕掛けたあとで13.00ドル（14.50ドル－1.50ドル＝13.00ドル）に損切りのストップを置くことになる。そして、仕掛け値と損切りのストップとの差額（1.5ポイント）を仕掛け値に足すと、16.00ドルという目標値が得られる（14.50ドル＋1.50ドル＝16.00ドル）。株が思惑どおりに上昇すれば、1.50ドルのリスク変数をトレイリングストップでも使う。

　計画をすべて立てたので、どこで仕掛けるか（14.50ドル）、何株買うか（600株）、損切りのストップをどこに置くか（13.00ドル）、どこで一部を利食うか（16.00ドル）、どのようにストップを引き上げてい

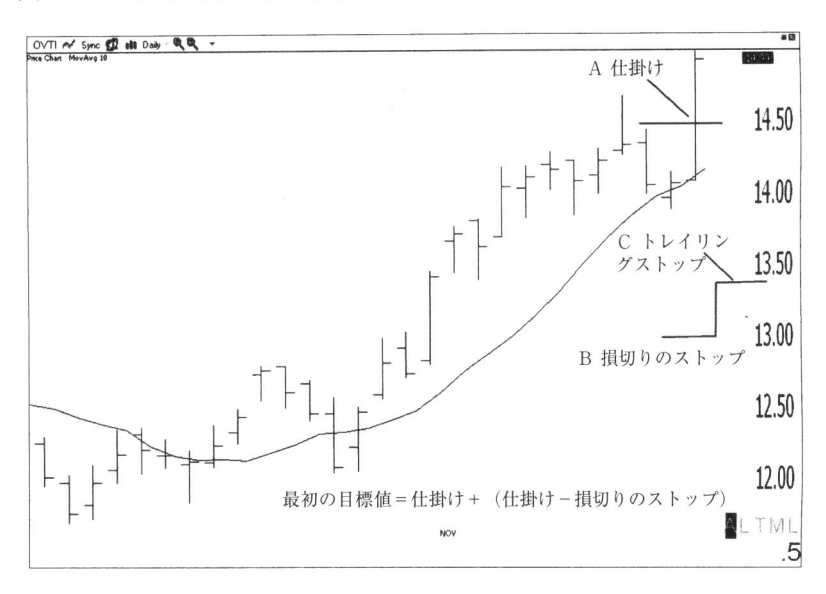

図12.5　オムニビジョン・テクノロジーズ

[チャート図：OVTI 株価チャート。A 仕掛け（14.50ドル付近）、B 損切りのストップ（13.00ドル）、C トレイリングストップ（13.50ドル付近）が示されている。最初の目標値＝仕掛け＋（仕掛け－損切りのストップ）]

くか（終値の1.50ドル下まで）が今や正確に分かっている。

図12.5では、オムニビジョン・テクノロジーズをAの14.50ドルで仕掛けた。600株を買ってすぐに、Bの13.00ドルに損切りのストップを置いた。株はきれいに上昇し、14.99ドルで引けた。今のところ、問題はない。そこで、損切りのストップをCまで引き上げることにする。

現在、仕掛け値から最初の損切りのストップまでの距離と同じ1.5ポイント下まで引き上げている。そのため、14.99ドルから1.50ドルを引くと、13.49ドルが得られる。計算を簡単にするために、私は普通最も近い5セントか10セントまで切り捨てる。これによって、ストップに少しの余裕もできる。また、ストップをどこに置いたかも覚えやすくなる。この例では、正確な数字のままにしておく。だが、実際のトレーディングでは、私は買った場合は端数を切り下げるのを好む。

図12.6では、株が上にギャップを空けてきれいに上昇し続け、最

図12.6　オムニビジョン・テクノロジーズ

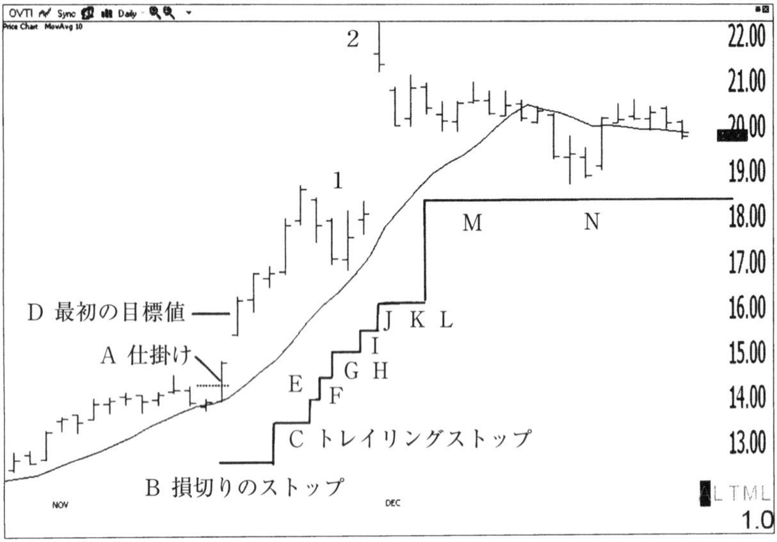
OVTI
Price Chart　MovAvg 10
1
2
D 最初の目標値
A 仕掛け
B 損切りのストップ
C トレイリングストップ
E
F
G H
I
J K L
M
N
22.00
21.00
20.00
19.00
18.00
17.00
16.00
15.00
14.00
13.00
NOV
DEC

初の目標値であるＤの16.00ドルに達した。そこで、株の半分を手仕舞って、450ドルの利益（16.00ドル－14.50ドル＝1.5ドル、1.5ドル×300株＝450.00ドル）を得る。そして、Ａの仕掛けのときと同じように、ストップを損益分岐点のＥまで引き上げる。これで、翌日に下にギャップを空けないかぎり、残りの株は最悪でも損益ゼロになる。株は日中に上げ続けて、終値は16.37ドルとなった。これは最初の目標値を37セント上回っている。そのため、ストップを現在価格よりも1.50ドル下のＦまで引き上げる（16.37ドル－1.50ドル＝14.87ドル）。

翌日も株は上げ続けた。そこで再び、ストップを現在価格よりも1.50ドル下のＧまで引き上げる（16.95ドル－1.50ドル＝15.45ドル）。

その翌日は同じ終値で引ける。そのため、トレイリングストップのＨに変更はない。

オムニビジョン・テクノロジーズは上げ足を速める。そして、含み

益は大きくなり、3.50ドル（18.00ドル－14.50ドル）、または24％（［3.50ドル×300株］÷［14.50ドル×300株］＝1050ドル÷4350ドル）になる。ここで、トレイリングストップを緩めにすることができる。そうすれば、長期的な上昇トレンドに残り続ける助けになるだろう。現在価格の1.50ドル下まで引き上げる代わりに、2.00ドル下までと緩めに引き上げるようにする。株は18.00ドルで引けたので、トレイリングストップをⅠの16.00ドル（18.00ドル－2.00ドル＝16.00ドル）まで引き上げる。

さらに80セント上昇して、18.80ドルで引けた。そこで、トレイリングストップをJの水準の2.00ドル下まで引き上げる（18.80ドル－2.00ドル＝16.80ドル）。

株はそこから２日間下げた（L）ので、トレイリングストップは同じままにしておく（K）。その後、また上昇し始めた。しかし、終値は新高値ではないので、トレイリングストップはまだLのまま変えない。

そこからオムニビジョン・テクノロジーズは急上昇して、3.00ドル以上または18％も上げて引けた。こうした予期しない利益が得られたときには、考えるべきことが２つある。第一には、その株がバブルの間に、さらにいくらか手仕舞ったほうがよいかもしれないということ。第二には、あなたは今、残りの株に対してストップをもっと緩めに引き上げていき、うまくいけば長期のトレンドに乗り続けられる立場になったということだ。そのため、終値よりも2.00ドル下のストップをMの3.00ドル下まで緩めにする（21.56ドル－3.00ドル＝18.56ドル）。結局のところ、今日だけでこの値幅以上の利益を得た。

オムニビジョン・テクノロジーズはその後、１カ月余りの横ばいを始める。この期間中は新高値で引けなかったので、トレイリングストップはNのまま変えなかった。

図12.7ではまた上昇し始めているが、新高値で引けるまでストッ

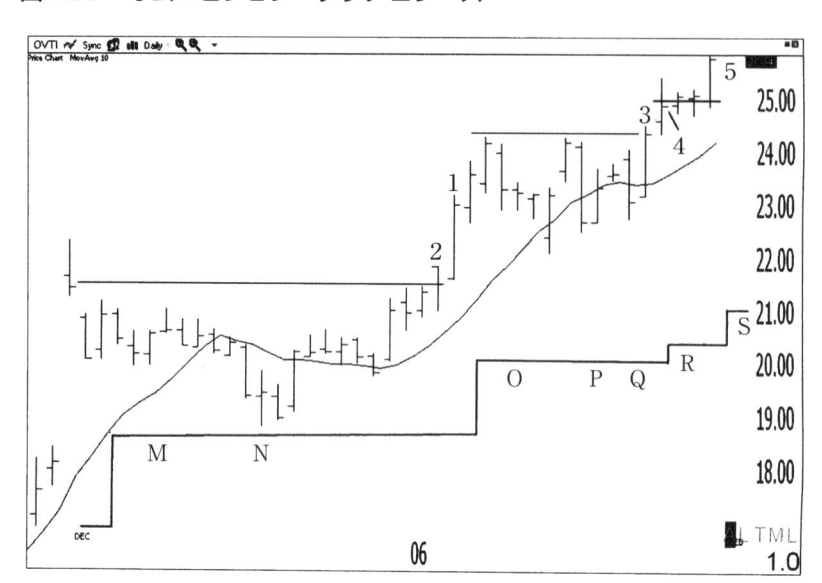

図12.7　オムニビジョン・テクノロジーズ

プを変えていない点に注意しよう。それから上にブレイクアウトした（1）。そこで再び、終値の3.00ドル下であるOまでストップを引き上げる。このような場合、含み益はすでに60％近くになっているので、私は20.16ドル（23.16ドル－3.00ドル＝20.16ドル）の端数を切り捨てて、ストップを20.00ドルに置く。もうひとつ言っておきたい。注意して見ると、はっきりとブレイクアウトした日の前日の終値の2が、それまでの終値の最高値を数セント上回っていたことが分かるだろう。こういう場合に、私はトレイリングストップをわざわざ調節したりしない。私が言いたいことは、含み益が大きくなればマーケットのお金でトレーディングをしているのだから、損切りのストップはますます気前よく余裕を持って置けるということだ。

　オムニビジョン・テクノロジーズは上昇し続けているので、さらに大きく動くことのできる余地を残すことにする。トレイリングストッ

プを緩めて、現在価格の4.00ドル下まで引き上げることにする。ストップの位置を緩くするためにすることは何もない。2日前にストップを置いていた水準であるOのところに置いておけばよいだけだ。

3の終値はこれまでの最高値をわずか2セント上回っただけなので、ストップをわざわざ引き上げない。再び新高値で引けたが、前の最高値をわずか18セント上回っただけだった。そのため、トレイリングストップは同じ水準のQのままにしておく。見て分かるように、上げても何もしていないので、ストップは今や現在価格の4.50ドル下という水準になった。

オムニビジョン・テクノロジーズはブレイクアウトして、4の新高値である25.04ドルで引ける。私たちは4.50ドル幅でストップを引き上げているので、Rの20.50ドルまで動かす。含み益は72％を超えているので、残りの4セントまでは気にしない。

株はごくわずかだが、さらに新高値を付けて引ける。含み益は非常に大きくなっているので、10数セント程度までなら気にするつもりはない。ストップは何も動かしていないので、現在価格の4.73ドル下まで開いた。さらにブレイクアウトして、新高値の5で引けた。そこで、ストップを引き上げる。繰り返しになるが、含み益が極めて大きいので、ストップは単純にして、Sの21.00ドルまで引き上げる。これで、現在価格とトレイリングストップとの間隔は5.00ドル近くになる。

図12.8では、株はそれから数日間横ばいしたので、新たにすることは何もない。それから新高値を付けるが、1の数セント高いだけだった。ここでは、トレイリングストップのことは気にしない。翌日には、またブレイクアウトして、2の27.09ドルの新高値で引けた。ここで、ストップをTの22.00ドルまで大幅に引き上げて、5.00ドルよりも少し広くする。

その後、2週間にわたって株は揉み合う。わずかの差で3のように終値ベースで新高値を付けるが、ここでもストップはそのままにして

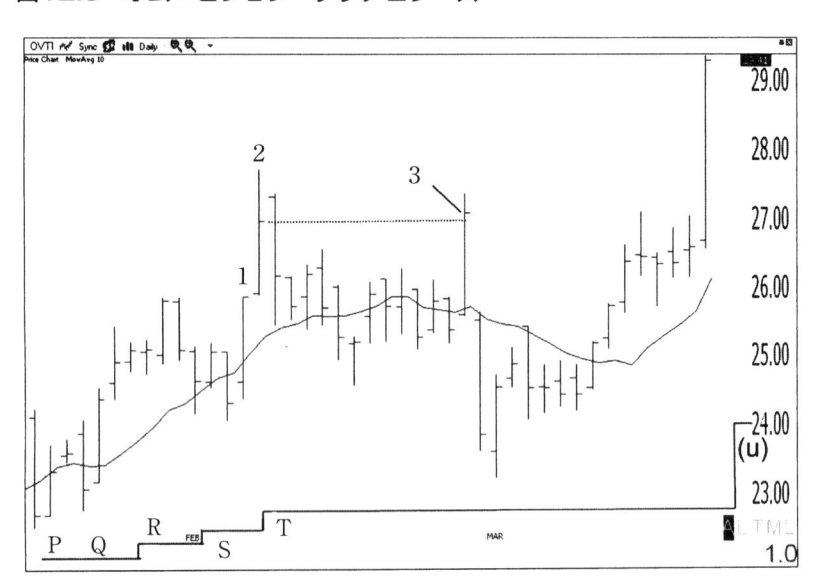

図12.8　オムニビジョン・テクノロジーズ

おく。株はそこから大きく調整するが、ストップを緩めていたので、この逆行を乗り切れた。再度、徐々に上げ始めるが、大きく上昇して新高値を付けるまで、トレイリングストップの調整はしない。そして、大幅に上昇をした。端数を切り捨てるという考えを維持して、24.00ドルまでトレイリングストップを引き上げた。これによって、トレイリングストップは現在価格の5.50ドル近く下になった。

　動きを１日止めた後、株は３日連続で上げて引けた（**図12.9**）。私たちはストップをＵからＶに引き上げた。ストップは今、現在価格よりも5.71ドルも下にある。現在は、ただ何もしないで、6.00ドルまで「ストップ幅を広げる」ことを考えている。

　価格は横ばいを見せているので、トレイリングストップはそのままだ。わずかに上げて、１の新高値で引けるが、わざわざストップを動かしたりしない。それから、２の新高値へとはっきりブレイクア

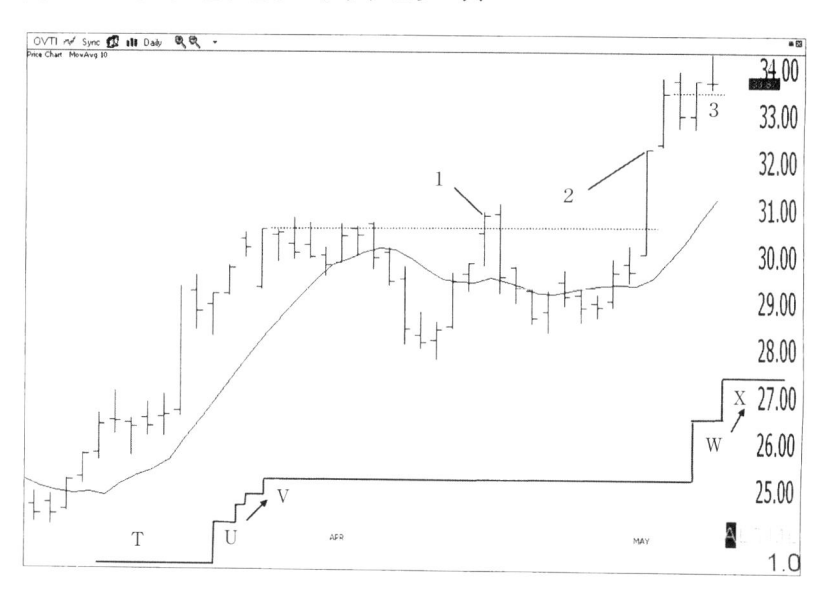

図12.9　オムニビジョン・テクノロジーズ

ウトする。そこで、ストップを現在価格の6.00ドル下であるWまで引き上げる。オムニビジョン・テクノロジーズはさらに上昇し続けて、33.87ドルの新高値で引けた。単純にしておくために、この水準の概数から6.00ドル下の27.50ドルのXまでストップを引き上げる。ほんのわずかの差で新高値である3を付けるが、細かなことは気にしない。

　図12.10で分かるように、オムニビジョン・テクノロジーズはその後の数日間、急落して、トレイリングストップに引っかかった。これによって、残っていた持ち株について1株当たり13.00ドル（27.50ドル－14.50ドル）、合計で3900ドルの利益が得られ、この株の総利益は4350ドルになった。当初リスクがわずか900ドルだったことを考えると、これは素晴らしい数字だ。

　1株当たり6.00ドル余りの含み益は、捨てるには大きすぎるように思われるかもしれないが、強いトレンドを持つ株はトレンドを再開す

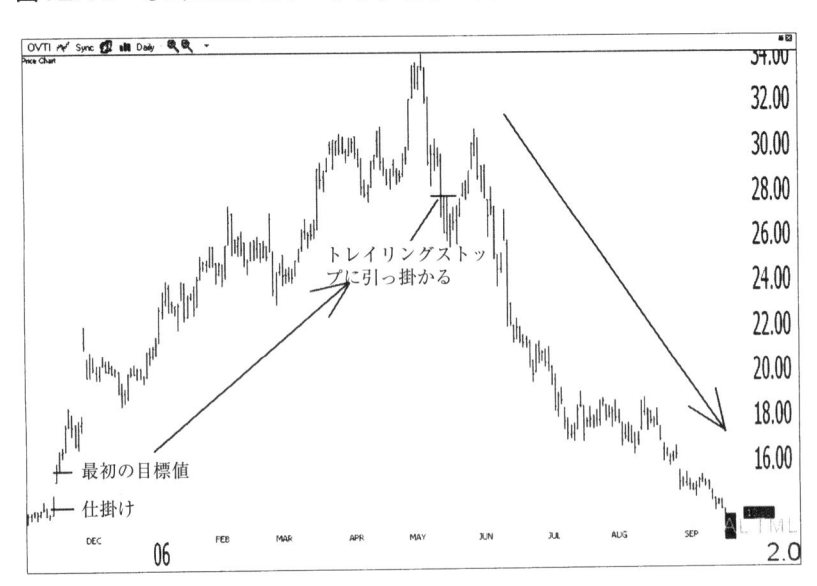

図12.10　オムニビジョン・テクノロジーズ

[チャート図：価格推移、「トレイリングストップに引っ掛かる」「最初の目標値」「仕掛け」の注釈あり]

る前に大幅な調整をすることが多いことを頭に入れておいてほしい。あなたは自分があきらめたものではなく、得たものに焦点を合わせるべきだ。この場合、あなたはこの株で90％の利益を得た。あなたが負けトレードでリスクをきちんと抑えておけるならば、こうした大きな勝ちトレードが毎年数回あるだけで、良い年を過ごせるだろう。

　思い出してもらいたいが、トレーディングでは常にトレードオフの関係（あちらを立てれば、こちらが立たない関係）にある。すべてのトレンドが調整したあとにトレンドを再開するなら、ストップを緩めにしておくことでトレードを続けられるだろう。しかし、トレンドが再開しなければ、かなりの含み益を失う。

　それでは、トレード全体を見直してみよう。トレードを始めたときには手の内を見せないようにした（**図12.5**）。そして、思惑どおりに動くと遠慮なく話した（**図12.6～図12.9**）。まず、短期的な資金管

理とポジション管理を用いた短期トレードとして始めたものが、長期的なポジション管理と資金管理を用いて、長期の勝ちトレードになったことに注意してもらいたい。

私たちがストップに引っかかったあと、オムニビジョン・テクノロジーズがどうなったかを**図12.10**で見ておこう。この株は下げ続けて、最初に仕掛けた水準まで下げたことが分かる。資金管理をしていなければ、この100％近い利益をもたらしたトレードは、実は負けトレードになっていただろう。これが、株を買って、いつか上げるだろうと期待して待つのではなく、トレーディングを行ったほうがよいもうひとつの理由である。

あなたは私の使った例が少し古いと気づいたかもしれない。ほとんどの人は株を空売りしないので、私は株を買う例を使わなければならないと思った。だが、弱気相場が長期間続いたので、この例を含めて本書中のほかの多くの買いの例を探すために、1～2年前までさかのぼって、私のトレーディングの記録やチャートを調べるしかなかったのだ。

事後分析

この章を書き終えて以降、相場はかなり上昇した（2010年春現在）。これによって私たちは数多くのトレードの機会が得られた。そのため、最新の例については私のホームページやオンラインセミナーを見てもらいたい。

まとめ

トレードは短期的に利益が得られそうなものでも、長期的に利益が得られそうなものでも、短期のパターンから始める。マーケット全体

とセクターでも同じトレンドがあるかを確認すれば、有利になる。私たちのとるリスクは少なく、ストップに引っかかった場合、ポートフォリオの1～2％に抑えるのが普通だ。株が予想どおりに動くまで、トレードは短期トレードのように管理する。その後、長期的な勝ちトレードに最後まで乗れるように、トレイリングストップを緩めに置いていく。すでに分かったと思うが、資金管理とポジション管理は成功するために大変重要なものである。単にバイ・アンド・ホールドをしていただけでは損失となった株でも、大きな利益を得られることがときどきあるのだ。

第13章
締めくくり

Closing Thoughts

　長期的には株は必ず上昇する、というわけにはいかない。だから、安値を買うのは敗者のゲームである。2008年に割安に見えた多くの銘柄の企業が、2009年と2010年に倒産した。良い企業など存在しないのだ。

　多角化を進めていたジェネラル・エレクトリック（GE）でさえ、2008～2009年の弱気相場で評価額の70％を失ったのだ。株や相場がどうして上げたり下げたりするのかを推測しても、ムダなことが多い。株は現実に基づいて取引されているわけではない。現実をどう認識するかに基づいて、取引されているのだ。そして、この認識は相場参加者の感情だけに基づいていると言っても過言ではない。私たちはテクニカル分析を通して彼らの心理を読むことができるし、これによってしか読むことはできない。価格のチャートだけが、株がこれまでにどう動き、これからどう動きそうかを教えてくれる。テクニカル分析と言っても、それほどテクニックが必要なわけではない。ただチャートに矢印を引いて、トレンドの方向を判断するだけで、相場の正しい側にいられるだろう。

最も良い株をトレードし、ほかの株は放っておこう

　私は相当な時間を費やして、本書のために最良の例を見つけようと

した。私は長年にわたる私のトレーディングの記録や私が推奨した株、それに何千ものヒストリカルチャートを調べた。また、本書の優れた例になるかを確認するために、現在のチャートもすべて慎重に注意して見ていた。私はあなたの利益に対する期待を抑えて、損失はトレーディングで避けて通れないものだということを示すために、繰り返し資金管理に触れた。しかし、取り上げた例は良いものを精選した。

　数千のチャートを調べたのに、少数の例しか見つけだせなかったために、私は少し気がとがめ始めていた。資金管理についていろいろと説いてきたにもかかわらず、私は読者に非現実的な期待を持たせているのではなかろうかと思い始めたのだ。これは本当に公正なことなのだろうか？　そういう考えがそのとき頭に浮かんだ。私はもともと非常にえり好みするたちだが、選び出した明らかに素晴らしいセットアップを見て、私はもっとえり好みすべきだと気づいた。私は本書で取り上げたようなチャートの形をした株で、トレーディングを行うべきだと自分に言い聞かせた。そして、あなたもそうすべきだ。私は何百ものトレードや何千ものチャートを見ただけでなく、受け取った何千もの電子メールを読み通して、すべての話題を取り上げるようにした。これまでの著書と同じように、私は読者のみなさんに必要なことをすべて取り上げようと懸命に努力した。私は良い仕事をしたと思っているが、それでも実際にトレーディングに飛び込む前に、ある程度の経験が必要だ。

少額の資金から始めて、徐々に増やしていく

　ヒストリカルチャートを調べよう。トレンドやトレンドの転換、私が説明したセットアップを探そう。うまくいった例や、もっと重要なことだが、うまくいかなかった例を調べよう。私が説明した毎晩の分析をまねよう。毎日、何千ものチャートを見よう。最初のうち、それ

は大変な作業に思えるかもしれない。だがそのうちに、ずっと効率良くできるようになるだろう。そして、相場が次にどう動きそうかの感触がよくつかめるようになるだろう。

また、つもり売買を始めよう。あなたが下調べをしていたら、つもり売買でまもなく成功するのは間違いない。トレーダーの心理の章で述べたが、つもり売買で失敗した人に私はまだ会ったことがない。

それから、実際にトレーディングを始めよう。これでは意味がないというほど極めて少ない資金でトレーディングを始めよう。住宅ローンが危険にさらされていないときに適切なことをするのは、非常に簡単だからだ。つもり売買で成功して、本当のお金でトレーディングを始めたら、取引額はゆっくりと増やしていこう。ゆくゆくは、トレード額の1～2％までリスクをとる手法を用いればよい。

相場で単純な手法を用いると、極めてうまくいく可能性があるが、だからといってそれが簡単に実行できるということはけっしてない。何をすべきかを知ることは難しくない。だが、本当にそれを実行するのは大変難しい。あなたは自分の感情を抑えながら、立てた計画に従うことができなければならない。マーケット自体をコントロールすることはだれにもできない。あなたが唯一コントロールできるのは、あなた自身だけなのだ。資金管理で多くの過ちが取り除かれるわけではないことをけっして忘れてはならない。繰り返すが、少ない資金から始めて、徐々に資金を増やしていこう。そして、常に肝に銘じておいてほしい。

最も良い株だけをトレーディングして、ほかの株には手を出さないでおこう！

■著者紹介
デーブ・ランドリー（Dave Landry）
TradingMarkets.comの共同設立者兼定期寄稿者。ルイジアナ大学でコンピューターサイエンスの理学士、南ミシシッピ大学でMBA（経営学修士）を修得。20年以上にわたって、独自に考案したトレーディング法で成功を収める。公認CTA（商品投資顧問業者）のセンシティブ・トレーディングやヘッジファンドのハーベスト・キャピタル・マネジメントの代表で、2/20EMAブレイクアウトシステムなど多くのトレーディングシステムを開発。また、多くの雑誌に寄稿し、著作も『裁量トレーダーの心得 スイングトレード編』（パンローリング）や『デーブ・ランドリーズ・10ベスト・スイングトレーディング・パターンズ・アンド・ストラテジーズ』などがある。

■監修者紹介
長尾慎太郎（ながお・しんたろう）
東京大学工学部原子力工学科卒。日米の銀行、投資顧問会社、ヘッジファンドなどを経て、現在は大手運用会社勤務。訳書に『魔術師リンダ・ラリーの短期売買入門』『タートルズの秘密』『新マーケットの魔術師』『マーケットの魔術師【株式編】』（いずれもパンローリング、共訳）、監修に『バーンスタインのデイトレード入門』『マーケットのテクニカル秘録』『高勝率トレード学のススメ』『フルタイムトレーダー完全マニュアル』『新版 魔術師たちの心理学』『トレーディングエッジ入門』『スイングトレードの法則』『ロジカルトレーダー』『ターブ博士のトレード学校 ポジションサイジング入門』『アルゴリズムトレーディング入門』『クオンツトレーディング入門』『イベントトレーディング入門』『スイングトレード大学』『オニールの成長株発掘法【第4版】』『コナーズの短期売買実践』『トレードの教典』『システムトレード 基本と原則』『脳とトレード』『ザFX』『一芸を極めた裁量トレーダーの売買譜』『ワン・グッド・トレード』など、多数。

■訳者紹介
山口雅裕（やまぐち・まさひろ）
早稲田大学政治経済学部卒業。外資系企業などを経て、現在は翻訳業。訳書に『フィボナッチトレーディング』『規律とトレンドフォロー売買法』『逆張りトレーダー』『システムトレード 基本と原則』『一芸を極めた裁量トレーダーの売買譜』（パンローリング）など。

2012年2月2日　初版第1刷発行
2018年2月1日　　　第3刷発行

ウィザードブックシリーズ ⑲⓪

裁量トレーダーの心得 初心者編
——システムトレードを捨てたコンピューター博士の株式順張り戦略

著　者	デーブ・ランドリー
監修者	長尾慎太郎
訳　者	山口雅裕
発行者	後藤康徳
発行所	パンローリング株式会社
	〒160-0023　東京都新宿区西新宿7-9-18-6F
	TEL 03-5386-7391　FAX 03-5386-7393
	http://www.panrolling.com/
	E-mail info@panrolling.com
編　集	エフ・ジー・アイ（Factory of Gnomic Three Monkeys Investment）合資会社
装　丁	パンローリング装丁室
組　版	パンローリング制作室
印刷・製本	株式会社シナノ

ISBN978-4-7759-7157-4

落丁・乱丁本はお取り替えします。
また、本書の全部、または一部を複写・複製・転訳載、および磁気・光記録媒体に
入力することなどは、著作権法上の例外を除き禁じられています。

本文　©Masahiro Yamaguchi／図表　© PanRolling　2012 Printed in Japan

デーブ・ランドリー

TradingMarkets.com の共同設立者兼定期寄稿者。
20年以上にわたって、独自に考案したトレーディング法で成功を収める。

コナーズの部下

ウィザードブックシリーズ190・193
裁量トレーダーの心得

| 初心者編 | 定価 本体4,800円+税 | ISBN:9784775971574 |
| スイングトレード編 | 定価 本体4,800円+税 | ISBN:9784775971611 |

押しや戻りで仕掛ける高勝率戦略の奥義
トレンドフォロー→逆行から順行で仕掛ける

堅牢でシンプルなものは永遠に輝き続ける！ 高勝率パターン満載！ 思いがけないことはトレンドの方向に起こる！ トレンドを見極める技術を身につけ、押しや戻りのあとにトレンドの方向に相場が動き始めたときに仕掛ける──これこそがだれにでもできる初心者脱出の第一歩である。

マイケル・W・コベル

1997年以来、個人トレーダーやヘッジファンドや銀行に対してトレンドフォローのコンサルティングを行っている。

ウィザードブックシリーズ170
規律とトレンドフォロー売買法

定価 本体2,800円+税　ISBN:9784775971376

だれもが損をしているときに
莫大な利益を出す戦略！

トレンドフォローは30年以上にわたって上げ相場でも下げ相場でも並外れた利益を出してきたトレーディング戦略だ。2008年に株式市場が崩壊すると、バイ・アンド・ホールドで身動きがとれなくなった投資家たちは大金を失った。しかし、トレンドフォロワーたちは2008年10月の1カ月だけで巨額の収益を上げ、最大40％という途方もない利益を出した！ 証拠は本書のなかにある。

ローレンス・A・コナーズ

TradingMarkets.com の創設者兼 CEO（最高経営責任者）。1982年、メリル・リンチからウォール街での経歴をスタートさせた。著書には、リンダ・ブラッドフォード・ラシュキとの共著『魔術師リンダ・ラリーの短期売買入門（ラリーはローレンスの愛称）』（パンローリング）などがある。

ウィザードブックシリーズ169
コナーズの短期売買入門

定価 本体4,800円+税　ISBN:9784775971369

短期売買の新バイブル降臨！
時の変化に耐えうる短期売買手法の構築法
世の中が大きく変化するなかで、昔も儲って、今も変わらず儲かっている手法を伝授。また、トレードで成功するために最も重要であると言っても過言ではないトレード心理について、決断を下す方法と自分が下した決断を完璧に実行する方法を具体的に学ぶ。

ウィザードブックシリーズ180
コナーズの短期売買実践

定価 本体7,800円+税　ISBN:9784775971475

システムトレーダーのバイブル降臨！
システムトレーディングを目指すトレーダーにとって、最高の教科書。トレーディングのパターンをはじめ、デイトレード、マーケットタイミングなどに分かれて解説された本書は、儲けることが難しくなったと言われる現在でも十分通用するヒントや考え方、システムトレーダーとしてのあなたの琴線に触れる金言にあふれている。

ウィザードブックシリーズ197
コナーズの短期売買戦略

定価 本体4,800円+税　ISBN:9784775971642

検証で分かった
トレーディング業界の常識は非常識！
何十年もかけて蓄えたマーケットに関する知恵、トレーディング業界で当然視されている多くの常識がまったくの間違いであることを、豊富な図表と検証で明らかにしている。

アラン・S・ファーレイ

テクニカル分析や短期トレードの情報サイト「ハード・ライト・エッジ・ドット・コム」の発行人かつ編集者。プロトレーダーとして20年以上の経験を持つ。ザ・ストリート・ドット・コムではおよそ10年にわたってコメンテーターとして活躍。バロンズ、スマートマネー、テクウイーク、フィデリティアウトルック、シュワブのオン・インベスティング、フォーブス、テクニカル・アナリシス・オブ・ストック・アンド・コモディティー、フューチャーズ、テクニカルインベスター、ロサンゼルス・タイムズ、トレーディング・マーケットで特集を組まれたこともある。

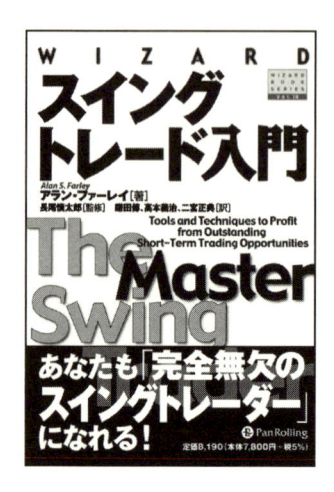

ウィザードブックシリーズ78
スイングトレード入門

定価 本体7,800円+税　ISBN:9784775970409

デイトレーダーと長期投資家の間に潜り込み、隠れた利益をつかみ取れ!

200以上の豊富なチャートと典型的かつ著者が考案した多くのオリジナルトレード手法が公開されている本書は、短期トレードからギャンブル的要素を完全に排除している画期的な書籍である。冷静な分析とリアルタイムのトレード結果にも裏付けされており、読者を一段階上の短期トレーダーに導き、同時にリスクマネジメント方法を身につけさせてくれ、本書を読んだあとは今日のボラティリティの高いマーケットに自信を持って立ち向かうことができるだろう。

ウィザードブックシリーズ114
スイングトレード大学

定価 本体5,800円+税　ISBN:9784775971451

大衆から一歩抜け出せ
だれにも教えたくない
「トレードで暮らすための極秘ファイル」

ベストセラーとなった『スイングトレード入門』は、いまや短期的な値動きから利益を最大化するための決定的なガイドとして幅広い支持を得た。待望の続編とも言える本書は、実証されたファーレイの戦略とテクニックを現在のマーケットに合わせ、さらに発展させたもので、一貫して市場に打ち勝つための新たなヒントが満載されている。

アリ・キエフ

精神科医で、ストレス管理とパフォーマンス向上が専門。ソーシャル・サイキアトリー・リサーチ・インスティチュートの代表も務める博士は、多くのトレーダーにストレス管理、ゴール設定、パフォーマンス向上についての助言を行っている。

ウィザードブックシリーズ107
トレーダーの心理学
トレーディングコーチが伝授する達人への道

定価 本体2,800円+税　ISBN:9784775970737

人生でもトレーディングでも成功するためには、勝つことと負けることにかかわるプレッシャーを取り除く必要がある。実際、勝敗に直接結びつくプレッシャーを乗り越えられるかどうかは、成功するトレーダーと普通のトレーダーを分ける主な要因のひとつになっている。
トレーディングの世界的コーチが伝授する
成功するトレーダーと消えていくトレーダーの違いとは？

トレード心理学の四大巨人
不朽不滅の厳選ロングセラー

マーク・ダグラス　ブレット・N・スティーンバーガー　アリ・キエフ　ダグ・ハーシュホーン

トレーダーや投資家たちが市場に飛び込んですぐに直面する問題とは、マーケットが下がったり横ばいしたりすることでも、聖杯が見つけられないことでも、理系的な知識の欠如によるシステム開発ができないことでもなく、自分との戦いに勝つことであり、どんなときにも揺るがない規律を持つことであり、何よりも本当の自分自身を知るということである。つまり、トレーディングや投資における最大の敵とは、トレーダー自身の精神的・心理的葛藤のなかで間違った方向に進むことである。これらの克服法が満載されたウィザードブックを読めば、次のステージに進む近道が必ず見つかるだろう！！

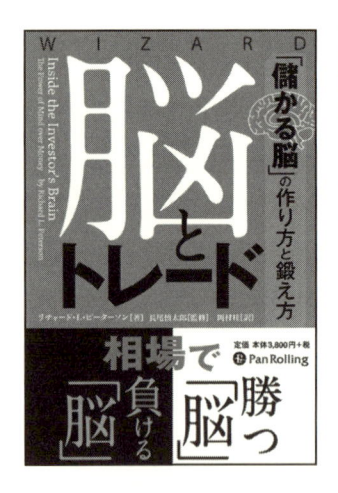

ウィザードブックシリーズ184
脳とトレード
「儲かる脳」の作り方と鍛え方
著者　リチャード・L・ピーターソン

定価 本体3,800円+税　ISBN:9784775971512

トレードで利益を上げられるかどうかは「あなたの脳」次第

人間の脳は、さまざまな形で意思決定に密接に関係している。ところが残念なことに、金融マーケットでは、この「密接な関係」が利益を上げることに結びついていない。マーケット・サイコロジー・コンサルティングを創始し、投資家のコーチとして活躍し、心理に基づくトレードシステムを開発した著者は、自身も元トレーダーであり、無意識の誤り（バイアス）がいかにして適切な投資判断を妨げているのかを身をもって理解している。

ウィザードブックシリーズ195
内なる声を聞け
「汝自身を知れ」から始まる相場心理学
著者　マイケル・マーティン

定価 本体2,800円+税　ISBN:9784775971635

ロングセラー『ゾーン』の姉妹版登場！
これは新たなる『ゾーン』だ！

自分自身を理解することこそがトレード上達の第一歩である！
エド・スィコータやマイケル・マーカスといった伝説のトレーダーとの含蓄の言葉に満ちたインタビュー。

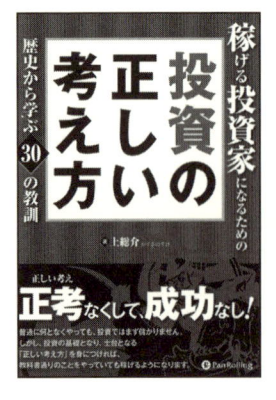

稼げる投資家になるための投資の正しい考え方
著者　上総介（かずさのすけ）

定価 本体1,500円+税　ISBN:9784775991237

投資で真に大切なものとは？
手法なのか？ 資金管理なのか？それとも……

「投資をする（続ける）うえで、真に大切なものは何ですか」と聞かれたら、皆さんはどう答えるだろうか？「手法が大事」「いやいや、やはり資金管理がうまくないと勝てない」と考える人もいる。どれが正しいのかは、人それぞれだと思うが、本書ではあえて、この問いに答えを出す。それは「正しい考えのもとで投資をすること」である。

マーク・ダグラス

シカゴのトレーダー育成機関であるトレーディング・ビヘイビアー・ダイナミクス社の社長を務める。商品取引のブローカーでもあったダグラスは、自らの苦いトレード経験と多数のトレーダーの間接的な経験を踏まえて、トレードで成功できない原因とその克服策を提示している。最近では大手商品取引会社やブローカー向けに、本書で分析されたテーマやトレード手法に関するセミナーや勉強会を数多く主催している。

ウィザードブックシリーズ 32

ゾーン 勝つ相場心理学入門

定価 本体2,800円+税　ISBN:9784939103575

「ゾーン」に達した者が勝つ投資家になる！

恐怖心ゼロ、悩みゼロで、結果は気にせず、淡々と直感的に行動し、反応し、ただその瞬間に「するだけ」の境地…すなわちそれが「ゾーン」である。
「ゾーン」へたどり着く方法とは？
約20年間にわたって、多くのトレーダーたちが自信、規律、そして一貫性を習得するために、必要で、勝つ姿勢を教授し、育成支援してきた著者が究極の相場心理を伝授する！

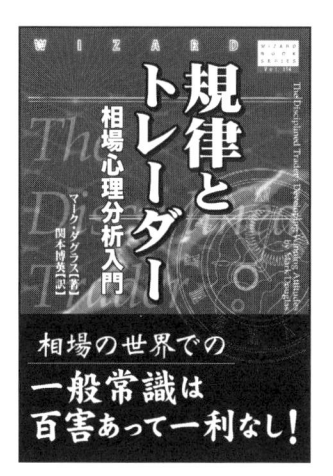

ウィザードブックシリーズ 114

規律とトレーダー
相場心理分析入門

定価 本体2,800円+税　ISBN:9784775970805

トレーディングは心の問題であると悟った投資家・トレーダーたち、必携の書籍！

相場の世界での一般常識は百害あって一利なし！
常識を捨てろ！手法や戦略よりも規律と心を磨け！
本書を読めば、マーケットのあらゆる局面と利益機会に対応できる正しい心構えを学ぶことができる。

マーク・ダグラスの遺言と
トレーダーで成功する秘訣
トレード心理学の大家の集大成！

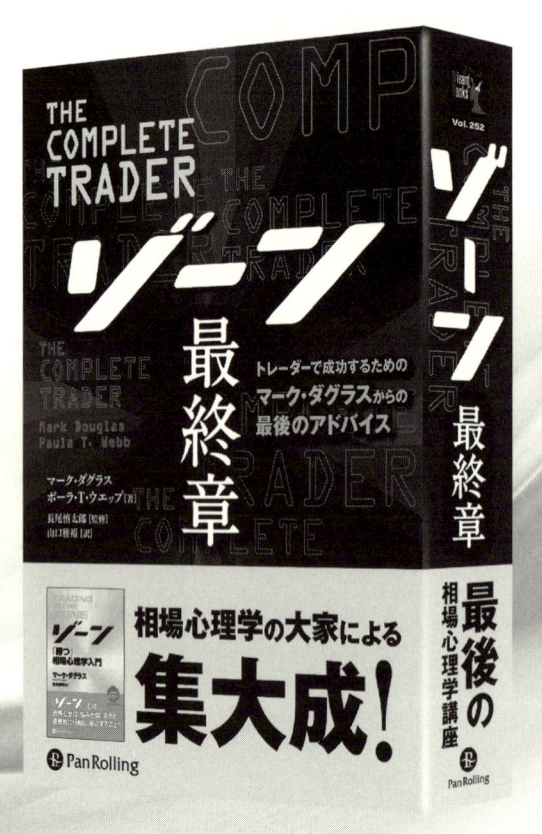

ゾーン 最終章

四六判 558頁　**マーク・ダグラス, ポーラ・T・ウエッブ**
定価 本体2,800円+税　ISBN 9784775972168

　1980年代、トレード心理学は未知の分野であった。創始者の一人であるマーク・ダグラスは当時から、今日ではよく知られているこの分野に多くのトレーダーを導いてきた。

　彼が得意なのはトレードの本質を明らかにすることであり、本書でもその本領を遺憾なく発揮している。そのために、値動きや建玉を実用的に定義しているだけではない。市場が実際にどういう働きをしていて、それはなぜなのかについて、一般に信じられている考えの多くを退けてもいる。どれだけの人が、自分の反対側にもトレードをしている生身の人間がいると意識しているだろうか。また、トレードはコンピューター「ゲーム」にすぎないと誤解している人がどれだけいるだろうか。

　読者はトレード心理学の大家の一人による本書によって、ようやく理解するだろう。相場を絶えず動かし変動させるものは何なのかを。また、マーケットは世界中でトレードをしているすべての人の純粋なエネルギー――彼らがマウスをクリックするたびに発するエネルギーや信念――でいかに支えられているかを。本書を読めば、着実に利益を増やしていくために何をすべきか、どういう考え方をすべきかについて、すべての人の迷いを消し去ってくれるだろう。